经济管理学术文库·经济类

经济新常态下自贸区建设
——基于河南实践

Pilot Free Trade Zone Construction under the New Normal of Economy
—Based on the Practice of Henan

张嘉斐／著

经济管理出版社
ECONOMY & MANAGEMENT PUBLISHING HOUSE

图书在版编目（CIP）数据

经济新常态下自贸区建设/张嘉斐著．—北京：经济管理出版社，2022.8
ISBN 978-7-5096-8665-2

Ⅰ.①经…　Ⅱ.①张…　Ⅲ.①自由贸易区—经济建设—中国　Ⅳ.①F752

中国版本图书馆 CIP 数据核字（2022）第 145502 号

组稿编辑：杨　雪
责任编辑：杨　雪
助理编辑：付姝怡
责任印制：许　艳
责任校对：王淑卿

出版发行：经济管理出版社
　　　　　（北京市海淀区北蜂窝 8 号中雅大厦 A 座 11 层　100038）
网　　址：www. E-mp. com. cn
电　　话：(010) 51915602
印　　刷：唐山昊达印刷有限公司
经　　销：新华书店
开　　本：720mm×1000mm/16
印　　张：14
字　　数：237 千字
版　　次：2022 年 10 月第 1 版　　2022 年 10 月第 1 次印刷
书　　号：ISBN 978-7-5096-8665-2
定　　价：78. 00 元

目　录

第一章 引 言

当前的全球价值链网络使生产过程的各个阶段遍布全球。在一个开放的全球市场中，商品、服务、人员和数据可以跨境流动。一些国家专注于知识密集型生产，包括品牌、设计、营销和其他无形资产，另一些国家则专注于制造或各种组装。这种全球性分工带来了收入和增加了就业，并为消费者提供了具有价格竞争力的优质商品和服务选择。

相比历史上历次重大自然灾害，新冠肺炎疫情对国际生产造成了前所未有的冲击。一系列生产要素流动阻断，全球经济陷入衰退。新冠肺炎疫情防控期间，西方主要国家纷纷调整对外经济战略。美国、欧盟、日本、澳大利亚等国家和区域性组织相继出台了新的贸易和产业政策。新冠肺炎疫情使西方国家深刻认识到全球分工体系的脆弱性和确保产业链安全的紧迫性。重新权衡产业发展的经济效率与社会效益，促使各国重构生产链流程，鼓励制造业回流，提升核心战略物资的本国生产能力，实现经济的自给自足和自主可控。

新冠肺炎疫情后的全球产业链和以前将大有不同，可能走向内倾化和区域化。与以往自然灾害对商业模式的暂时干扰不同，此次新冠肺炎疫情可能迫使企业重新考虑其全球价值链运行模式，弱化对价值链效率的追求，更加强调自身产品供应安全，进行多元化布局，采用备份产业链某些环节、缩短供应距离、增加供应链的多样性等方法来分散风险，导致全球价值链发生猛烈的规模缩减、范围缩小、地理变更和形式变化，全球产业布局分散化和区域化趋势更加明显，全球产业链将出现脱旧钩挂新钩、长链变短链、链式变圈式的变化，以往单一、垂直、等级式旧体系将被取代。

西方国家经济政策的内倾化并不是新冠肺炎疫情期间才出现的新现象。2008年全球金融危机以来，驱动经济全球化的因素不断弱化，抑制经济全球化的因素逐步强化，是西方国家政策环境演变的典型特征。2009~2019年，西方国家对经济活动的干预明显增加，带有民族主义、保护主义色彩的政策相继出台，国家政策开始转向内倾化趋势。在贸易政策方面，为追求对等和双边贸易平衡，"公平互惠"取代了自由贸易，成为政策制定的指导原则。在投资政策方面，加强了投资监管机制，尤其是在战略产业和关键基础设施领域。[①] 在产业政策方面，推进再工业化，开始强调国家主权和关键供应自主。在国际经济合作中，将本国的利益置于国际条约和多边规则的义务之上，侵蚀甚至不惜破坏国际规则。新冠肺炎疫情的暴发，进一步加剧了西方大国保护主义的趋势，经济政策的内倾化转变更加明显，并呈现新的发展趋势。

西方国家的内倾化政策给发展中国家带来严峻的挑战。长期以来，发展中国家通过利用外资和出口导向战略获得了经济发展。西方国家战略的转变，将极大压缩发展中国家参与国际分工的空间，削减其价值获取的机会，阻断其获取先进技术的路径，使发展中国家基于垂直专业化的外向型发展战略和产业升级变得更加困难。对于中国而言，鉴于与全球经济的融合程度和国内大市场优势，西方国家的政策转向很难撼动我国所处的全球产业链网络的枢纽与核心地位，但要警惕西方国家政策内倾化带来的负面影响，必须重新审视原有经济发展模式，对接国际最高标准投资贸易规则，建立更具弹性、可持续性和安全性的经济结构，打造我国对外开放的新优势。

自由贸易试验区（Free Trade Zone，FTZ）（以下简称自贸试验区）是指在贸易和投资等方面比世界贸易组织有关规定更加优惠的贸易安排，在主权国家或地区的关境以外，划出特定区域，准许外国商品豁免关税自由进出。2013 年 9 月至 2020 年 9 月，我国已经多批次批准了 21 个自贸试验区，已经初步形成了"1+3+7+1+6+3"的基本格局，形成了东西南北中协调、陆海统筹的开放态势，推动形成了我国新一轮全面开放格局。

对外开放是自贸试验区建设的核心功能。作为中央在新时代推进改革开放的一项战略举措，自贸试验区肩负着全面深化改革和扩大开放"试验田"的重大使命。自建设之初，自贸试验区就一直强调对标高标准国际经贸规则，以制度创新为核心任务，积极探索与国际投资、贸易通行规则相衔接的基本制度框架，在投资、贸易、金融等领域和事中事后监管等方面取得了大量制度型开放成果，在

---

① 联合国贸易和发展会议.世界投资报告 2018 ［M］.冼国明，葛顺奇，译.天津：南开大学出版社，2019.

我国对外开放进程中发挥了重要的示范带动作用。

作为改革开放新高地，自贸试验区成为稳住外资基本盘的重要阵地。2019年，自贸试验区实际利用外资情况表现亮眼，18个自贸试验区实际利用外资1435.5亿元。其中，上海和广东自贸试验区吸引外资水平尤为突出，实际利用外资额分别达到464.5亿元和500.2亿元，均接近全部自贸试验区实际利用外资总额的1/3。自贸试验区稳外资作用明显，以不到全国千分之四的国土面积，实现了全国15.2%的外商投资[①]。

新一轮自贸试验区制度创新将更加突出对外开放，担负国家战略导向性试验的功能进一步凸显，对开放的引领作用进一步增强。在新一轮对外开放过程中，自贸试验区始终坚持对标国际最高标准、最好水平，在推动规则、规制、管理、标准等制度型开放上全面发力，继续发挥好先行先试作用，加快形成可复制、可推广的经验。在规则层面，率先探索与国际高标准经贸规则有机衔接、良性互动的投资贸易制度体系。对标《美墨加三国协议》（USMCA）、《全面与进步跨太平洋伙伴关系协定》（CPTPP）、《数字经济伙伴关系协定》（DEPA）等经贸协定，推动自贸试验区在"边境措施"和"边境后措施"实行更高水平的对外开放，率先实现投资和贸易自由化便利化。在规制层面，加快建立对各类市场主体公平公正、公开透明的市场规制环境。率先在自贸试验区探索竞争中性政策，清理废除妨碍公平竞争、扭曲市场的不合理规定、补贴和做法，实现各类市场主体依法平等经营相关行业、领域和业务。在管理层面，率先探索建立与更高水平开放型经济相适应的监管模式和监管体系。对标境外高水平自由贸易港和自由贸易园区"境内关外"的监管模式，在自贸试验区海关特殊监管区域创新运用智慧智能、高效便利的综合监管模式，实现真正意义上的"一线放开、二线安全高效管住"。在标准层面，加快推进标准和认证国际互认，提升国际标准制定能力。在认证认可和第三方检验检测结果采信等方面扩大国际合作，在数字贸易等新兴领域试点建立行业发展新标准，为参与国际标准制定贡献中国智慧。

---

① 商务部国际贸易经济合作研究院. 中国自由贸易试验区发展报告2020［R］. 2020.

第二章 我国自贸试验区发展面临的国内外形势

第一节 世界经济形势与展望

一、世界经济形势

自 2008 年国际金融危机爆发以来，全球经济一直处于"低增长、低利率、低通胀"的弱势复苏态势，复苏乏力且脆弱。自 2016 年下半年以来，全球经济出现改善迹象。根据世界银行数据，2017 年下半年以来，全球贸易和投资继续回升。2017 年全球增长率达到 3.8%，是 2011 年以来增长最快的一年。但在 2019 年，全球经济再次陷入了同步放缓境地，全球 GDP 增速降至 2.4%。但到了 2020 年，随着新冠肺炎疫情的冲击，全球经济增长转为负数。由于制造业持续疲软，叠加新冠肺炎疫情影响，到 2020 年，发达经济体的整体增长率从 1.6% 放缓至 -4.6%①。新兴市场与发展中经济体增速亦不容乐观，虽然 2021 年有所变化，但经济回暖并非基础广泛，前景依然脆弱。下行风险包括新冠肺炎疫情反复、贸易政策再度出现不确定性、贸易紧张局势、主要经济体跌幅超过预期、新兴市场和发展中经济体出现金融动荡。即使是温和增长，也有可能被或多或少的威胁所干扰。贸易争端再度升级不无可能。中国、美国或欧元区等大型经济体增速放缓幅度超过预期同样也会产生广泛影响。大型新兴市场金融压力重现，以及

---

① 世界银行：全球展望 [EB/OL]. [2022-01-10]. https://www.shihang.org/zh/publication/global-economic-prospects.

一系列极端天气事件，都有可能对全世界的经济活动产生负面影响。

（1）债务激增。给增长前景蒙上阴影的一个原因是，新兴市场和发展中经济体在1959~2019年债务积累速度最快、规模最大、范围最广。这些经济体的债务总额占GDP的比例从2010年的115%升至2018年的170%左右①。低收入国家的债务在2000~2010年急剧下降之后，近年来激增。这次债务狂潮的不同主要在于新兴市场和发展中经济体居民的政府债务比重、以外币计价的新兴市场和发展中经济体私人债务的上升以及低收入国家对金融市场和巴黎俱乐部成员国双边债权人债务的上升，这引起了人们对债务和债务担保透明度的担忧。

（2）生产率增长放慢。生产率（劳动者的人均产出）的增长，对于提供生活水平和实现发展目标至关重要。2009~2018年，全球生产率增长速度普遍放缓，新兴市场和发展中经济体的人均产出不到发达经济体的1/5，低收入经济体的人均产出仅为发达经济体的2%，主要原因是技术增长放缓导致的投资收益预期减弱，在新冠肺炎疫情的冲击下，预计短时间内不会好转。

（3）全球贸易急剧放缓。贸易密集型制造业的急剧放缓继续拖累全球贸易。全球商品贸易在2019年的大部分时间里都处于收缩状态，尤其是在发达经济体、新兴市场和发展中经济体中，例如中国和东亚其他地区，其放缓尤为明显。2019年二十国集团国家资本和中间产品生产的严重下降与贸易和投资的持续疲软一致。自2018年末以来，制造业出口订单一直在收缩，而服务出口订单虽然更具弹性，但也有所下降。总而言之，全球商品和服务贸易的增长大幅放缓，但在新冠肺炎疫情影响下，2020年后全球商品和服务贸易的增长一直处于不稳定的状态。而贸易紧张局势的进一步加强和相关的政策不确定性，也可能会导致全球贸易增长弱于预期。

2019年，全球融资条件大幅改善。发达国家的债券收益率创下历史新低。近12万亿美元的全球未偿债务（近总股本的1/4，几乎全部来自西欧和日本）以负利率交易。面对全球经济前景疲软，下行风险加剧以及通货膨胀率持续低迷，主要的中央银行，尤其是美联储和欧洲央行，2019年放宽了货币政策。总体而言，新兴市场和发展中经济体的借贷成本下降了，债务发行量增加了，但主

---

① 世界银行：全球展望［EB/OL］.［2022-01-15］. https：//www.shihang.org/zh/news/feature/2020/01/08/january-2020-global-economic-prospects-slow-growth-policy-challenges.

权信用评级低的经济体却遭遇资本外逃。新兴市场股票和债券市场发展已出现较大差异，许多新兴市场货币价值在 2019 年上半年出现显著下跌，特别是在经历过金融压力的新兴市场经济体中体现得尤为明显。

二、国际资本流动趋势展望

1. 国际资本流入趋势

根据联合国贸易和发展会议（UNCTAD）发布的《2020 世界投资报告》统计，尽管宏观经济表现不佳以及贸易紧张局势和英国脱欧给投资者带来的政策不确定性等因素依然存在，2019 年流入发达经济体的外商直接投资（FDI）却增长了 5%，达到 8000 亿美元（见图 2-1）。这一趋势主要是受到欧洲 FDI 活跃等因素的驱动。2019 年，欧盟 FDI 流入量增长了 18%，达到 429 亿美元。几个欧洲国家经历了剧烈波动。例如，爱尔兰的流入量达到 780 亿美元，而 2018 年为 −280 亿美元。一些较大的经济体 FDI 流入量下降。德国的 FDI 流入量减少了一半，而法国和英国的 FDI 流入量略微下降。北美的 FDI 流入量保持平稳，为 2970 亿美元。尽管美国的 FDI 略有下降（−3%），但该国仍是最大的 FDI 接受国（见图 2-2）。澳大利亚的 FDI 流量也出现了下降，主要原因是跨国并购额的下降。

流向发展中经济体的 FDI 下降了 2%，至 6850 亿美元。自 2010 年以来，流向发展中经济体的 FDI 相对稳定，平均约为 6740 亿美元。

2019 年，由于经济增长温和和对商品需求的减弱，流向非洲的 FDI 减少 10%，至 450 亿美元。流量减少的国家或经济体既有 FDI 流入相对较为多样化的国家（例如南非、摩洛哥和埃塞俄比亚），也有商品出口型国家（例如尼日利亚、苏丹）。只有很少的国家在 2019 年获得了更高的流入量。非洲最大的 FDI 接受国埃及的流量增加了 11%，达到 90 亿美元。

2019 年，流入亚洲国家或经济体的 FDI 下降了 5%，至 4740 亿美元。尽管出现下降，亚洲仍然是最大的 FDI 接受地，占全球 FDI 流量的 30% 以上。下降的主要原因是中国香港下降了 34%。亚洲 FDI 最大的五个接受国家和地区是中国、中国香港、新加坡、印度和印度尼西亚。中国的流入量创历史新高，仍是仅次于美国的世界第二大 FDI 接受国。

流入拉丁美洲和加勒比地区（不包括金融中心）的 FDI 增长了 10%，至 1640 亿美元。巴西、智利、哥伦比亚和秘鲁的 FDI 上升，尽管对公用事业和服务的投资也有所增加，但大部分来自大宗商品。2019 年，拉丁美洲和加勒比地区也成为了 FDI 可再生能源的热点地区。

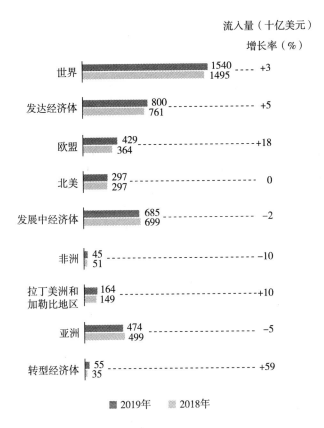

图 2-1　2018 年、2019 年按地区划分的 FDI 流入量

资料来源：UNCTAD，FDI/MNE 数据库（https：//unctad. org/fdistatistics）。

受俄罗斯 FDI 回升、乌克兰 FDI 在经历了两年的下滑之后出现小幅增加，以及新开放的乌兹别克斯坦 FDI 增长的影响，转型经济体的 FDI 流入量增加了57%，达到 550 亿美元。

全球 FDI 流量的增加隐藏着不同收入国家间的显著差异。就世界平均水平而言，总体增长了 3%，纵向比较其他年份，增长率处于普通水平。高收入国家增长乏力，为 2% 的略低水平，但中等收入国家增长动力强劲，平均增长了 5%。但相较其他组别，最不发达国家（LDC）是唯一出现 FDI 流量下降的集团，降低了约 6%（见图 2-3）。

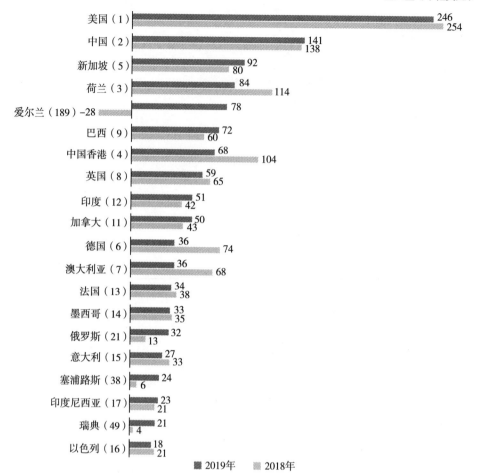

流入量（十亿美元）

图 2-2 2018 年、2019 年 FDI 流入量前 20 的东道经济体

资料来源：UNCTAD, FDI/MNE 数据库（https：//unctad. org/fdistatistics）。

2. 国际资本流出趋势

随着美国跨国公司国外累计收益在 2018 年大规模汇回以及流出量变为正数，跨国公司在发达经济体的投资显著增加。2019 年，来自发达经济体的跨国公司在海外投资了 9170 亿美元，比 2018 年增长 72%。虽然如此，它们的 FDI 水平仍然相对较低，仅为 2007 年峰值的一半左右。发展中和转型经济体的流出减少。这些趋势导致发达经济体在世界 FDI 流出中所占的总体份额发生了重大变化，从

2018 年的 54%增长到 2019 年的 70%①。

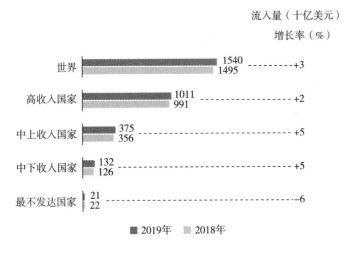

图 2-3　2018 年、2019 年不同收入集团的 FDI

资料来源：UNCTAD，FDI/MNE 数据库（https：//unctad. org/fdistatistics）。

　　欧洲跨国公司的 FDI 流出量增长了 13%，这主要是由于荷兰的跨国公司大规模投资以及德国海外跨国公司的再投资收益翻了一番。相比之下，2018 年 FDI 流出量很大的法国和瑞士在 2019 年分别下降了 63%和 82%。北美跨国公司的投资达到 2000 亿美元。来自美国的 FDI 流出量在 2018 年降至-910 亿美元后转为正值（主要以再投资收益的形式）。加拿大跨国企业投资增长了 54%。日本仍然是世界上最大的投资国（见图 2-4）。由于跨国并购激增（从 2018 年的 360 亿美元增至 2019 年的 1040 亿美元，其中包括大型交易），日本跨国公司的投资增长了 58%，达到创纪录的 2270 亿美元。日本跨国公司在欧洲和北美的投资增加了 1 倍。

　　发展中经济体跨国公司在国外的投资活动下降了 10%，至 3730 亿美元。由于来自中国的 FDI 流出量连续三年下降，亚洲的资金流出减少了 19%。中国的海外并购交易下降至 2009～2019 年的最低水平。下降是由于继续限制对外投资、地缘政治紧张局势和全球贸易和投资政策环境的挑战。来自中国香港和韩国的 FDI 流出量也有所减少。东南亚最大的投资国新加坡和马来西亚的 FDI 流出量增加了。

---

　　① UNCTAD. World Investment Report 2020 ［M］. New York：United Nations Publications，2020.

（x）=2018年排名   注入量（十亿美元）

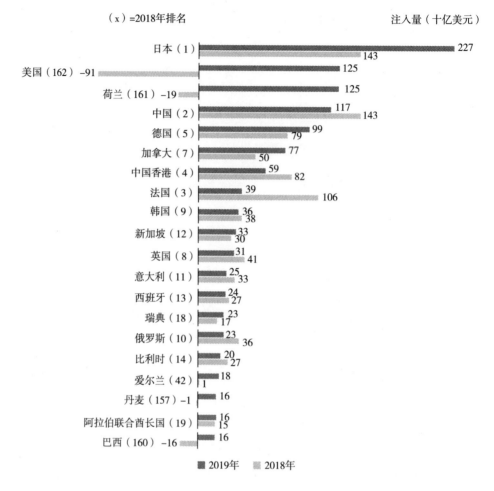

图 2-4　2018 年、2019 年 FDI 流出前 20 的东道主国（地区）

资料来源：UNCTAD，FDI/MNE 数据库（https：//unctad.org/fdistatistics）。

拉丁美洲跨国公司 2019 年的对外投资激增至 420 亿美元，主要原因是负流出量减少。增长最多的国家是巴西、墨西哥和智利。尤其是由于国内利率的下降，巴西企业似乎已经暂停了通过外国附属公司为国内的运营筹集资金[1]。

---

[1]　UNCTAD. World Investment Report 2020〔R〕. New York：United Nations Publications，2020.

第二节　各国投资贸易政策发展

据联合国贸易和发展会议统计，政策措施数量在 2017 年达到峰值后，2018、2019 年连续减少。2019 年，54 个国家采取了 107 项新的影响外国投资的政策措施。在 107 项措施中，有 66 项是关于投资自由化/促进投资，21 项是限制/监管制措施，剩下的 20 项则是中性/不确定措施（见表 2-1）。与 2018 年相比，投资自由化和促进措施的比例增加到 61%，更加严格的监管政策措施下降至 39%。尽管限制和管制措施的比例整体上呈现下降趋势，但基于国家安全对外国投资者的限制趋势在 2019 年得以延续。其中大部分措施都是发达国家采取的。与此同时，许多国家在 2019 年引入了促进投资自由化、便利化的政策。自由化的措施涉及能源、金融、交通运输、电信等多个行业。除此之外，许多国家还努力简化行政程序、强化投资激励机制以吸引更多的外国投资。

表 2-1　2004~2019 年国家投资政策变化（措施数量）

单位：项

年份 项目	2004	2005	2006	2007	2008	2009	2010	2011	2012	2013	2014	2015	2016	2017	2018	2019
引入变化的国家数量	79	77	70	49	40	46	54	51	57	60	41	49	59	65	55	54
监管改革的数量	164	144	126	79	68	89	116	86	92	87	74	100	125	144	112	107
自由化/促进	142	118	104	58	51	61	77	62	65	63	52	75	84	98	65	66
限制/监管	20	25	22	19	15	24	33	21	21	21	12	14	22	23	31	21
中性/不确定	2	1	—	2	2	4	6	3	6	3	10	11	19	23	16	20

资料来源：UNCTAD，FDI/MNE 数据库（https：//unctad. org/fdistatistics）。

按区域划分，亚洲发展中国家继续带头采取新的投资政策措施，且比 2018 年表现得更加积极。非洲国家也紧随其后采取了许多措施。但地区间采取的新措施性质存在显著差异。发展中经济体采取了 52 项涉及自由化、便利化和投资促进的政策措施，而只采取了 11 项与限制或管制相关的措施。与此相反，发达国家则有超过半数的政策措施旨在加强限制或管制。

2018 年出现的对有关国家安全，特别是对战略行业和关键基础设施的外国投资采取更多限制和管制措施的政策趋势，在 2019 年得到持续并强化。几乎所有发达国家都采取了更严格的外国投资筛选机制以保护自身的国家安全。例如法国修改了政府机制，通过加强与政府禁令和缓解措施相关的管制，以管理收购和所有权相关的风险。法国还通过实施议会控制和迫使政府发布程序相关的年度报告加强了政府机制的透明度。此外，2019 年末，法国又通过降低对非欧盟/欧洲经济区投资者强制投资审查的触发阈值强化了筛选系统，并扩大了该筛选系统的行业使用范围。

一些国家，主要是发展中国家和新兴经济体，引入了其他类型的投资法规或限制。例如，阿根廷于 2020 年 1 月暂停了现行的需要大量研发和技术知识的投资激励机制。埃及强制所有企业向政府提交某些信息和数据以计算外商投资资金的数额。印度在其电子商务的外国直接投资政策中引入了几项限制性变化措施，旨在维护国内线下零售商的利益。尼泊尔将外国投资的最低资本要求从 500 万卢比提高到 5000 万卢比①。

（1）投资促进和便利化仍然占主导地位。许多国家采取了新措施促进内向投资。例如，2019 年 3 月，中国颁布了《中华人民共和国外商投资法》，旨在提高外国直接投资政策和投资保护的透明度，同时开放并精简了对跨境投资和贸易的外汇管制。2019 年 12 月，中国还针对《中华人民共和国外商投资法》出台了详细的实施条例，并于 2020 年 1 月施行，强调对国内和国外企业提供同等待遇；同时，中国在 2020 年发布了一系列促进长三角地区外资引进的试行措施。

印度尼西亚修订了外商投资制度中许可和设施的指南和程序。意大利建立了爱奥尼亚经济特区。哈萨克斯坦放宽了其仲裁框架，允许当事方选择争端涉及国家的外国法律，并使执法规定与《承认及执行外国仲裁裁决》（也称《纽约公约》）一致。缅甸建立了促进优质投资的政府机构，允许外国公司和合资企业在仰光购买股票。阿曼苏丹国颁布了一套有关公私合营、私有化和外资投资的法律，目的是建立更有利的投资监管环境。菲律宾放宽了对外资当地雇佣的强制性要求。卡塔尔成立了投资促进署，以吸引外国投资。

乌克兰取消了外资收入汇回的限制。阿拉伯联合酋长国成立了阿布扎比投资

---

① 驻尼泊尔大使馆经济商务处. 尼泊尔本财年前 6 个月 FDI 承诺投资同比增加 30% ［EB/OL］.（2022-02-07）［2022-03-15］. http：//np. mofcom. gov. cn/article/ztdy/ddqy/202202/20220203278266. shtml.

办公室以促进外国直接投资增加。越南澄清了外商投资企业的定义，并废除了准入前费用的强制性汇款时间表。北马其顿于2020年1月通过了一项新法律，以创造更多战略投资的优惠条件。印度在2020年2月宣布外国公司可在经济特区购买产品来满足其本地采购需求。

（2）财政激励措施仍然是重要的投资促进工具。一些国家为外商投资引入了新的税收优惠：阿尔及利亚推出了一系列财政激励措施，以吸引外国对石油和天然气工业的投资。喀麦隆出台了一些税收优惠政策来恢复灾区经济。哥伦比亚为产生大量应税收入并创造大量就业机会的投资项目建立了优惠的公司税收制度。厄瓜多尔为外国投资提供了额外的税收优惠。危地马拉为其2020年成立的两个特别经济开发区内的企业出台了新的财政激励措施，免征所得税10年并临时暂停与进口有关的税收。印度尼西亚对投资特定行业和省份的企业制定了税收优惠政策。土耳其修订了投资激励制度，以鼓励对目标行业的投资。乌兹别克斯坦开始向满足特定要求的旅馆业投资者提供补贴。巴拿马将其对旅游业的财政奖励措施延长至2025年。2020年，巴拿马进一步修订了对旅游业投资的激励机制，以促进这种投资。美国阐明了在"减税和就业法案"建立的所谓的"机会区域"中的税收激励计划。阿塞拜疆于2020年1月提高了对工业园区和高科技园区的税收优惠。

（3）简化行政程序。许多国家为投资者简化了行政程序。例如，巴西简化了外国金融机构和外国投资者的准入程序并取消了外国投资者和国内投资者在许可过程中的差别对待。厄瓜多尔出台了一些法规，以细化《生产发展法》并简化环境规则。印度通过在某些情况下取消印度储备银行批准的要求，放宽了对某些行业中外国投资者的管理规定；还取消了外国公司在国防、电信和私人安全等行业开设分公司的批准程序。阿曼苏丹国简化了启动外国投资的程序并向外国投资者提供了投资激励和担保，还建立了一个投资门户旨在使本国公司吸引来自全球的外国投资者。突尼斯简化企业开办手续、提供融资便利、促进公私合作，并实施相关措施以改善公司治理。乌干达加强了乌干达投资局建设，将其建立为一站式投资服务中心。乌克兰简化了代表外国企业实体办事处注册的程序并降低了其费用。乌兹别克斯坦建立了促进投资的一站式机制。澳大利亚修订了监管指南，向为澳大利亚批发商提供服务的外国金融服务提供者引入金融服务许可制度，该修订还通过了对金融基金管理提供者的许可减免服务，以吸引某些类型的专业投资者。

（4）外国直接投资自由化仍在继续。2019 年世界各国实施的外商投资政策中有约 30%，共 29 项部分或全部与各行各业的投资自由化有关，包括采矿、石油、天然气、航空公司、电信、教育和国防等行业或领域①。

与往年一样，亚洲经济体在外国直接投资自由化方面最为活跃。巴林 2019 年起允许外资全资控股石油和天然气开采企业。中国修改了《外商投资准入特别管理措施（负面清单）》，放宽或取消了几个行业对外国投资的限制并进一步向外资开放金融业。埃塞俄比亚向国内外投资者开放了电信业。2020 年 4 月起，如果投资者为单个投资项目分配的最低资本达到 20 万美元，原则上向外资开放所有行业；此举旨在改善投资环境并通过促进对生产和技术的投资增强来提高国民经济的竞争力。印度废除或调整了多个行业的外资所有权上限。印度尼西亚建立了一种机制，允许外国银行分支机构享受国民待遇。菲律宾允许外国高等教育机构在其国内设立教育机构并放宽专业服务限制。除了银行和保险等一些业务，卡塔尔原则上允许所有经济部门拥有 100% 的外资所有权。沙特阿拉伯 2019 年起允许外国公司在沙特证券交易所上市，并且取消了对外国战略投资者的所有权限制。泰国废除了三项关于外国公司最低资本金的部级法规。阿拉伯联合酋长国通过了"正面清单"，确定了 13 个允许外资 100% 控股的行业。坦桑尼亚放宽了采矿业对外国所有权的限制。越南提高了国内航空公司的外国所有权上限。

第三节　国际最新经贸协定趋势分析

——以数字经济为例

历经八年谈判历程成功签署的《区域全面经济伙伴关系协定》（RCEP）以及在全国范围内设立的 21 个自贸试验区为我国建设更高水平开放型经济新体制、形成国际合作和竞争新优势奠定了坚实基础。

2020 年 11 月 15 日，由中国、日本、韩国、澳大利亚、新西兰及东盟十国参与签署的 RCEP 正式落地，该协定整合了东盟十国与其他成员签署的多个"10+1"自贸协定，以及各成员之间已有的多对自贸规则，标志着世界人口最多、经

---

① UNCTAD. World Investment Report 2020［M］. New York：United Nations Publications，2020.

贸规模最大、最具发展潜力的自贸试验区正式起航。通过协定内容及覆盖体量可以看出，RCEP 对推动中国新时期扩大对外开放、形成国内国际双循环相互促进的新发展格局、提升自贸试验区网络"含金量"具有重要意义。鉴于世界先进贸易规则对自贸试验区的重要引领作用，本节从数字经济的角度简要介绍近年来国际先进贸易规则的变化趋势。

数字经济（Digital Economy）是继农业经济、工业经济之后的主要经济形态，是以数据资源为关键要素，以现代信息网络为主要载体，以信息通信技术融合应用、全要素数字化转型为重要推动力，促进公平与效率更加统一的新经济形态[1]。21 世纪以来，日益增加的互联网用户，更为强大的计算机性能，以及指数级增长的数据量推动着数字经济迅猛发展。2020 年全球数字经济规模 326053 亿美元，占全球 GDP 比重达 43.7%，超全球 GDP 增速近 6 个百分点[2]。数字贸易（Digital Trade）是随着数字经济发展而出现的新贸易形式，是数字经济领域最活跃的部分之一。美国贸易代表办公室（USTR）指出数字贸易是一个广泛的概念，不仅包括互联网上的消费品销售和在线服务的供应，还包括支持全球价值链的数据流、支持智能制造的服务以及无数其他平台和应用程序[3]。2019 年世界数字贸易出口总额占服务贸易出口总额的 52%，2020 年快速上升至 64%[4]。

作为关键要素的数据对经济社会的重要性已经获得共识。阿拉伯联合酋长国人工智能部部长奥马尔·本·苏尔坦指出"数据就是新的石油资源[5]"，大量研究指出，对数据的深度挖掘可以推动社会各层面发生深刻变革。这种变革不仅涉及搜索引擎、社交网络等"原生数字"领域，物联网的出现已经将经济基础设

---

① 中华人民共和国中央人民政府．国务院关于印发"十四五"数字经济发展规划的通知［EB/OL］．中国政府网站，（2022-01-12）［2022-03-20］．http://www.gov.cn/zhengce/zhengceku/2022-01/12/content_5667817.htm.

② 中国信息通讯研究院．全球数字经济白皮书——疫情冲击下的复苏新曙光［R］．北京：中国信息通讯研究院，2021.

③ USTR. Key Barriers to Digital Trade［EB/OL］．［2022-01-16］．https://ustr.gov/about-us/policy-offices/press-office/fact-sheets/2017/march/key-barriers-digital-trade.

④ UNCTAD. Trade Data for 2020 Confirm Growing Importance of Digital Technologies during COVID-19［EB/OL］．［2022-01-20］．https://unctad.org/news/trade-data-2020-confirm-growing-importance-digital-technologies-during-covid-19.

⑤ 王俊鹏．数据是新的石油资源［EB/OL］．［2022-01-21］．https://baijiahao.baidu.com/s?id=1706929899445175735&wfr=spider&for=pc.

施转变为"真正的数字经济神经系统①",大量的互联传感器对周边环境做出反应,并生成、收集和交换廉价丰富的数据。从健身追踪器等可穿戴设备、家庭安全、冰箱和温度计等联网设备到库存管理和互联网汽车,数据已经渗透到了生活的方方面面。

但对数据的依赖同样带来了一系列新问题。在大数据时代,科技型企业对个人隐私数据需求日益增加,过度监管会干扰数字化创新和竞争,监管不力又将增加网络威胁并降低对数字贸易的信任,如何在市场效率和个人隐私保护之间找到平衡点,是各国政府普遍面临的挑战。各国政府开始寻求新的方法来控制跨境数据——特别是通过各种措施来实现数据"本地化",以便将数据主权保持在国家主权范围内。这些措施对跨境数字贸易造成了一定的冲击,为数字经济的发展造成了负面影响,但过度强调数据自由化会削弱政府监管跨境数据流的能力。在这样的背景下,美国侧重于推动数据自由流动,强化私营部门对数据的控制;而欧盟倾向于基于基本权利和价值观的个人对数据的控制;日本和新加坡试图与美国和欧盟的数字贸易政策融合。各国的分歧意味着在数字贸易规则上,传统形式的国际合作很难达成一致,导致有别于传统关税壁垒和非关税壁垒的新型数字贸易壁垒,给全球数字治理和规则制定带来新的挑战。联合国秘书长安东尼奥·古特雷斯指出当前碎片化的数据格局,可能会为与隐私泄露、网络攻击和其他风险相关的重大损害创造更多空间②。

传统多边贸易体系在制定数字贸易规则方面步伐缓慢。1998 年世界贸易组织(WTO)发布的《全球电子商务宣言》(DGEC),曾承诺暂时免除电子传输的关税。但由于 2001 年开始的多哈回合陷入停滞,WTO 成员方自 20 世纪 90 年代中期签署《服务贸易总协定》(GATS)以来,一直未更新服务贸易中的数字贸易问题,导致国际社会普遍担忧 WTO 现有规则不再适用于正在出现的新型数字贸易壁垒。为适应数据驱动型经济发展,更新相关贸易规则以协调与数据跨境流动、应用机器学习(ML)和人工智能(AI)等新的通用技术相关的安全、隐私和其他监管问题变得越来越重要。全球多边贸易谈判的停滞,促使区域层面上数字规则的谈判引人关注。一些世贸组织成员方开始在区域贸易协定(RTA)谈判中纳入数字贸易安排,如《全面与进步跨太平洋伙伴关系协定》(CPTPP)、《欧

---

① Laidlaw E. Privacy and Cybersecurity in Digital Trade:The Challenge of Cross Border Data Flows [EB/OL]. [2022-01-20]. https://ssrn.com/abstract=3790936.

② UNCTAD. Digital Economy Report 2021 [M]. New York:United Nations Publications,2021.

盟、日本经济伙伴关系协定》（EPA）、《美墨加三国协议》（USMCA）、《区域全面经济伙伴关系协定》（RCEP）等。但复杂的历史谈判背景和参与国家的不同条件，造成了不同区域贸易协定在数字贸易规则制定上的显著差异。

一、美国的数字治理模式

美国将跨境数据流的自由化作为其数字贸易议程的主要目标之一。美国作为世界上最大的经济体和世界第二的贸易国，无论是货物贸易还是服务贸易都具有高度竞争力。因此，美国极力推动自由贸易和消除贸易协定中的贸易壁垒。进入数字时代后，美国在数字贸易方面优势显著，拥有诸如亚马逊、谷歌、Facebook、奈飞、PayPal 等世界领先的科技公司，为了在数字经济的竞争中获益，美国更是推崇数字贸易的自由化，率先将数字贸易问题纳入了一系列区域贸易协定中①。

美国不断尝试扩大其在数字贸易治理方面的影响力，呼吁世贸组织制定新的贸易规则，通过保护数据流动来打破限制数据自由流动的歧视性壁垒。2016 年美国向世贸组织提交了一份文件，指出数字贸易中的新型贸易壁垒给供应商和消费者都增加了不必要的成本和负担，应修改贸易规则以促进对网络的访问和高效的数据处理②。墨西哥和韩国等部分国家对此表示支持，认为世贸组织应进一步关注数字贸易问题。然而，将自由跨境数据流动纳入世贸组织制度的提议遭到了一些发展中国家成员——如印度、印度尼西亚和南非的反对，主要出于两点：一是关于跨境数据流动的约束性规则将限制这些国家的政策空间，从而无法推动其经济实现工业化和技术发展；二是对数据自由流动的承诺为数字交付的商品和服务提供自由市场准入，这将剥夺发展中经济体的大量关税收入。德国和法国等部分欧洲发达国家亦对美国的提案表达了异议，既反映了其对美国大型数字公司占据主导地位的情况下对欧洲经济影响的担忧，也反映了对此类规则对欧洲隐私和数据保护影响的担忧。2020 年宣布的美国—肯尼亚自由贸易协定谈判将数字经济作为谈判问题之一，如果将数据问题成功纳入，将是非洲国家首次在贸易协定中承诺相关问题，意味着美国在数字贸易规则上的一大突破。

---

① Yakovlevas. EU's Trade Policy on Cross-border Data Flows in the Global Landscape：Navigating the Thin Line Between Liberalizing Digital Trade,"Digital Sovereignty" and Multilateralism［EB/OL］.［2022 - 01 - 15］. https：//papers. ssrn. com/sol3/papers. cfm? abstract_id=4019631.

② UNCTAD. Digital Economy Report 2021［R］. New York：United Nations Publications, 2021.

虽然美国不断反对欧盟和我国以安全为主导的数字贸易政策，但其数字贸易政策也在逐渐聚焦国家安全。随着数字经济的快速发展，我国已经拥有了世界上第二大规模的数字平台及最大的电子商务市场，美国也开始关注所谓的"数据安全"问题。美国国内法逐渐以数据安全的理由限制本国数据流向外国，在一定程度上标志着美国上述"自由贸易"精神的转向。例如，2018 年美国《外商投资风险评估现代化法案》①（FIRRMA）扩大了外商投资筛选机制，在审查中纳入了对敏感个人数据的控制权，虽然该机制未直接涉及跨境数据流动，但依然可以禁止相关数据跨境传输。尽管现在仍未出现相关案例，但随着各国开始关注大量数据跨境流动所带来的安全和地缘政治风险，美国未来限制数据自由流动的可能性将逐渐增加。

二、欧盟的数据治理模式

在跨境数据流动方面，欧盟与美国的立场存在显著差异，强调个人隐私保护和维护欧洲市场。一方面，大陆法系国家有很强的隐私保护意识，欧盟宪章亦将保护隐私和个人数据确立为应予以捍卫的基本权利，2014 年爆发的"棱镜门"事件进一步推动了史上最严的数据和隐私保护法律——欧盟《通用数据保护条例》（GDPR）加速通过，以其复杂的合规要求和幅度惊人的违规处罚，对与欧盟有关的数字贸易施加了重大影响。另一方面，以法国、德国为代表的部分欧盟成员国对美国科技公司在跨境数字贸易中的统治地位感到忧心，认为对数字自由流动的承诺会使美国科技公司受益，阻碍欧洲数字市场的建设，希望仅在结合GDPR 的高数据保护标准时才允许数据流动。

相对于美国数字贸易政策上的连贯性，欧盟在数字贸易政策方面主线截至2022 年 5 月仍未明晰。欧盟对数字技术的逐渐重视，及其在里斯本条约之后的新外交政策方向，对欧盟数字贸易政策的制定产生了深远的影响。2002 年欧盟与智利签署的自由贸易协定包含了第一个实质性电子商务条款，但措辞较为谨慎，仅限于信息技术、信息社会和电信领域等服务章节中的软合作承诺。但在 2009年签署的《欧盟—韩国自由贸易协定》中，语言相对更加具体，约束力也更强。《欧盟—韩国自由贸易协定》借鉴了美国贸易协定的一些核心条款，确定了 WTO

---

① Harrington J. , McGabe R. What the U. S. Innovation and Competition Act Gets Right（and What It Gets Wrong）[EB/OL] .［2022-01-21］. https：//www.csis.org/analysis/what-us-innovation-and-competition-act-gets-right-and-what-it-gets-wrong.

框架对电子商务的适用性，并同意暂停征收对电子产品的关税。虽然欧盟坚持其个人隐私数据保护政策，但在满足其监管要求的前提下仍寻求相关的数字贸易合作，包括电子签名证书的相互承认、互联网服务提供商责任的认定、消费者保护和无纸化交易。2016年欧盟与加拿大签署的《全面经济贸易协定》（CETA）更进了一步，其条款涉及了多项数字贸易条款，包括构建缔约国内的数据监管框架，促进电子商务的互操作性、创新性和竞争性，推动中小型企业使用电子商务。在此协定中，欧盟成功植入了隐私承诺，并要求缔约方制定或维持有关个人信息的电子商务法规时要充分考虑国际数据保护标准，但仍未包含跨境数字自由流动的相关规则。

总体而言，欧盟对贸易协定中的数字规则极为谨慎，希望仅在结合其GDPR的高数据保护标准时才允许数据流动，其主导的协定中尚未出现此类约束性规则。在欧盟谈判的贸易协议中，以及关于WTO电子商务规则的提案中，其仍然坚持将保护隐私的模式作为一项基本权利。但2018年签署的《欧盟—日本经济合作协定》和2020年更新的《欧盟—墨西哥全球贸易协定》出现了一些方向性的改变，缔约方同意在协定生效后三年内"重新评估"是否需要将关于数据自由流动的条款纳入其中。这标志着欧盟在数据自由流动问题上的重新定位，截至2022年4月正在进行的欧盟—澳大利亚、欧盟—新西兰、欧盟—突尼斯谈判亦对此类问题达成了充分共识，这些协定草案包含了数字自由流动和禁止本地化相关条款。但GDPR标准下高水平的数据保护仍然是以上条款加入的前提条件，且均加入了具有主观性的广泛例外条款，为欧盟当前和未来的数据保护措施保留了充足的监管余地。

三、我国及其他代表性国家的数据治理模式

相对于美国的自由开放和欧盟的独立自主，我国和日本、新加坡等代表性国家的数据治理模式亦呈现自身的特点，总体呈现防御倾向。在数字贸易规则方面，我国尝试在美国模式和欧盟模式之间找到平衡点，以国家安全为中心，以个人隐私保护为基础，围绕数据安全可控，提高数据跨境流动治理能力，构建中国特色的数据治理框架。日本数字经济实力较强，但受限于总体经济规模，在数字贸易规则制定上影响力有限，故其倾向与美国、欧盟深度融合，营造"美欧日数字经济圈"。以新加坡为代表的中小型发达经济体数字经济美国、欧盟缺乏具有优势地位的大型科技公司，但其高度关注数字型中小企业的合作与创新，主张搁

置争议，加强在数字贸易规则上的沟通合作，力图在数字经济领域打造不同于传统经济的竞争优势。

我国传统上对贸易协定中的数据监管持谨慎态度。2015 年之前，我国签署的所有区域贸易协定中均未涵盖电子商务章节，直到我国与韩国和澳大利亚展开贸易谈判后，才逐步将数字贸易相关规则纳入相应的自由贸易协定。但我国与韩国和澳大利亚的自由贸易协定仅包含了贸易便利化相关问题，例如暂停电子传输的关税、承认电子认证和电子签名、电子商务中的个人信息保护、无纸化交易、管理电子教育的国内法律框架，以及需要为使用电子商务的消费者提供与传统商业形式同等的保护水平。2020 年 11 月，我国与 14 个国家签署的 RCEP 取得重大突破，在电子商务章节中，中国与所有其他 RCEP 成员一致同意了数据跨境自由流动和禁止跨境流动相关规则。

日本在贸易协定中的数字规则经历了从无到有，再向高水平转变的过程。早在 2005 年，日本分别在与泰国、菲律宾和泰国的贸易协定中纳入了贸易便利化相关条款。2009 年日本与瑞士的贸易协定已经涵盖了专门的电子商务章节，此后日本与蒙古和澳大利亚的贸易协定中均涵盖了电子商务章节，直到《跨太平洋伙伴关系协定》（TPP）形成了完善的电子商务规划，主要包含电子支付、国内电子商务交易框架、对数字产品的关税免除、电子签名等内容。美国退出 TPP 后，日本与其余 10 个成员国继续谈判，于 2018 年正式签署《全面与进步跨太平洋伙伴关系协定》（CPTPP）。CPTPP 冻结了与美国深度相关的 22 项条款，但仍保留了 TPP95% 的内容，通常被认为是全球范围内最高标准的自由贸易协定，并在电子商务一章集中了个人信息保护、跨境数据自由流动、源代码等大量数字贸易相关条款。为了进一步加深与美国、欧盟和英国合作，打造更高水平的数字贸易规则，2019 年日本又与美国签署了《美日数字贸易协定》，与欧盟和英国签署的贸易协定中亦涵盖了相应的数字贸易条款。

为了打造在数字经济领域的竞争优势，新加坡极力营造在数字经济领域的竞争优势。2021 年 1 月，由新加坡、智利、新西兰三国签署生效的《数字经济伙伴关系协定》（DEPA），是在数字贸易监管办法方面的最新进展，是第一个完全和专门针对影响数字经济贸易措施的独立协定。以上这些协定在内容上存在共通之处，均包含个人信息保护和在线消费者保护；无纸化贸易、跨境数据流动、免除对电子传输征收的关税，以及电子商务和数码产品的定义。DEPA 则在新兴趋势和技术、创新和数字经济、加强中小企业合作和推动数字包容等方面提出了自己的新主张。

四、数字贸易治理展望

受地缘政治、国家利益和治理理念等因素影响，目前国际社会关于数字经济、数字贸易问题尚未谈判达成较为普遍的全球规则。总体而言，美国、欧盟、日本、新加坡（简称美欧日新）等国家和地区在多双边层面达成的国际协定，有助于解决各种新型数字贸易壁垒及数据保护规则的碎片化现象，有着传统贸易协定难以发挥的效果，但各国在数字贸易治理取向上仍存在一定分歧，不同的监管体系造成互联网碎片化的风险仍然存在。导致分歧存在的原因主要有以下三点：一是数字贸易涉及社会的层面过多，数字技术更新速度快。AI、物联网等新型数字技术的发展，极易为社会的各个方面带来隐私和道德风险，各国规避风险的不同态度导致很难取得共识。二是美国、欧盟、日本和新加坡核心利益不同。美国在国际数字市场上拥有支配地位，但欧盟、日本、新加坡缺乏具有竞争力的数字科技企业，数字市场上的巨大差距造成了数字贸易规则上的不同取向。三是谈判议题相互交织，单点突破的可能性较小①。数字贸易涵盖众多议题，利益关系错综复杂，诸如跨境数据流动与隐私保护、设施本地化、服务市场准入、数字产品的非歧视待遇等都均有相关性，谈判需要同时协调国内国外诸多领域，各国达成共识的难度较大。

数字治理规则构建正在成为大国博弈的焦点。我国积极参与全球数字规则构建，努力成为国际数字贸易规则的引领者，有助于确保数字科技创新所带来的利益分配，掌控全球数字治理体系的话语权。在数字治理规则制定方面，我国尝试在美国模式和欧洲模式之间找到平衡点，在优先保障国家安全和个人隐私基础上构建中国特色的数据治理框架，对推动数字贸易、数据跨境流动，提高数据跨境流动治理能力方面作出了不懈努力。一方面，我国与亚太地区14个国家正式签署了包含完整电子商务章节的区域全面经济伙伴关系协定，是当前世界上人口最多、经贸规模最大、最具发展潜力的自由贸易区。另一方面，我国陆续出台了《中华人民共和国网络安全法》《中华人民共和国数据安全法》和《中华人民共和国个人信息保护法》，其中《中华人民共和国网络安全法》《中华人民共和国

---

① 张琦，陈红娜，罗雨泽. 数字贸易国际规则：走向趋势与构建路径 ［J］. 全球化，2022（1）：70.

数据安全法》同时关注国家安全和个人隐私，《中华人民共和国个人信息保护法》与 GDPR 类似，旨在保护个人、社会和国家安全免受因滥用个人数据而造成的各种损害，这些法规构建了我国一般数据尤其是个人信息和重要数据本地化存储、数据出境需遵守安全评估和安全审查相结合的总体框架。但相较《美墨加三国协定》等世界先进数字贸易规则，我国在跨境数据流动、数据本地化存储、数据知识产权保护、网络安全限制、非歧视性待遇、政府数据透明、贸易壁垒等方面还存在较大差距，需要加快进行实质性制度改革，为深度融入全球数字治理规则奠定基础。

第四节　我国经济形势与展望

2014 年以来，中国经济进入新常态，主要特点如下：一是年均经济增长率从过去的 9% ~ 10% 下降至 5.5% ~ 7%，从高速增长向中高速增长过渡；二是经济结构不断优化升级，个人收入比重不断提高，城乡和地区差距不断缩小，服务业比重大幅上升，第三产业发展成为主要的消费需求，新兴产业和新技术产业地位上升；三是在经济增长中，由依靠创新拉动代替依靠投资和出口拉动。

推进供给侧结构性改革成为 2015 年以来我国"十三五"时期经济工作的主要任务。供给侧结构性改革的重点是通过改革推动结构调整，减少无效供给，扩大有效供给，解放和发展生产力。吸引和利用外资，必须认清战略的必要性和趋势。供给侧结构性改革可以增强供给的灵活性和适应性以满足需求，促进经济持续增长，促进社会生产力的全面飞跃。

在我国以后的经济社会发展工作中，需遵循共享、协调、绿色、创新、开放等新发展理念，围绕这五个概念吸引和利用外资，不能脱离和背离新发展理念的要求。以上理念体现了中国经济社会发展的方向、思路和重点。

一、新形势下我国对外经济的特点

1. 外商直接投资在中国贸易中的比重持续升高

改革开放以后，外商投资在中国贸易中的比重持续升高，至 2005 年达到约 64%，成为中国国际贸易的主要推动力量，使中国贸易快速发展，国际地位提高。2005 年之后稍有下降，但外商投资企业 2020 年在贸易中的份额仍占 38.7%。

2006~2020 年，外商直接投资规模从 727.2 亿美元增加到 1493.4 亿美元，增长了 1.05 倍。外商投资企业在中国积累的竞争力和发展能力超过了国内同等规模投资所产生的竞争力和发展能力。与外商投资企业相比，初期国内企业缺乏竞争力，外商投资企业发挥着不可替代的作用。没有外商直接投资的贡献，我国的对外贸易就不可能达到今天的国际地位[1]。

2. 外商直接投资推动了产业及技术升级

外商直接投资企业与国内企业有着不同的体制和机制，鼓励和吸引外资，可以吸收外资企业在企业营销、经营理念、管理体制和激励机制等方面的先进经验，为我国改革开放增添新动能。2005~2020 年，外商投资规模以上企业营业收入占全国规模以上企业营业收入的 20% 以上，最高达到 31% 以上，这些企业后来发展成为中国主要的进出口企业，对国内产业和投资的发展具有重要意义。2020 年外资企业在我国制造业、科学研究和技术服务业、信息产业三个行业的投资分别达到 310 亿美元、179.4 亿美元、164.3 亿美元，外资在这些行业的大量投资助推了我国的产业发展及技术升级[2]。

3. 外商在中国投资具有阶段性特征

第二产业是外国企业投资的重点，然而，2011~2020 年，该领域投资额逐步下降，从 557.5 亿美元降至 365.5 亿美元，降幅达到 34%。第三产业则由 2011 年的 665.7 亿美元增至 2020 年的 1123.7 亿美元，增幅达到了 69%[3]。一方面，国内企业竞争力的提高，外资企业在制造业领域感受到国内制造业企业的竞争压力；另一方面，外资企业预见了随着国民生活水平的提高，第三产业增加值会迎来爆发式的增长，从而加大了对我国第三产业的投资。

二、我国利用外资总体情况分析

改革开放 40 多年来，涌入中国的外资从 1983 年的 9.2 亿美元迅速增长到 2020 年的 1493.4 亿美元，增长达 162 倍以上。中国在深化改革、不断扩大开放格局的同时，承接了全球的产业转移，同时 FDI 带来的溢出效应，也带动了国内相关行业的技术进步。

中国利用外资的规模呈现出逐年递增的状况，2011~2020 年流入中国的外资总额从 1239.9 亿美元增长到 1493.4 亿美元，增长幅度达 20% 以上。截至 2020

年，欧盟对我国的投资达 1164.1 亿美元，设立企业达 38525 家；美国对我国的投资达 901.9 亿美元，设立企业达 73556 家①。

但长期以来，我国从沿海向内地次第开放的特征，以及市场化程度、基础设施、区域因素、资源禀赋等方面地区差异的存在，使我国利用外资地区分布呈现明显的不均衡特征。外资流入主要集中在东部沿海地区，中部、西部地区利用外资偏少。这种地区分布的格局并没有发生根本性改变。2020 年，外商投资在东部、中部和西部地区使用外资金额分别为 1275.4 亿美元、88.2 亿美元和 80.1 亿美元，占全国实际使用外资的比重分别为 85.4%、5.9% 和 5.4%，中部、西部地区占全国的比重仅为 11.3%②。

三、我国国内外资分布现状

从区域来看，外商直接投资在东部、中部、西部每个地区都有自己的地域特色。东部地区金融业比较发达，金融业吸引外资的比重比较高。西部地区土地资源优势明显，农、林、牧、渔业占外商投资比重较高；中部地区是我国的主要劳动力和原材料基地，制造业和天然气产业发展迅速，水电生产和供水行业吸引外资的比重较高。

（1）东部地区外商投资（不含中国香港、中国澳门及中国台湾）。东部地区包括北京、上海、天津、江苏、浙江、广东、海南、福建、河北、辽宁与山东共 11 个省市。东部地区经济发达，基础设施完善，劳动力素质高，港口交通便利，因此一直是中国最大的外商投资目的地。在东部地区主导发展战略的引领下，外商投资数量持续增长，主导作用明显。2020 年，我国东部地区新增外商投资企业达 34028 家，占全国总量的 88.2%，实际利用外资达 1275.4 亿美元，占全国总量的 85.4%。

（2）中部地区外商投资。中部地区包括河南、湖北、山西、吉林、黑龙江、安徽、江西和湖南共 8 个省份。中部地区联通东西南北，在国家发展总体格局中发挥着重要作用。在推进实施中部崛起战略的过程中，中部地区依托资源、能源、制造业、劳动力等比较优势，已成为东部与国际制造业产业转移的重要目的地，利用外资规模不断扩大。2020 年，中部地区新增外商投资企业达 2106 家，占全国总量的 5.5%，实际利用外资达 88.2 亿美元，占全国总量的 5.9%。

---

①② 商务部. 中国外资统计公报 2021 [R]. 2021.

（3）西部地区外商投资。西部地区由贵州、云南、内蒙古、广西、四川、甘肃、重庆、宁夏、西藏、新疆、陕西、青海12个省（自治区、直辖市）组成。在西部大开发战略的指导下，西部地区利用外资增长迅速，超过了东部和中部地区。2020年，西部地区新增外商投资企业达2436家，占全国总量的6.3%，实际利用外资达80.1亿美元，占全国总量的5.4%（见表2-2）。

表2-2　2020年中国东、中、西部利用外资情况

地区名称	新设企业数（家）	比重（%）	实际利用外资金额（亿美元）	比重（%）
总计	38578	100	1493.4	100
东部地区	34028	88.2	1275.4	85.4
中部地区	2106	5.5	88.2	5.9
西部地区	2436	6.3	80.1	5.4
有关部门	8	0.02	49.7	3.3

注：有关部门指银行、证券、保险领域吸收外资数据。

资料来源：商务部外资统计。

第五节　我国自贸试验区发展面临的形势

国际形势不确定性的加大，要求自贸试验区以更大的定力和勇气推进改革，激发我国经济社会开放和发展活力。

（1）全球经贸增长明显乏力，迫切要求自贸试验区进一步发挥开放引领作用。2019年全球经贸增长呈现更大幅度和范围的放缓：一是2019年全球经济增速降至2009~2019年的最低水平。尽管2019年以来，世界主要国家纷纷放松货币政策，加大政策刺激力度，但世界经济增速依然持续下行。二是多数国家经济发展增速放缓。2017年，全球有3/4的经济体在加速发展，然而2019年有90%的经济体增速放缓。三是国际贸易和投资持续低迷。2019年全球贸易增速依然低于世界经济增速，国际货币基金组织公布的数据显示，2019年国际贸易量仅增长0.9%，较2018年下降2.9%。全球投资同样表现不佳，2019年全球外国直

接投资（FDI）较 2018 年下降 1%，跌至 1.39 万亿美元[①]。

全球经贸增长乏力削弱了外部需求，在一定程度上加剧了各国对现有国际市场和外资的争夺，全球竞合关系面临重构压力，给我国稳住外贸外资基本盘带来挑战。因此，要求自贸试验区加快推动投资贸易自由化、便利化，推进贸易新模式、新业态发展，在推动规则、规制、管理、标准等制度型开放方面发挥更大作用，激发我国开放活力和竞争力。

（2）逆全球化和贸易保护主义蔓延，亟须自贸试验区进一步彰显开放标志意义。逆全球化和贸易保护主义蔓延，给全球化蒙上了一层阴影。一是多边贸易体制受到严重冲击，贸易保护主义与单边主义抬头趋势明显，严重损害多边贸易体制的权威性和有效性。二是非关税措施数量激增，导致进出口企业经营成本大幅上升。三是跨国直接投资受到影响，部分国家通过出台减税法案和相关政策，干预了企业跨国直接投资行为，削弱了全球跨国直接投资发展动力，也给东道国引资用资带来了压力。

贸易保护主义削弱了全球化的发展动力，增加了贸易成本，阻碍了国际要素资源的高效配置，使全球贸易投资受到冲击。作为新时代我国对外开放的标志，自贸试验区须在贸易、投资、金融等领域和事中事后监管等方面积极推进改革探索，总结提炼形成制度创新成果，供各地学习借鉴或向全国复制推广，释放改革开放红利，彰显"中国开放的大门只会越开越大"的决心。

（3）全球产业链调整出现新变化，要求自贸试验区更好地发挥集聚全球优质要素的作用。一是中美经贸摩擦加速产业转移。中美之间的贸易成本提高，在一定程度上导致中国一些产业（例如纺织服装制造、家具制造等劳动密集型产业）向其他国家迁移。二是中美经贸摩擦扰乱全球供应链，部分供应链上下游企业面临外部需求放缓等冲击。

全球产业链的变化扰乱了国际分工调整，使部分向我国集聚的产业链受到冲击，给我国产业转型升级带来一定压力。因此，我国自贸试验区要通过制度创新，增强对全球优质要素的集聚能力，推动产业实现高质量发展。

---

① 商务部国际贸易经济合作研究院. 中国自由贸易试验区发展报告 2020 ［R］. 2020.

第三章 国内外典型自由贸易区发展现状及经验借鉴

第一节 先进自由贸易港建设现状及经验借鉴

一、部分先进自由贸易港建设现状

（一）自由度最高的自由贸易港——中国香港

香港是自由贸易港中的典型代表，实现了要素流动自由、资金汇兑自由、人员进出自由，构建了完善的基础设施、良好的营商环境、公平的法治环境，形成了世界级的金融中心、物流中心，汇集了大量的世界 500 强总部。

1. 自由的贸易环境

首先，在手续方面，香港海关极大地简化了通关手续，商品通关的两周内，向海关提交相应的关单和申请就可通关。另外，为了进一步压缩通关时间，香港海关提出了电子通关系统"海易通计划"，相关公司在线填报即可完成通关。其次，对贸易限制较少，绝大部分商品进出口都不需要向海关缴纳赋税，需要纳税的商品仅有碳氢油、甲醛、酒精、烟草四种。最后，从全球范围来看，中国香港对于国际贸易的限制较为宽松，具有民事权利的自然人均可在履行相关法律程序后自由开办企业，在经营的具体价格和数量上也没有限制。

2. 自由的投资环境

香港是个高度国际化的城市，在香港的投资限制很少，世界上所有国家具有民事行为能力的自然人均可在香港进行投资，且对所有进入的资本一视同仁，均给予国民待遇。相对于世界上大多数国家和地区，香港在公司命名上也较为宽松，只要符合香港公司名称注册指引的均可使用。在注册资金方面，香港没有具体金额限制，对于注册资金是否到位也没有管控，且经股东大会同意后，可随时增加资金。

3. 自由的金融环境

优越的金融环境是香港成为国际知名自由贸易港的基础之一，突出表现为资本自由兑换、投资限制少、开放范围大、纳税负担小，全球大部分的人民币交易都发生在香港，也使香港成为了世界排名前列的金融中心。进入 21 世纪以来，全球金融、贸易竞争日趋激烈，香港出台一系列政策以使自己在激烈的市场竞争中不落下风。例如，在"一带一路"倡议的影响下，香港响应国家号召，成立了（IFFO），对需要进行融资的相关公司提供支持。在债券方面，香港创新性地推出了"一带一路"主题债券。出台多项减税措施，大力吸引跨国公司总部搬迁到香港，同时吸引设立同业中心、私募公募投资基金以及资产管理公司等多类型的金融机构。

（二）"综合型"自由贸易港——新加坡

新加坡自由贸易港与香港自由贸易港的历史渊源颇为相似，曾同时受英国殖民统治而后发展为世界级的自由贸易港。除了地理位置优越、政府的免税政策、相对宽松的海关监管以及公平的法治环境等与香港相似之外，新加坡自由贸易港作为全球发展最为成熟的自由贸易港之一，与其丰富的人才储备也是分不开的。

1. 全面取消国际贸易及资本进出限制

为了促进经济发展，新加坡政府出台政策吸引外资，一是给予来新加坡投资办厂的企业一定的优惠待遇，二是对外资开放的领域较多。新加坡政府也对将总部和重要部门设立到其国内的企业给予了很多补贴，吸引了大量外资总部设在新加坡。同时，为了更好地吸引外资，新加坡基本放开了金融管制。外资公司进入新加坡后，可以便捷地选择结算货币，资本也可自由流入、流出，在银行开户方面，只要准备好相关材料，就可开设和本土企业一样的企业账户。

2. 位居世界前列的营商环境

在《2020 世界营商环境报告》中，排名前三的经济体为新西兰、新加坡、中国香港。自此报告发布以来，新加坡的营商环境均位列前三，在《亚洲竞争力报告》中，新加坡的营商环境一直位于亚洲第一。新加坡是较早引入综合信息管理系统的国家，目前综合信息管理系统基本上已经涵盖了新加坡营商环境的方方面面，包括税务、海关、政府等，基本上所有的申请都可以实现线上无纸化办理。而且不论申请人拥有哪国国籍，只要具有完全的民事行为能力，均可自主申报公司，并在较短的时间内拿到相关许可（一般是 3 个工作日）。

3. 优秀的人才培养体系

新加坡注重人才的培养。新加坡政府斥巨资建立了覆盖所有层次、不同年龄段的教育体系。国民完成第一阶段的义务教育后，可自由选择技术学校、职业学校等七种受教育方式，在满足相应考核后，可升入对应的高等院校继续深造。同时，新加坡政府设立了各种各样的教育基金，确保所有愿意接受教育的人都能得偿所愿；奖学金同样覆盖各个阶段，以激励热爱学习、表现优秀的同学，包括新加坡总统奖学金、语言奖学金、艺术奖学金等。另外，新加坡同样注重实践教育，尤其注重校企合作，创立了"教学工厂"的模式，让校园实践更贴近工作岗位，为企业培养了大批实用人才。

（三）中东最大的自由贸易港——迪拜

迪拜地处亚、非、欧三大洲交会的咽喉要道，是衔接东西方交通的纽带，地理位置优越。迪拜港已成为中东最大的自由贸易港，在世界港口航运业中占有举足轻重的地位。成立于 1985 年的迪拜杰贝阿里自由贸易区，毗邻迪拜港，是全球第一个通过 ISO9000 国际认证的自由区，也是目前世界最繁忙和最成熟的自由贸易区之一。杰贝阿里自由贸易区总面积达 48 平方千米，是中东地区最大的自由贸易区和重要的贸易枢纽，具有辐射中东、北非，连接东方的区位优势，被地缘政治学大师哈尔福德·麦金德称为"历史的地理枢纽"。杰贝阿里自由贸易区是迪拜乃至阿联酋经济增长的发动机，其贸易额占迪拜非石油贸易总额的份额超过 25%[①]。目前，杰贝阿里自由贸易区已发展成为集港口装卸、物流仓储、进出口贸易、生产加工等多功能于一体的工贸结合、贸易为主的特区，重点发展国际贸易、航运服务等服务业以及石油化工、服装、电子产品等制造业，目标是建设成为中东的国际性商业中心。

1. 便捷的国际贸易

杰贝阿里自由贸易区毗邻世界最大的人工港——杰贝阿里港，距离迪拜国际机场约 30 分钟车程，距离马克图姆国际机场仅 15 分钟车程。在政策上，杰贝阿里自由贸易区免征进口关税和再出口关税，区内存储、贸易、加工制造均不征收任何税赋，货物转口零关税。优越的港口航空资源和多项优惠政策为杰贝阿里自

---

① 张娟. 迪拜杰贝·阿里自由贸易区（JAFZA）解密 ［J］. 国际市场，2014（5）：37-40.

由贸易区国际贸易的发展奠定了坚实的基础，尤其带动了转口贸易的蓬勃发展。

2. 完善的航运服务

杰贝阿里自由贸易区毗邻杰贝阿里港，拥有 67 个泊位，码头长 15 千米，拥有 2000 万标准集装箱的吞吐能力，是中东地区最繁忙的港口。港口的深度和大小能够满足尼米兹级的航母和若干战斗群船舶停靠。由于这些码头有较高的停靠频率，半永久性自由设施已被树立在相邻的泊位。杰贝阿里港包括超过 100 万平方米的集装箱堆场，还包含中期和长期普通货物的存储空间，其中包括 7 个荷兰谷仓，共有近 19 万平方米、12 棚覆盖的 90.5 平方米的空间。此外，杰贝阿里港还拥有 96 万平方米开放式存储空间①。

3. 全面的制造业

杰贝阿里自由贸易区内企业可享受完全外资拥有、所得税免除、进口完全免税、资本金和利润允许不受限制地汇出境外以及能够获得充足廉价的能源供应等优惠政策。另外，杰贝阿里自由贸易区道路通畅，劳动力资源丰富，办事程序简便快捷，拥有现代化程度较高的通信设施，外国人还可以通过长期租约拥有不动产，员工住宅区、超市、药店、银行、保险和休闲场所等配套设施也一应俱全。杰贝阿里自由贸易区内除了有空地可供出让外，还可出租已建成的办公室、厂房、仓库。众多大型物流公司入驻也为园区企业提供了便利的物流服务。多项优惠政策和完善的产业配套设施吸引全球性跨国公司和著名企业在区内设立生产制造中心。众多石油、天然气、电子、电器、汽车和重型机械等行业的企业总部设在杰贝阿里自由贸易区，推动了杰贝阿里自由贸易区制造业的繁荣发展。

二、先进自由贸易港发展经验分析

外资作为一种资产性资源，历来是驱动经济发展的重要手段。尤其随着全球经济的进一步交流与融合，外资已然成为了众多国家扩展生产能力、调整产业结构、充实经济实力的外部力量和衍生力量，从某种角度来说，吸引外资流量的多少也在折射和反映这个国家的经济发展能力和未来潜力。因此，世界各国都针对自由贸易区如何吸引外资进行了有益的探索和实践。一方面，对内深化体制、机制改革，持续优化调整产业结构和产业发展战略，改善营商环境，增强对外资的吸引力和外部影响力。另一方面，不断制定、更新、调整自由化政策和便利化政

① 张娟. 迪拜杰贝·阿里自由贸易区（JAFZA）解密［J］. 国际市场，2014（5）：37-40.

策，以期最大化吸引外资、留住外资且充分利用外资。

营商环境对经济体深入展开合作与交流、竞争与利益分配发挥着举足轻重的作用。从一定程度上来说，若要促使营商环境吸引优质创新要素的"磁力效应"增强，需要具备更高程度的法制化、便利化、国际化条件，进而才能更好地吸引投资、增加就业，提升经济竞争力，这也是导致世界各经济体孜孜不倦地改进营商环境的主要原因。世界银行 2020 年对全球 190 个经济体基于营商环境层次的评估调查中显示：排名位于全球营商环境前十的国家（地区）顺次排列分别是：新西兰、新加坡、中国香港、丹麦、韩国、美国、格鲁吉亚、英国、挪威、瑞典。这些国家和地区的优势在于办理公司相关手续简单、快速，营商规则透明。其中新西兰连续第四年蝉联首位，营商环境改善最为显著的经济体是沙特阿拉伯、约旦、多哥、巴林、塔吉克斯坦、巴基斯坦、科威特、中国、印度和尼日利亚。2018~2019 年，这些国家实施了全球范围内记录的 1/5 的改革①。

从近年来世界各经济体在优化营商环境方面的改革来看，主要体现在提高营商便利度，包括简化开办企业程序、优化施工许可证办理、便利获得信贷渠道、保护中小投资者、调整纳税内容和优化纳税体系等使营商更便利的法规改革。2016 年 7 月到 2017 年 6 月，欧洲和中亚地区有 79% 的经济体实行了至少一项营商法规改革，使得该区域成为营商环境改善经济体占比最高的地区。东亚与太平洋地区经济体也实施了 45 项改革。众多发展中经济体不断地极力提升营商环境。借助简政放权、优化服务、简化审批、提高效率等有效措施，多数经济体切实高效地改善了营商环境。从 2016 年世界各经济体进行营商环境改革成果中看，发展中经济体共实施 206 项，并占世界各经济体营商环境改革总数的 78%。②

从改革的领域来看，众多经济体在放松对开办企业的要求方面实施的改革数量最多，2003~2019 年，共记录改革 722 项。共有 106 个经济体取消或减少了资本最低限额要求，约 80 个经济体推出或改进了一站式服务，超过 160 个经济体简化了预先登记等登记手续。因此，从世界范围看，开办新的中小企业平均耗时由原来的 52 天缩短为 20 天以内。2018~2019 年，在全球范围内，在办理施工许可和获得电力方面进行改革的经济体数量分别为 37 个和 34 个，达到 2003~2019

---

① ② 世界银行发布的《2020 年全球营商环境报告》。

年最高。有 24 个经济体提高了财产转让的效率，并提高了土地管理的质量。在菲律宾，纳税在 2009 年需要进行 48 笔支付，而到 2019 年仅需进行 28 笔支付。在卢旺达，财产转移登记所需时长从 370 天逐渐收缩到 12 天。另外，2019 年有 65 个经济体的创业者已能在网上注册公司。这些便利化的举措，优化了内在的营商环境，为吸引外资进驻提供了便捷平台①。

与此同时，受世界经济自由化和数字化趋势的影响，世界各经济体也不断调整外向型政策。一是政策措施关注投资便利化。受国家安全和经济利益考量，许多国家在制定外资政策时，往往通过立法和政策手段，对外资引入实施了众多限制，制定了防伪法、防止外资控制等系列规则，建立复杂审核机制对外资项目进行审核，实施特定领域限制准入，对外资持有所有权限制等。随着外资市场的成熟及主体国经济的持续发展，许多国家在传统的采取划定地点和提供激励措施方式促进和吸引外资的基础上，更加注重提供投资便利化服务，期望帮助投资者更好地落实或扩大投资以及深化开展日常业务。比如，提高透明度和改进可提供给投资者的信息，使行政程序对投资者来说更为高效和便捷，通过协商程序加强政策环境对投资者的可预测性等。

二是政策措施倾向投资自由化。自由化是资本流通的重要属性，以往受众多限制的影响，外资流入受到了一定限制，影响了外资增长。因此各国开始不断调整投资政策，在制定政策或创新机制上更加关注投资的自由化，包括进一步取消限制条件、提高允许外资持股的比例、放宽外国投资者的核准和批准程序等。肯尼亚和坦桑尼亚为吸引外资，允许外资持有百分之百股份的公司在其股票交易所上市。② 同时房地产、金融服务、航空和采矿等产业在对外国投资进入的限制上也实行了放宽或取消制度，其中部分国家实行了私有化政策，尤其体现在基础设施领域。另一些国家不仅修正了经营许可证的发放手续，还建立了其他形式的奖励投资方法或是设立了特别经济区。总体而言，2019 年，54 个经济体推出了至少 107 项影响外国投资的措施，3/4 的方向是自由化、便利化，其中亚洲的发展中国家和新兴经济体最为活跃。在采矿、能源、金融、运输和电信领域对外资开

① The World Bank. Doing Business 2020 ［R］. 2020.

② 联合国贸易和发展会议. 世界投资报告 2016 ［M］. 冼国明，葛顺奇，译. 天津：南开大学出版社，2019.

放力度加强，一些国家简化了针对投资者的行政审批程序或加大了投资激励力度。①

三是政策措施聚焦数字经济。数字经济日渐崛起，成为了全球经济增长的驱动器。它从根本上改变了传统企业生产和销售的方式，对全球供应链的每个流程，例如采购、生产、物流和客户维持等均产生了深远的影响。数字经济的快速发展使包括电信、数据处理和软件编程在内的信息通信行业成为各国投资的主要目标之一。在此背景下，面对数字经济快速发展的现实情况，部分国家修改了相应法律法规，放宽了数字技术的使用范围，同时提出了一揽子支持政策，推动数字基础设施发展，加大对数字产业的研发投入，聚焦传统产业的数字化转型，为数字经济发展增添新动能。

以新西兰为例。新西兰历来奉行自由贸易政策，在对外贸易管制制度上实行放松式政策，对于进出口经营权，新西兰的任何注册企业均可自动获得此项权利，且不受限于经营范围。取消了进口许可证制度，除极少量危险产品和联合国规定的管制产品外，全面取消了进口许可证。积极推动电子通关，一般货物通关在一天内即可完成。新西兰建立了"出口企业奖"，以激励并宣传出口业绩好的企业；还建立"企业发展基金"以及"成长基金"，用以对出口潜力企业的帮助与扶持。同时鼓励外来投资，排除转基因技术以及核技术等被世界各国严格控制的领域之外，新西兰并未在其他领域禁止外资进入。在税收、贷款等政策上，对内外资企业视同一律，并未有差别对待。在实施单一税制的制度下，绝大多数情况实行征收最低额或是免收资本收益税；外资企业均可按照国际税务协定规定，在其所有纳税上享受优惠政策；研发成本100%免税；在全世界范围内，平均关税最低。另外，为吸引外资，新西兰政府同时提供战略投资基金、员工补贴和研发基金给有资质的企业以提升吸引优势。目前，在世界发达经济体的服务业范畴中，新西兰在服务业上的对外开放程度也居于最高水平，在主要服务业领域并未限制外国资本。在运输业领域，新西兰运用完全开放其海岸线以及通过立法等手段，准许在新西兰的外国船舶公司可以独资从事航运业务。在航空业领域，新西兰逐步取消在相关领域上对外资的限制政策，并鼓励国内航空市场的充分竞争。在电信领域，新西兰消除对外资占有股

---

① 联合国贸易和发展会议 . 世界投资报告 2020 ［M］. 冼国明，葛顺奇，译 . 天津：南开大学出版社，2021.

份上的限制，仅在新西兰电信被外国电信公司的发射频率干扰时进行监管和协调。在旅游业领域，积极引导外资投入，绝大多数星级宾馆均由外国公司开设或由跨国集团收购、管理。在批发零售领域，均无外资限制。与此同时，新西兰加强网上申报和审批，实施一站式审批，开办企业注册时间仅需 0.5 天。新西兰还减少外设投资限制，对外商企业一视同仁，提升外资服务效率成为吸引外资的重要筹码。

四是投资可持续发展目标，在全球资本市场的可持续发展基金中，可持续发展趋势融资的数量、种类和规模都在迅速增长。联合国贸易和发展会议估计，用于可持续发展投资的资金已达到 1.2 万亿~1.3 万亿美元。150 多个国家通过了可持续发展国家战略或修订了现有发展计划，以反映可持续发展目标。同时可持续发展目标也越来越成为投资者关注和公司报告影响力的重点。

在分析国家竞争优势时，迈克尔·波特以产业为基本单位创造了一个菱形的钻石体系，认为一个国家在国际产业竞争中的竞争优势来源于以下四种核心要素：需求条件、生产要素、相关及支持产业以及企业战略，结构和同业竞争（见图 3-1）。这些都是外商再投资重点考虑的因素。

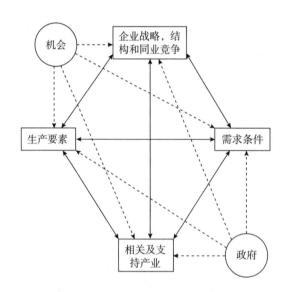

图 3-1　迈克尔·波特资源组合菱形钻石体系

迈克尔·波特资源组合菱形钻石体系又称波特钻石模型（Michael Porter Dia-mond Model）、钻石理论及国家竞争优势理论，是由美国哈佛商学院著名的战略管理学家迈克尔·波特于 1990 年提出的，用于分析一个国家如何形成整体优势，在国际上具有较强竞争力。

而资源的组合与升级在迈克尔·波特的菱形钻石体系中，确定每个国家都具有一定的条件，即每个国家都具有其绝对性有利的某些特定产品生产的条件，不同国家运用这些条件同时进行专业化的生产，进而彼此交换产品，这样每个国家就能有效地利用各自的劳动力、资本和资源，进而更大程度地提高生产效率。虽然这是一种竞争，但是这属于一种低层次的自然禀赋差异的竞争。

在外商决定是否要进入市场时需要考虑除生产要素之外的其他微观层面三大影响要素。第一是资源要素，主要是指一个国家的知识资源、人力资源、天然资源、基础设施、资本资源等状况。第二是需求条件，主要指对某个行业产品或服务的国内性质的需求，它主要受"看不见的手"——市场的控制。一般来说，企业对最接近顾客的需求，敏感程度最高。第三是关联辅助性行业以及供应商。一个行业若要取得国家竞争优势，拥有具备国际竞争力的关联辅助性行业以及供应商是其必不可少的第三个重要影响因素。

此外，在四大要素之外，还存在两个同样有重要影响的变量——政府与机遇。其中，政府的政策影响是至关重要、不容忽视的，而机遇则是不可控、难以预判的。在提高国家竞争优势的进程之中，政府应该发挥其激发企业创造欲以及作为企业"催化剂"的作用。越俎代庖、无所作为都不能让政府政策成功，政府成功的关键在于为企业创造一个法制化以及有利于企业公平竞争的外部环境。由此可见，一个国家的需求条件、物质资源与人力资源要素、结构和竞争企业以及关联和辅助性行业四个方面的综合因素，决定了该国在某个行业领域在国际市场取得成功的可能性程度。若要有效影响和促进竞争力的发展，"菱形"中的四个组成部分需要同时存在，且政府会对其中的每个因素都发挥正面或负面的影响。同时，该国的物质资源与人力要素的发挥，会受政府的财政政策及货币政策、政府的行业补贴以及教育政策的影响。国内成熟复杂的商业环境和苛刻的消费者需求则会迫使该国企业努力达到产品高质量标准和持续创新，这些都会助力该国企业赢取国际竞争优势。但同样很重要的动力是要推动企业走向国际化的战略，这种动力可能来自本地市场的推力，也可能来自国际需求的拉力或是本地竞争者的压力。在国内市场中的强有力竞争对手，不仅是保持产业竞争优势的最大关联因素，同时也是创造产业竞争优势的最大的关联因素。而且，基于这些观点及相应的研究成果，一些国家和地区形成了良好的战略。例如，中国台湾以及哥斯达黎加、荷兰、印度、葡萄牙、美国的巴斯克县、加利福尼亚州、马萨诸塞州等地区，在这些因素的影响下，上百种全球产业集群战略方兴未艾。因此，处于经济发展不同阶段，处于产业链不同位置的全球各个地区需要根据自身的区位天然资源优势，分别从资本资源、知识资源、人力资源、基础设施等方向着手，打造各自吸引外资的核心优势。

赫希曼则主张，经济发展应该首先挑出相对于其成本来说对发展贡献最大的项目投资。发展中国家真正缺乏的不是资源本身而是资源投入使用的方法和能力。所以，把现有资源进行有机重构与排列组合同样可以形成新的强有力的竞争优势，也就是拓展了第一个层次的外资竞争优势，并实现由资源优势到效率优势的提升。但这一层面竞争优势的形成，尤其需要政府作用的发挥，主要表现为政府的引导与支持功能。因为政府部门通过政策选择，能够削弱或增强国家竞争优势。例如，反托拉斯政策能够影响行业内竞争的激烈程度，这种政策在美国最为典型，目的是抑制反竞争的垄断趋势，而政府在教育领域的投资也可以优化本国人力资源，提升整体竞争优势。

市场投资环境的改善，一般来说是吸引外商投资的重要因素，它主要由两部分组成，硬环境和软环境。充足劳动力和低廉的用工成本，是广大发展中国家吸引外资的主要优势。21 世纪以来，中国一直被誉为"世界工厂"，凭借庞大的劳动力、廉价的土地资源和相对成熟的基础设施从世界各地吸引了大量资本。然而，随着广大发展中经济体成长中人口红利的逐渐消失和劳动力成本的波动性上涨，对那些寻求海外廉价劳动力成本的外商来说，无疑会产生较大的影响。但不可否认的是，经济体的人力资源优势还会表现在劳动力素质与单位劳动力的生产与创富效率之上。

全球各大跨国公司的涉外投资项目参考要素与世界各国的引资环境建设着力方向也正发生着一些新变化。在外商投资决策与打造吸引外资优势的过程中，大家都逐渐认识到软环境在未来市场竞争中的重要性。从国际经验来看，世界各国利用外资已经历了从最初的重视硬环境资源性因素到后来进一步注重软环境建设的提升，直到现在更加注重产业链和集聚效应的发展过程。不同发展阶段、不同资源禀赋的经济体在吸引外来投资的过程中也越来越关注自身当前的发展需求及外资诉求发展的最新变化，并更加重视把经济社会发展、招商引资与对内改革、对外开放的过程实现有机统一，进行总体的研究布局并适时推出有的放矢的政策举措。

第二节　先进自贸试验区建设现状及经验借鉴

一、上海自贸试验区

上海是我国第一个自贸试验区，也是目前改革成就最大的试验区。2013 年 9 月 29 日，上海自贸试验区挂牌成立，成为我国先试先行、深化改革、扩大开放的经济试验田。经过多年的探索，上海自贸试验区完成了从 1.0 到 2.0、3.0 的创新升级，目前正向全面开放的自由贸易港稳步推进。在此期间，上海自贸试验区对照国际最高标准、最好水平，不断试验各项改革开放措施，形成了一系列可复制、可推广的制度创新，为我国加快构建开放型经济新体制起到了引领示范作用。随着上海经验的推广，自贸试验区试点从东部沿海扩展到中部内陆，形成了"1+3+7+1+6+3"的雁阵格局。

（一）上海自贸试验区现状

上海自贸试验区围绕自贸试验区功能定位，依托地处沿海的开放优势、港口航空枢纽优势以及丰富的科技创新资源，形成了以国际贸易、金融服务、航运服务、专业服务和高端制造为主导的国际化、高端化、服务化的产业体系。

1. 国际贸易

上海自贸试验区保税区片区贸易功能不断巩固，总部企业加快培育。自贸试验区聚焦制度创新和功能突破，进一步提升国际贸易服务辐射能级，推进贸易功能创新：一是全面打造贸易服务新平台。通过建立服务国内、面向国际合作的大宗商品交易中心，搭建保税商品展示交易中心，加强对外贸易文化中心和跨境商务服务中心建设，形成国际贸易服务新亮点；二是创新贸易服务新模式，促进信息服务、跨境维修、国际检测、离岸服务外包和离岸贸易新型业态等服务贸易产业新发展，逐渐形成以技术、品牌、质量、服务为核心的外贸竞争新优势。

2. 专业服务

上海自贸试验区依托国家对外文化贸易基地以及文化服务业开放，拓展上海服务贸易新兴增长领域，选择重点发展文化展示交易、文化金融服务、演出经纪、文化影视、数字内容等，积极培育文化产业。依托新一代信息技术，培育发展移动互联网、互联网信息服务、数据处理和存储服务、呼叫中心等增值电信业务，试点开放除"政府云""公共服务云"之外的云计算服务市场，拓展增值电信业务。依托信息共享服务平台拓展信息服务平台功能，推动建立使用信用产品的制度，支持市场主体开展信用综合评级服务，引导信用服务业加快发展，培育信用服务业产业。推动传统仓储企业向信息化、智能化、专业化转型，支持第三方物流企业拓展亚太分拨业务，加快构建现代物流服务体系。

3. 高端制造业

上海自贸试验区保税区片区内战略性新兴产业快速发展，超过2/3的制造业类企业积极拓展贸易功能，高技术产业产值所占比重超过50%，保税维修检测功能落地并形成一定产业规模。在此基础上，通过探索经营总部加生产型分支机构的做法，并落实选择性纳税政策，吸引一批战略性新兴产业项目在自贸试验区落户发展。依托海关特殊监管区域的保税功能，加强高端制造企业的区内区外联动。依托进口研发设备、研发耗材免税政策，积极发展创新型研发中心和技术服务中心，推动科技创新，在生物医药、高端装备制造、智能制造、新材料、海洋经济、新能源等领域培育一批新型制造业，促进战略性新兴产业规模化、集群化发展。推动制造业与服务业融合，向研发设计、高端维修、检验检测等产业链高端延伸，融入全球价值链，实现高端化、智能化、轻资产化。

（二）上海自贸试验区历次改革方案概述

本节是对上海自贸试验区三次改革方案的对比，即国务院2013年9月18日印发的《中国（上海）自由贸易试验区总体方案》、2015年4月8日印发的《进一步深化中国（上海）自由贸易试验区改革开放方案》和2017年3月30日印发的《全面深化中国（上海）自由贸易试验区改革开放方案》，称为上海自贸试验区改革1.0版、2.0版、3.0版。三次改革层层推进，在投资、贸易、金融、政府职能转变等几大领域扩大开放、突破创新。通过对1.0版到3.0版的分项对比，可以清晰看到上海自贸试验区的改革脉络（见表3-1~表3-7）。

其中，表3-2~表3-7根据上海自贸试验区改革方案整理得出。

表3-1 总体分析

项目		1.0版	2.0版	3.0版	总结
指导思想	具体要求	建立符合国际化和法制化要求的跨境投资和贸易规则体系	增加一个"化":市场化。即国际化、法制化、市场化	提高标准:对照国际最高标准,推动贸易和投资自由化便利化;加强联动:进一步加强与上海国际金融中心和具有全球影响力的科技创新中心建设的联动,放大政策集成效应;转变政府职能:加强探索一级地方政府管理体制创新	3.0版相对前两版,总体要求细化,标准要求国际最高,重视金融和科技创新,重视改革联动,要求政府职能的深层转变
	建设目标	打造中国经济升级版	明确要求推动"一带一路"和长江经济带的发展	主动服务"一带一路"建设和长江经济带发展,形成经济转型发展新动能和国际竞争新优势	目的指向更明显
发展目标		力争建设成为具有国际水准的投资贸易便利、货币兑换自由、监管高效便捷、法治环境规范的自由贸易试验区	力争建设成为开放度最高的投资贸易便利、货币兑换自由、监管高效便捷、法治环境规范的自由贸易园区	把上海自贸试验区建设成为投资贸易自由、规则开放透明、监管公平高效、营商环境便利的国际高标准自由贸易园区	都要求国际高标准。3.0版相比前两版强调规则开放透明以及监管的公平
实施范围		上海外高桥保税区、上海外高桥保税物流园区、洋山保税港区和上海浦东机场综合保税区	在1.0版的基础上增加了陆家嘴金融片区、金桥开发片区、张江高科技片区。同时,2.0版方案提到,在严格遵照全国人民代表大会常务委员会授权的前提下,试验区部分对外开放措施和事中事后监管措施辐射到整个浦东新区	全面推广。各项改革试点任务具备条件的在浦东新区范围内全面实施,或在上海市推广试验	实施范围逐步扩大,从上海自贸试验区扩展到整个浦东新区和上海市
任务和措施		加快政府职能转变、扩大投资领域开放、推进贸易方式转变、深化金融领域开放创新、完善法制领域制度保障	五方面基本与1.0版相同	"三区一堡"。即加强改革系统集成,建设开放和创新融为一体的综合改革试验区;加强同国际通行规则相衔接,建立开放型经济体系的风险压力测试区;进一步转变政府职能,打造提升政府治理能力的先行区;创新合作发展模式,成为服务国家"一带一路"建设、推动市场主体走出去的桥头堡	改革探索从最初的转变政府职能、构建国际化投资贸易规则体系、深化金融改革等多任务目标,变成了注重改革系统集成、对标国际最高标准的改革目标和"三区一堡"改革方案

表 3-2　政府职能转变分析

整体区别	1.0 版较为笼统，2.0 版和 3.0 版对政府职能如何转变的要求非常详细			
项目	1.0 版	2.0 版	3.0 版	总结
负面清单管理	仅提及外商投资负面清单，没有提及市场准入负面清单	指出推动负面清单制度成为市场准入管理的主要方式	实施市场准入负面清单制度，完善市场准入负面清单，进一步提高外商投资负面清单的透明度和市场准入的可预期性，建立更加开放透明的市场准入管理模式	负面清单成为市场准入管理主要方式，负面清单不断完善，开放度和透明度逐渐提高
事中事后监管	无	强化事中事后监管，推进监管标准规范制度建设，加快形成行政监管、行业自律、社会监督、公众参与的综合监管体系	落实市场主体首负责任制，在安全生产、产品质量、环境保护等领域建立市场主体社会责任报告制度和责任追溯制度	事中事后监管机制不断完善
诚信体系建设	在政府职能转变部分没有提及	在政府职能转变中，单独列出了加强社会信用体系应用，强调社会信用体系的落实、应用和推广	探索形成市场主体信用等级标准体系，培育发展信用信息专业服务市场	诚信体系建设及应用的重要性不断提高，要求更加具体化
国家安全审查	完善国家安全审查制度，在试验区内试点开展涉及外资的国家安全审查	建立地方参与国家安全审查和反垄断审查的长效机制，进一步发挥自贸试验区在国家安全审查和反垄断审查工作中的建议申报、调查配合、信息共享等方面的协助作用	完善国家安全审查、反垄断审查等投资审查制度	国家安全审查制度不断完善
权益保护制度	建立知识产权纠纷调解、援助等解决机制	推进上海亚太知识产权中心城市建设，加快打造面向全球的亚太仲裁中心	发挥知识产权引领作用，打通知识产权创造、运用、保护、管理和服务的全链条	完善知识产权纠纷多元解决机制，强化社会参与。提高商事纠纷仲裁国际化程度，打造亚太仲裁中心。发展知识产权产业链条，创新知识产权在企业投资和金融服务领域的应用

表 3-3　投资领域分析

项目	1.0 版	2.0 版	3.0 版	总结
投资准入	扩大服务业开放。暂停或取消准入限制措施（银行业机构、信息通信服务除外）	扩大服务业和制造业等领域开放。实施外商投资负面清单，减少和取消对外商投资准入限制	最大限度缩减外商投资负面清单，推进专业服务业和先进制造业领域对外开放。取消对外商投资企业经营期限的特别管理要求	由服务业开放向专业服务和先进制造双开放过渡，开放范围不断扩大，逐步取消准入限制，引导外资创业投资和股权投资
商事登记制度	工商登记与商事登记制度改革相衔接	简化和完善企业注销流程，试行对个体工商户、未开业企业、无债权债务企业实行简易注销程序	开展企业名称登记制度改革，取消预先核准；放宽住所（经营场所）登记条件	简化登记程序、放宽登记条件、实行简易注销
"多证合一"和"证照分离"		探索实行工商营业执照、组织机构代码证和税务登记证"多证联办"或"三证合一"登记制度	全面实现"证照分离"。把涉及市场准入的许可审批事项，能取消的全部取消	"多证合一"已在全国自贸区推广，取消市场准入的许可审批、"一码贯通"、生产许可"一企一证"等可与借鉴

表 3-4　投资准入政策概览

政策名称	主要内容
《国务院关于在中国（上海）自由贸易试验区内暂时调整实施有关行政法规和经国务院批准的部门规章规定的准入特别管理措施的决定》（国发〔2014〕38号）	对上海自贸试验区内外商投资国际海运业务、航空运输业务、认证机构业务、盐业批发业务及其他受《外商投资产业指导目录》限制的产业开放准入条件
《国务院关于在试验区暂时调整有关行政法规、国务院文件和经国务院批准的部门规章规定的决定》（国发〔2016〕41号）	开放部分新领域，如允许粮食收购和批发，允许外国投资者、台湾投资者设立独资演出经纪机构，允许外商投资互联网上网服务营业场所等
《国务院关于在自由贸易试验区暂时调整有关行政法规、国务院文件和经国务院批准的部门规章规定的决定》（国发〔2017〕57号）	与国发〔2016〕41号所涉领域相同

表 3-5　贸易创新分析

	1.0 版	2.0 版	3.0 版	总结
国际贸易"单一窗口"	无	完善国际贸易"单一窗口"的货物进出口和运输工具进出境的应用功能，进一步优化口岸监管执法流程和通关流程，实现贸易许可、支付结算、资质登记等平台功能，将涉及贸易监管的部门逐步纳入"单一窗口"管理平台。探索长三角区域国际贸易"单一窗口"建设，推动长江经济带通关一体化	与国家层面"单一窗口"标准规范融合对接，推进长江经济带跨区域通关业务办理，加强数据衔接和协同监管	强调将国际贸易"单一窗口"建成国际先进水平，将范围从货物贸易拓展至服务贸易，要求提高区域协同通关机制
服务贸易管理	没有针对服务贸易的管理	没有针对服务贸易的管理	将国际贸易"单一窗口"拓展至服务贸易领域	更加重视针对服务贸易的管理

根据以上改革脉络，未来的上海自贸试验区建设思路如下：

总体思路：从最初的转变政府职能、扩大投资领域开放、推进贸易方式转变、深化金融领域开放创新、完善法制领域制度保障等多任务目标，变成了注重改革系统集成、对标国际最高标准的"建设投资贸易自由、规则开放透明、监管公平高效、营商环境便利的国际高标准自由贸易园区"的改革目标和"三区一堡"改革方案。

政府职能转变：将负面清单应用范围从外商投资领域扩大至市场准入领域，提高市场准入的可预期性，提高开放度和透明度。强调政府在推动社会体系应用，形成市场主体信用等级标准体系方面的作用。政府应扶持引导社会力量参与市场监督，推动"一业多会"，打破行业协会垄断。探索建立产业预警体系，利于防止企业盲目投资。从建立知识产权纠纷调解、援助等解决机制到提高商事纠纷仲裁国际化程度，打造亚太仲裁中心，再到打通知识产权创造、运用、保护、管理和服务的全链条，创新知识产权在海外股权投资和金融服务领域的应用。在构建信息共享和服务平台中更加注重以企业需求为导向，更加注重中央和地方的协同，部门间信息的互联互通。从建立集中统一的市场监管综合执法体系到深化分类综合执法改革，围绕审批、监管、执法适度分离。从事前审批到强调事中事后监管。推动公平竞争制度创新，在市场主体准入方面取消差别化待遇。

表3-6 金融举措对比

阶段	核心内容	政策名称	总结
金改1.0阶段	支持跨境人民币使用和推进利率市场化，同时深化外汇体制改革	《国务院关于印发中国（上海）自由贸易试验区总体方案的通知》（国发〔2013〕38号）	1.0版：金改1.0、2.0 2.0版：具体方案由人民银行会同有关部门和上海市人民政府另行报批。（金改3.0、金改40条） 3.0版：继续推进金改40条。此外增强"一带一路"金融服务功能，稳妥推进境外机构和企业发行人民币债券和资产证券化产品，大力发展海外投资保险、出口信用保险、货物运输保险、工程建设保险等业务，支持金砖国家新开发银行的发展。 金融改革是重点，也是风险较多的领域，需要谨慎开放、稳步推进。 3.0版除在金改持续推进的基础上，强调跨境金融对"一带一路"的服务功能
		《中国银监会关于中国（上海）自由贸易试验区银行业监管有关问题的通知》（银监发〔2013〕40号）	
		中国保监会支持中国（上海）自由贸易试验区建设	
		中国证监会关于资本市场支持促进中国（上海）自由贸易试验区若干政策举措	
		《中国人民银行关于金融支持中国（上海）自由贸易试验区建设的意见》（银发〔2014〕244号）	
		《中国人民银行上海总部关于支持中国（上海）自由贸易试验区扩大人民币跨境使用的通知》（银总部发〔2014〕22号）	
		《国家外汇管理局上海分局关于印发支持中国（上海）自由贸易试验区建设外汇管理实施细则的通知》（上海汇发〔2014〕26号）	
金改2.0阶段	建立分账核算体系和自由贸易账户	《中国人民银行上海总部关于印〈中国（上海）自由贸易试验区分账核算业务实施细则（试行）〉和〈中国（上海）自由贸易试验区分账核算业务风险审慎管理细则（试行）〉的通知》（银总部发〔2014〕46号）	
		《中国人民银行上海分行印发〈关于进一步推进自由贸易账户业务发展的若干意见〉的通知》（上海银发〔2015〕33号）	
金改3.0阶段	探索分账核算跨境融资宏观审慎管理	《国务院关于进一步深化中国（上海）自由贸易试验区改革开放方案的通知》（国发〔2015〕21号）	
		《中国人民银行上海总部关于印发〈中国上海自由贸易试验区分账核算业务境外融资与跨境资金流动宏观审慎管理实施细则（试行）〉的通知》（银总部发〔2015〕8号）	
		《中国人民银行上海分部关于启动自由贸易账户外币服务功能的通知》（银总部发〔2015〕26号）	
		《中国人民银行上海总部关于上海市金融机构开展自由贸易账户金融服务有关问题的通知》（银总部发〔2015〕59号）	

续表

阶段	核心内容	政策名称	总结
金改 4.0 阶段	探索资本项目可兑换和金融服务业对外开放	《中国人民银行、商务部、银监会、证监会、保监会、外汇局、上海市人民政府关于印发〈进一步推进中国（上海）自由贸易试验区金融开放创新试点 加快上海国际金融中心建设方案〉的通知》（金改 40 条）	1.0 版：金改 1.0、2.0 2.0 版：具体方案由人民银行会同有关部门和上海市人民政府另行报批。（金改 3.0、金改 40 条） 3.0 版：继续推进金改 40 条。此外增强"一带一路"金融服务功能，稳妥推进境外机构和企业发行人民币债券和资产证券化产品，大力发展海外投资保险、出口信用保险、货物运输保险、工程建设保险等业务，支持金砖国家新开发银行的发展。
		《国家外汇管理局上海分局关于印发〈进一步推进中国（上海）自由贸易试验区外汇管理改革试点实施细则〉的通知》（上海汇发〔2015〕145 号）	
		《上海银监局办公室关于商业银行开展自由贸易账户下理财业务适用业务监管规则的通知》（沪银监办通〔2015〕152 号）	金融改革是重点，也是风险较多的领域，需要谨慎开放、稳步推进。3.0 版除在金改持续推进的基础上，强调跨境金融对"一带一路"的服务功能

表 3-7　政策保障分析

项目	1.0 版	2.0 版	3.0 版	总结
要素流动政策	对企业高端人才和紧缺人才实行股权激励个人所得税分期纳税政策	人才流动的政策在保障措施中提出。支持中外合作人才培训项目；提高境内外人员出入境、外籍人员签证和居留、就业许可、驾照申领等事项办理便利化。创新要素相关政策在任务中提出。推动形成创新要素自由流动的开放合作新局面，建设具有全球影响力的科技创新中心	对要素流动的要求从保障措施提到任务范围，明确提出优化创新要素的市场配置机制。突出外籍人才的公平待遇和出入便利、鼓励外籍人才和外资企业创业创新、加大对科创企业支持力度。上海自贸区试点医疗器械上市许可持有人制度改革，将实现器械产品的注册证和生产许可证的解绑	上海自由贸易港的核心是货物、资金、人员三要素自由流动。3.0 版突出对要素流动的重视，主要内容是吸引外籍人才、支持科技创新和创业企业（特别指出金融支持）

投资领域：境外投资从以投资管理体制改革为核心、突出境外投资制度审批改备案和投资管理便利化 1.0 版本，到以金融改革为核心、实现境外投融资便利化的 2.0 版本，再到以构建管理服务链为核心、建立境外项目库、资金库、信息库、打造境外投资保障体系、推进"一带一路"金融支持的 3.0 版本。

利用外资：逐步压缩外商投资负面清单，放松外资准入限制。取消外资经营限制，注重提升外资质量，由引进服务业外资向优化外资结构支持外资投向专业服务业和先进制造业推进。鼓励外资创业投资和股权投资。

投资便利化：简化商事登记制度，实行"多证合一""证照分离"，最大限度减少政府干预，对管理体制、监管要求等各方面健全立法，营造友善营商环境。

贸易领域：贸易便利化，贸易监管创新。"一线放开""二线安全高效管住"贸易便利化改革不断深化，"区港一体"发展需求相适应的配套管理制度，对标国际最高水平。国际贸易"单一窗口"不断完善，从区域国际贸易"单一窗口"建设到国际先进水平，将"单一窗口"覆盖领域拓展至服务贸易。货物状态分类监管模式不断完善，从在上海自贸试验区内进行试点到推广至上海其他海关特殊监管区域，分类监管对象试点从物流仓储企业扩大到贸易、生产加工企业。优化贸易结构，推动贸易转型升级。推动对外文化贸易、服务外包、高端维修业、跨境电商、金融保险、文化旅游、教育卫生和中医药等服务贸易的发展，提高服务贸易在对外贸易中的地位。

金融领域：谨慎开放，稳步推进。改革路径为：支持跨境人民币使用和推进利率市场化、深化外汇体制改革——建立分账核算体系和自由贸易账户——探索分账核算跨境融资宏观审慎管理——探索资本项目可兑换和金融服务业对外开放，最终通过自由贸易港实现汇兑资金进出自由及资本市场完全开放。

要素流动：从支持人才流动到支持人才及创新要素、支持科技创新，最后到自由贸易港的货物、资金、人才的全要素自由流动。

二、部分典型自贸试验区现状

（一）天津自贸试验区

天津自贸试验区是国务院批准设立的第二批自贸试验区之一，也是中国北方的第一个自贸试验区，包括天津港片区、天津机场片区和滨海新区中心商务片区三个部分。围绕服务京津冀协同发展和"一带一路"倡议的功能定位，依托产业基础和资源优势，自贸区选择重点发展航运物流、国际贸易、融资租赁、创新金融、研发设计等生产性服务业和航空航天、装备制造、新一代信息技术等高端制造业。

1. 航空物流

天津滨海新区是亚欧大陆桥最近的东部起点，同时拥有我国北方最大的航空货运机场，连接国内外30多个世界名城。《京津冀协同发展计划纲要》指出"增强天津滨海机场区域枢纽作用，建设我国国际航空物流中心"。国家发展和改革委员会、中国民用航空局印发的《推进京津冀民航协同发展实施意见》进一步提出，到2030年将天津建成我国国际航空物流中心。战略和政策优势以及天津拥有的区位优势和产业基础，吸引了众多物流项目入驻天津。截至2018年初，累计超过500家的物流企业在天津注册成立，注册资本超过1200亿元①，包括海航集团、中国国际货运航空、TCS、FedEx、中远海远空运、顺丰等一大批航空物流巨头纷纷来津扎根。这些都为北方国际航运中心和国际物流中心核心功能区的东疆自贸片区提供了发展航空物流的良好机遇。

2. 国际贸易

天津东疆综合保税区（东疆港区）作为我国北方唯一的国家进口贸易促进创新示范区，开发了跨境电子商务公共服务平台系统，并正在加快引进跨境零售网商，支持开展国际市场在线销售和采购业务，打造实体保税展示交易与电子商务相结合、线上线下相融合的全渠道国际商品交易平台。坐落于天津市和平区的民园保税商品展示交易中心推动保税港内的"库"与市区的"店"实现有效融合。天津港是我国北方重要的工业原材料接卸港，也是主要的贸易集散地，依托天津口岸的市场优势和期货保税交割试点政策，选取天津口岸有优势的、面向国际的交易品种，逐步推动天津自贸试验区大宗商品交易平台建设。作为我国最大的整车进口口岸，天津已经形成了较为完整的汽车物流、汽车金融等产业链条。《关于中国（天津）自由贸易试验区开展平行进口汽车试点实施方案的通知》的出台以及中国（天津）自由贸易试验区东疆国际汽车城的试营业，为天津自贸试验区开展平行进口汽车综合交易提供了重要支撑和平台。

3. 创新金融

天津滨海新区中心商务片区集聚了丰富的金融创新资源，是我国唯一一个拥

---

① 天津自贸区东疆片区. 物流企业为何钟爱天津? ［EB/OL］.［2022-02-12］. https：//www. dongjiang. gov. cn/contents/22/8026. html.

有金融"全牌照"的区域。其中，天津金融资产交易所是天津滨海新区金融改革先行先试的产物，是全国第一家按照国际惯例设立登记结算公司的金融资产交易所。天津金融资产交易所与登记公司共同为各种金融资产流转提供发行、认购、交易、登记、托管、结算的全流程服务，业务覆盖全国。经过多年的发展，天津金融资产交易所在市场拓展、产品创新等方面均取得了显著成绩，为创新金融的进一步发展奠定了坚实的基础。《天津北方国际航运中心核心功能区建设方案》批准东疆保税港区开展国家租赁创新示范区建设，《关于在天津东疆保税港区试行融资租赁货物出口退税政策的通知》进一步为租赁业的发展提供了税收优惠。基于发展基础和国家支持，天津自贸试验区鼓励境内外航运保险公司和保险经纪公司等航运中介机构在区内设立营业机构，选择重点发展航运金融、融资租赁、跨境金融、科技金融、互联网金融和商业保理等创新性金融业务，建设北方金融创新运营示范核心区。天津自贸试验区内基金、保理、租赁、资金结算等业态快速发展，已初步形成创新金融特色产业集群。

4. 研发设计

天津自贸试验区建有国家自主创新示范园区 8.3 平方千米，科技创新优势突出。依托滨海新区开发开放优势，以融入全球创新体系为目标，示范区积极开展国际合作，聚集了国内外丰富的创新要素，高技术产业不断发展壮大，初步形成具有全球影响力的创新型企业群体。通过实施创新平台、金融服务、人才汇聚和成果转化四大工程，有效提升了科技创新能力和创新产业化能力。以加强高端制造的研发和加快科技成果的产业化为目标，基于现有科技创新资源，综合运用云计算、大数据、物联网等互联网技术，积极开展研发设计服务，培育一批在国内外具有较强竞争力的科技服务业集群，建立主要由市场评价创新成果的机制，加快研发设计创新成果转化，为天津自贸试验区高端产业的发展以及现代服务业中新产品、新业态、新模式的产生提供科技支撑。

5. 高端制造业

天津机场片区是天津先进制造业企业和科技研发转化机构的重要集聚区。区域内高端装备制造和大众消费持续聚集，新一代信息技术和生物医药两大主导产业规模不断扩大，民用航空和快递物流两大优势产业龙头带动作用日益突出的特色产业格局。特别是，航空产业从无到有、从小到大，高端装备制造业发展迅猛，新一代信息技术产业能级加速提升。依托现有的制造产业基础和研发优势，选择重点发展航空航天、装备制造、新一代信息技术等高端制造业，推动形成民用航空、装备制造、电子信息、生物医药、快速消费品高端制造产业集群。

（二）广东自贸试验区

广东自贸试验区是国务院批准设立的第二批自由贸易试验区之一，包括广州南沙新区、深圳前海蛇口、珠海横琴新区三大片区。围绕依托港澳、服务内地、面向世界的战略定位，依托地处沿海的开放优势、紧邻港澳的地理优势以及丰富的自然资源优势，广东自贸试验区选择重点发展航运物流、特色金融、国际商贸、高端制造、信息服务、科教研发、休闲旅游、文化创意、医药卫生、高新技术等产业。

1. 航运物流业

广东自贸试验区南沙片区拥有南沙港，南沙港区航道总长 131.5 千米，其中毗邻出海主航道的深水岸线约 36 千米，已建成 12 个 10 万吨级深水集装箱码头泊位、22 个 5 万吨级以上专业泊位，已开通欧洲、北美洲、非洲等内外贸易航线 64 条[①]。依托优越的港口条件，围绕国际航运中心建设的目标，广东自贸试验区通过积极推进江海联运、铁水联运、公水联运，加快在省内周边城市及省外货源腹地城市建设无水港，形成对航运物流业发展的重要支撑。同时，积极发展船舶交易、航运保险、航运经纪、船舶评估、海事法律等产业，推动航运服务集聚区建设，提高航运物流效率和水平。

2. 特色金融业

与香港相望的地缘优势，使广东自贸试验区有望在金融改革中有更多的新创举。广东自贸试验区充分利用香港金融创新的溢出效应，积极推进跨境人民币业务创新、深港金融市场互融互通，推动企业发债、航运保险、航运金融等政策落地实施。推进南沙与港澳实施同城结算，引进更多符合条件的港澳银行在南沙设立营业机构和开办人民币业务。大力发展融资租赁、互联网金融等新兴金融产业。依托中大金融大厦等重大项目，以金融机构、交易平台、各类基金和中介服务性机构聚集的区域以及"南方财富中心"和"国内国际重要金融创新平台"为目标，鼓励符合横琴产业发展指导目录的金融类企业发展，深化与香港、澳门的紧密合作。

3. 信息服务业

广东自贸试验区围绕广东省向信息服务转型的产业发展目标，紧抓新一代信

---

① 中国（广东）自由贸易试验区. 广州南沙新区片区介绍［EB/OL］.［2022-02-15］. http：//ftz. gd. gov. cn/cyxx/content/post_ 917249. html#zhuyao.

息技术革命和产业变革的新机遇，充分发挥云计算、物联网和大数据等在形成产业新增长点中的推动作用，高水平发展信息传输服务业，大力发展软件和信息技术服务业，全力打造南方物流信息交换中枢和国际电子商务中心，大力发展信息内容服务业。

4. 高新技术产业

广东自贸试验区围绕《内地与香港关于建立更紧密经贸关系的安排》和《内地与澳门关于建立更紧密经贸关系的安排》两个推动粤港澳自由贸易的CEPA 文件内容，以建设自主创新和科技转化能力强的生态型高新技术产业基地为目标，选择重点发展 CEPA 文件中的原产于港澳、享受免税政策的电子信息、生物医药、新能源、环保和航空制造等产业。

三、先进自贸试验区发展经验分析

近年来，在自贸试验区的带动引领下，中国持续扩大对外开放，适时调整外商投资政策，加快推进外资体制及管理机制改革，不断优化外商投资环境，已经成为富有吸引力的外商投资热土，连续多年外商投资额居发展中国家首位。自贸试验区对于吸引外资的有益探索和实践，推动中国形成了全方位、宽领域、多层次的对外开放和吸收外资格局，不仅带动了对外贸易的发展，引进和推动技术创新和发展，更促进了中国经济由粗到精、由追求提速到注重提质和推动发展方式的转变和转型。尤其在进入经济社会互动发展的新常态以来，外向型经济规模延续了平稳增长，外商投资结构不断优化、利用外资质量逐步得到提高，并出现了外商投资由东部地区向中部、西部地区次第转移的发展趋势。

2020 年 1 月 20 日，总部位于日内瓦的联合国贸易和发展会议发布报告指出，2019 年中国吸引外资 1400 亿美元，继续成为全球第二大外资流入国[①]。据商务部信息，2019 年我国外资情况主要呈现以下四大特点：

一是实际使用外资稳定增长。2019 年实际使用外资 9415.2 亿元人民币，同比增长 5.8%。新设立外商投资企业 4.1 万家，累计设立外资企业数突破 100 万家，其中自贸试验区起到了突出的引领作用。

二是引资结构优化提升。服务业方面，吸收外资达 6817.7 亿元，增长达到12.5%。其中，租赁和商务服务业吸收外资增长 20.6%，信息传输、软件和信息

---

① 《联合国贸易和发展会议报告》。

技术服务吸收外资增长了 29.4%。在制造业方面，器材制造业和电器机械制造业外资增长 41.2%，仪器仪表制造业和医药制造业外资增长分别为 48.2% 和 61.3%①。

三是引资布局越来越好。其中东部地区外资增长 6.6%，在全国占比达到 86.2%，充分体现并发挥了稳外资的"压舱石"作用。其中，上海市、山东省、浙江省、河北省分别增长了 15.1%、23.5%、12.7% 和 19.7%，海南省两年持续实现成倍增长。近年来，为鼓励全面推进东部、中部、西部地区承接外资转移，国家出台了一系列政策措施，均取得积极成效。在中部地区，外资实现稳步增长。其中，湖南省增长了 43.8%，江西省增长了 10.3%；在东北地区，外资增长达到 5.7%，吉林增长 23.9%；在西部地区，贵州、广西、青海、甘肃、新疆、云南六个省份均实现了两位数及以上的增长②。

四是外资"朋友圈"越来越大。就 2019 年而言，作为投资来源的国家和地区上升至 179 个，与 2018 年相比增长了 5 个。"一带一路"沿线国家对华投资增长 36%，东盟国家对华投资增长 40.1%。其中，泰国、新加坡分别增长了 140.6% 和 51.1%。在欧盟成员国家中，爱尔兰、荷兰、瑞典投资同比分别增长 311.4%、43.1%、141.3%。中国的外商投资持续稳定增长，一方面得益于中国经济转型成果显现，经济持续向好吸引了外商投资的目光，增强了投资的信心；另一方面得益于我国以自贸试验区为引领，加大招商引资力度，不断调整、完善外商投资政策，持续改革，对接国际标准，创造了优质的投资环境③。

纵观近年来的中国自贸试验区政策的具体实践主要有以下五个方面：

一是建立完善顶层设计。2013 年 8 月，为对接国际贸易投资新规则，把握对外开放主动权，党中央、国务院决定在特定区域内先行试验高水平、高质量的对外开放，先行试验国际经贸的新规则以及外商投资、对外合作的新经验、新体制，同年 8 月 17 日，批准在上海设立了我国第一个自贸试验区，探索新一轮的对外开放的新路径和新模式，探索推进外商投资、外商合作的体制改革和制度路

① 凌馨，陈俊侠. 联合国贸发会议报告显示 2019 年中国仍是第二大外资流入国［EB/OL］.［2022-04-10］. http://finance.sina.com.cn/roll/2020-01-20-doc-iihnzhha3788378.shtml.

② 中华人民共和国国家发展和改革委员会. 2019 年全年全国利用外商直接投资情况［EB/OL］.［2022-02-12］. https://www.ndrc.gov.cn/fggz/lywzjw/wstz/202003/t20200312_1223000.html? code = & state=123.

③ 王文博. 2019 年我国吸收外资 9415 亿元 再创历史新高［EB/OL］.［2022-03-21］. https://www.cnfin.com/news-xh08/a/20200122/1908836.shtml.

径，并通过试验试行，形成可复制、可推广的机制、体制经验。八年多来，自贸试验区积极探索试点外商投资准入前"国民待遇＋负面清单"管理模式。2013年，上海自贸试验区制定全国首份外商投资负面清单，逐项列明外商投资股比、经营范围、投资者资质等方面限制，共190项特别管理措施，以提高准入政策透明度和可预期性。2015年，自贸试验区负面清单缩减到122项特别管理措施，2017年缩减至95项，2019年又缩减到37项。超过99%的外商投资企业通过备案方式设立，并实施"一表填报、一口受理、一次发证"，办理时间由原来的20余个工作日减少至3个工作日以内，申报材料减少90%[①]。经过多年来的创新发展和深化改革，自贸试验区逐渐增多，已在上海、天津、福建、广州、辽宁、河南、海南等18个省份建立了自贸试验区，形成了"1＋3＋7＋1＋6＋3"由沿海到内地、由南至北的全面自由贸易试验区格局。各自由贸易试验区作为改革开放的试验田，率先在外商投资、贸易、金融等领域增大开放范围。2013年9月以来，向全国复制推广了260项创新成果。2018年6月21日，上海自贸试验区推出《中国（上海）自由贸易试验区关于扩大金融服务业对外开放进一步形成开发开放新优势的意见》，进一步放宽、扩大银行、证券、保险等业务，吸引外资聚集金融银行业[②]。2019年8月，国务院正式批复同意设立中国（上海）自由贸易试验区临港新片区，旨在打造"特殊经济功能区"，加大开放型经济的风险压力测试，建立以投资贸易自由化为核心的制度体系。

二是出台负面清单管理政策。为深化改革、扩大开放，党的十八届五中全会及"十三五"规划均提出对外资全面实行准入前"国民待遇＋负面清单"管理制度，并提前在自贸试验区试点推行，推进外商投资审批体制改革。经过自贸试验区的成功实践，2016年9月，十二届全国人民代表大会常务委员会第二十二次会议通过了《全国人民代表大会常务委员会关于修改〈中华人民共和国外资企业法〉等四部法律的决定》，将不涉及国家规定实施准入特别管理措施的外商投资企业设立及变更事项由审批改为备案管理，为深化外资审批管理体制改革奠定了基础。2019年10月，国务院出台的《关于进一步做好利用外资工作的意见》提出进一步深化对外开放、加大投资促进力度。

① 商务部．2019年中国吸收外资逆势增长，规模再创历史新高［EB/OL］．［2022-03-16］．https：//baijiahao．baidu．com/s？id=1656309906490618014&wfr=spider&for=pc．

② 中国商务新闻网．"试验田"获得好收成［EB/OL］．https：//epaper．comnews．cn/xpaer/appenws/401/4516/22743-1．shtml．

三是保障外商投资权益。2019 年,《中华人民共和国外商投资法》在十三届全国人大二次会议上表决通过, 并于 2020 年 1 月 1 日起开始施行。这是对外资投资进行保护的基础性法律, 主要是不再把外资企业的投资形式进一步放开, 并在法律上予以保护。按照《国务院关于在市场体系建设中建立公平竞争审查制度的意见》、借鉴国际通行的立法实践, 建立正式的国家安全审查制度, 旨在为外商营造更加优质的营商环境。

四是放宽外资准入区域。《"十三五"规划纲要》明确提出要放宽准入限制并拓宽开放领域, 同时积极有效地培育和引进境外先进技术和资金, 不断提高利用外资综合质量。引导外资能够更多地投向节能环保、先进制造、现代服务业、高新技术等相关领域, 投向东北以及中西部地区, 支持设立研发中心。重点利用外商投资不断优化中国制造业结构, 支持外商参与新老基础设施建设, 确保国家科学技术攻关项目的开放水平与态度, 支持外商投资企业申报设立博士后科研工作站、加大研发投资, 继续较大幅度增加鼓励外商投资领域。

五是优化营商环境。在市场准入上, 党的十八届五中全会上提出, 要形成对外开放新体制, 完善法治化、国际化。《外商产业投资指导目录(2017 年修订)》将外资限制措施由 2015 年版的 93 条减少到 63 条, 开放水平大幅提高。《外商投资准入特别管理措施(负面清单)(2019 年版)》, 清单条目由 48 条减至 40 条, 进一步放宽外商投资准入。2019 年, 国家发展和改革委员会下发《关于做好 2019 年降成本重点工作的通知》, 巩固"三去一降一补"成果, 加大"破、立、降"力度, 继续推动大规模减税和降费, 降低企业社保、用能用地和物流成本, 有效减轻企业负担。同时, 针对企业入驻难的问题, 推行企业登记全程电子化和电子营业执照改革、"多证合一""先照后证""证照分离"等改革, 不断优化线上政务服务功能。但和国际高标准相比, 我国在项目审批时间上, 环节偏多、前置审批时间偏长, 且税负仍然具有下降空间。

可见, 在自贸试验区的引导下, 随着我国外向型经济政策的调整及各地区的积极探索, 营商环境不断优化, 对外商投资注入了强心剂, 持续增强了我国吸引外资的能力。当然, 新时期我国在吸引外资方面也面临一些新问题。例如, 外商投资增长的长期趋势放缓, 国内要素成本上升导致一些行业企业的整体利润率下降, 外商投资的积极性有所降低, 并出现了外商资本向要素成本更低国家转移的情况。同时, 由于中国服务产业领域对外开放度较低, 对外商投资设限较多, 影响了海外投资的进一步增长。但这些情况将随着我国改革开放的进一步深入, 经济社会的良性发展以及相应政策的调整而一一改善，并迸发出新的活力和增长点。党的十九大报告和2018~2020年的政务工作报告就对外商政策进行了新的调整，均指出：要推动形成全面开放新格局。可见，找到各省市之间营商环境的长处与短板，持续推动地方商事制度改革，改善地方营商环境，激发市场活力和创造力，对于我国各地区招商引资，释放改革开放活力与发展潜力意义重大。

第四章 河南自贸试验区发展的现状

第一节 河南省外向型经济的总体情况

通过对外开放，吸引外资，越来越多的世界 500 强企业布局河南，带动了企业的技术引进、改造和产品升级，同时推动了企业管理水平的提升和进出口贸易的飞速发展，加快了河南省企业与国际市场接轨的步伐，对河南省经济发展起到了积极的带动作用。

一、河南省利用外资的规模和趋势

作为中部省份，河南省利用外资起步晚，与沿海地区相比，吸收外资的能力并不强，但仍取得了一定成绩，尤其是近年来，在自贸试验区的引领下，利用外资规模增长迅速。截至 2018 年，河南省实际利用外资 1466 亿美元。2019 年，河南省新设外资企业 214 家，实际吸收外资 187.27 亿美元，同比增长 4.6%，在中部六省中排名首位（见图 4-1）。2019 年河南省利用外资的一个重要特点是：重大外资项目增加，外商投资质量提升。新增特斯拉落户自贸试验区郑州片区，使目前河南省的世界 500 强企业总数达到 198 家①。投资 4.5 亿美元设立的宇河新能源科技（河南）有限公司，是 2019 年河南省设立的投资额最大的外商投资企业。2019 年美国空气化工产品有限公司、新加坡益海嘉里集团、华润集团、中

---

① 河南省政府新闻办.198 家世界 500 强企业落户河南［EB/OL］.［2022-01-12］. https://www.imsikroad.com/news/p/478593.html.

国光大环境集团有限公司等在豫投资金额均超过 1 亿美元①。

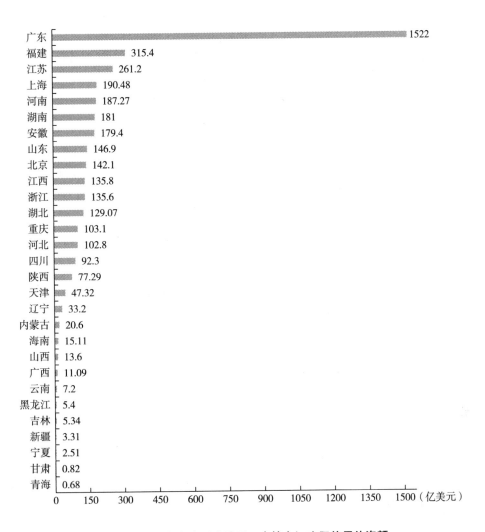

图 4-1　2019 年各省（自治区、直辖市）实际使用外资额

注：①2019 年贵州和西藏的国民经济和社会发展统计公报中未公布实际利用外资数据。②由于经商务部调整的数据无法获得，图 4-1 根据 2019 年各省国民经济和社会发展统计公报整理，各省统计口径可能存在差异。

---

① 河南省商务厅 .2019 年全省商务运行情况分析［EB/OL］.［2022－01－20］. http：//www. hntc. gov. cn/waishangtouzi/19637. jhtml.

.

河南省利用外资的起点可追溯到1984年郑州嵩山食品有限公司（豫港合资）的成立。1985年，河南省实际利用外资金额为565万美元。自此以后，虽然在某些年份出现波折，但总体保持稳定增长态势，2000年以后则呈现快速增长趋势（见图4-2）。河南省利用外资的发展进程，大致可分为五个阶段：第一阶段为起步阶段（1985~1991年）。改革开放初期，吸引外资的基础条件很差，1991年实际利用外资总额也仅为0.38亿美元。第二阶段为初步发展阶段（1992~1997年）。邓小平同志南方谈话极大鼓舞了改革开放的士气，全国范围内的投资环境出现了巨大改观，河南省实际利用外资规模由1992年的1.07亿美元增至1997年的6.47亿美元。第三阶段为短期调整阶段（1998~2001年）。受亚洲金融危机的影响，河南省实际利用外资规模有所下滑，从1998年的6.18亿美元下降到2001年的3.59亿美元。第四阶段为加速增长阶段（2002~2011年）。这是河南省利用外资的规模增速最快的时期。2002~2011年，河南省实际利用外资年均增长40.8%。2011年，河南省利用外资总额首次突破100亿美元大关，同比大幅增长61.4%（见表4-1）。第五阶段为稳定发展阶段（2012年至今）。河南省实际利用外资总额仍然保持着稳步上升态势，从2012年的121.18亿美元增长到

图4-2 1985~2019年河南省实际利用外资发展趋势

资料来源：《河南统计年鉴2019》、河南省商务厅2019年全省商务运行情况分析。

2017 年的 172.24 亿美元，增速逐年放缓，但 2018～2019 年，增速又开始表现出上升趋势①。

总体而言，河南省在 1985～2019 年实际利用外资的年均增长速度为 67.88%，远高于 16.68% 的全国平均水平（见表 4-1）。

表 4-1　1985～2019 年河南省与全国实际利用外资情况及增长率

年份	河南 FDI（亿美元）	增长率（%）	全国 FDI（亿美元）	增长率（%）
1985	0.06	—	19.56	—
1986	0.06	7.08	22.44	14.72
1987	0.05	(22.81)	23.14	3.12
1988	0.64	1278.16	31.94	38.03
1989	0.43	(33.72)	33.93	6.23
1990	0.10	(75.41)	34.87	2.77
1991	0.38	261.40	43.66	25.21
1992	1.07	182.01	110.08	152.13
1993	3.42	219.87	275.15	149.95
1994	4.25	24.24	337.67	22.72
1995	4.80	12.93	375.21	5.79
1996	5.26	9.56	417.26	16.81
1997	6.47	23.15	452.57	8.64
1998	6.18	(4.54)	454.63	0.46
1999	4.95	(19.85)	403.19	(11.31)
2000	5.40	9.03	407.15	0.98
2001	3.59	(33.59)	468.78	15.14
2002	4.52	25.94	527.43	12.51
2003	5.61	24.32	535.05	1.44
2004	8.74	55.60	606.30	13.32
2005	12.30	40.74	603.24	(0.50)
2006	18.45	50.07	630.21	4.47
2007	30.62	65.92	747.68	18.64

---

①　河南省统计局. 河南统计年鉴 2019 [M]. 北京：中国统计出版社，2020.

续表

年份	河南FDI（亿美元）	增长率（%）	全国FDI（亿美元）	增长率（%）
2008	40.33	31.72	923.95	23.58
2009	47.99	18.99	900.33	(2.6)
2010	62.47	30.18	1057.35	17.44
2011	100.82	61.40	1160.11	9.72
2012	121.18	20.19	1117.16	3.70
2013	134.57	11.05	1175.86	5.25
2014	149.27	10.93	1195.62	1.68
2015	160.86	7.77	1262.67	5.61
2016	169.93	5.64	1260.01	(0.21)
2017	172.24	1.36	1310.35	4.00
2018	179.02	3.94	1349.66	3.00
2019	187.30	4.6	1381.35	2.35
平均		67.88		16.68

注：增长率中的括号表示负增长。

资料来源：《河南统计年鉴2019》、河南省商务厅2019年全省商务运行情况分析、《中国统计年鉴2019》。

二、外资对河南省经济增长的影响

资本是经济发展所必需的一种稀缺要素，FDI作为资本流入的一种形式，对东道国尤其是发展中国家的资本形成和经济增长具有重要的作用。外资对经济增长的影响包含直接和间接两种形式。直接影响包括弥补东道国发展过程中的"储蓄缺口"与"外汇缺口"，通过乘数效应扩大东道国的投资规模促进资本形成，以及直接投资形成的生产能力对国民收入的影响；间接影响包括对经济增长方式的影响、对进出口的影响、对技术进步的影响以及示范效应等。

河南省利用外资规模从1985年的0.06亿美元跃升至2019年的187.3亿美元，30余年间增长了3315倍。同期，河南省GDP从1985年的451.74亿元上升至2019年的54259.2亿元，增长了120倍。从图4-3中可以看出，河南省GDP与利用外资规模上具有同方向的增长关系，也有着时间上的相关关系，显示出不断增长的利用外资规模对河南省经济增长的带动作用。

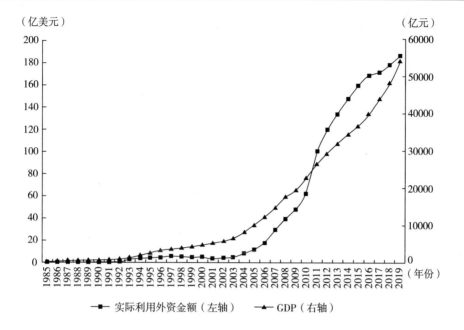

（亿美元）　　　　　　　　　　　　　　　　　　　　　　　　　　（亿元）

—■— 实际利用外资金额（左轴）　　　—▲— GDP（右轴）

图4-3　1985～2019年河南省GDP和FDI增长趋势

资料来源：《河南统计年鉴2019》、河南省商务厅2019年全省商务运行情况分析、《2019年河南省国民经济和社会发展统计公报》。

我们以FDI占GDP的比重（FDI/GDP）衡量FDI对GDP的贡献度。分析图4-4中FDI的贡献度走势可以发现，从1991年起，河南省FDI对GDP的贡献度开始大幅上涨，且增速很快，说明这一时期河南省利用外资对GDP拉动作用不断增加。随后自1995～2001年出现持续下降，这与当时政府投资主导的宏观经济政策相吻合。2002～2016年，河南省FDI对GDP的贡献度保持了持续上升的态势，2017～2019年略有下降。从总体上可以说，外资通过其资本效应对河南省GDP的增长有促进作用；但鉴于FDI在GDP中的占比绝对值较低，其对河南省经济增长的贡献有限。

三、外资对河南省产业结构的影响

产业结构优化包括产业结构合理化和产业结构高度化两个方面，既要使资源在产业间合理配置、有效利用，也要不断推进产业结构向高服务化和高技术化发展。跨国公司拥有强大的技术优势和全球性的营销网络，可以为东道国带来新的生产设备、技术以及先进的管理经验，改善人力资本状况并带动资源在不同产业间的流动和重新配置，对东道国的技术进步和产业结构调整有着积极的促进作用。

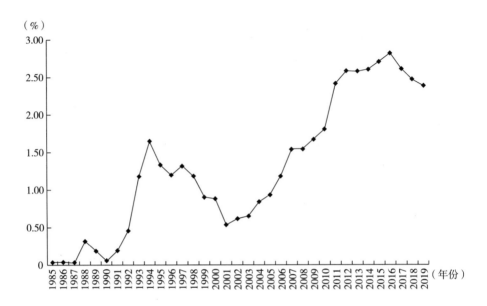

图 4-4　1985~2019 年河南省 FDI 贡献度变化趋势

资料来源：《河南统计年鉴 2019》、河南省商务厅 2019 年全省商务运行情况分析、《2019 年河南省国民经济和社会发展统计公报》。

根据雁阵理论，某一产业会从发达国家或地区转移到相对落后的国家和地区，从而提升落后国家和地区的产业结构，这种转移过程是通过 FDI 来实现的。但是，外商直接投资的目的往往是为了利用东道国丰富的自然资源和廉价的劳动力，这意味着东道国将位于跨国企业全球生产链的末端，FDI 带来的技术是低水平的或者存在技术溢出障碍，那么当资源优势和劳动力比较优势不存在的时候，外资可能会撤离，而东道国则可能因为过度依赖外资而造成产业结构失调，对产业平衡发展带来消极影响。

从表 4-2 中可以看出，2011~2018 年，河南省第一、第二、第三产业的外商新签投资项目累计为 145 个、1272 个和 867 个，分别占项目总数的 6.3%、55.7%和 38.0%；第一、第二、第三产业实际利用外资总量分别为 32.35 亿美元、881.86 亿美元和 271.05 亿美元，占比分别为 2.7%、74.4%和 22.9%。通过比较不难看出，河南省利用外资在三次产业间分布很不均衡，第二产业利用外资规模占比超过了 2/3，且实际利用外资金额一直保持上升态势。第一产业利用外资规模最小，且在 2017~2019 年还出现了明显下降。第三产业的表现相对稳定，尽管实际利用外资金额与第二产业还有较大差距，但从 2016 年起新签协议（合同）数开始超过第二产业，且有增长的趋势。分析深层次原因可知，河南省作为人口大省有着丰富的廉价劳动力资源，外资青睐于选择进入投资少、周期短、收益见效快的劳动密集型初级制造业。对于投资周期长、自然风险高、见效慢的第一产业，外资进入意愿不强。

表 4-2　2011~2018 年河南省外资产业分布情况

单位：亿美元

产业 项目 年份	第一产业		第二产业		第三产业	
	签订协议 （合同）个数	实际 利用外资	签订协议 （合同）个数	实际利用 外资	签订协议 （合同）个数	实际利用 外资
2011	16	4.73	225	71.24	114	24.82
2012	19	4.16	231	84.76	113	32.26
2013	19	4.43	210	96.22	115	33.91
2014	23	4.94	200	115.91	105	28.41
2015	22	5.12	151	124.69	99	3.11
2016	18	2.87	83	133.27	95	33.79
2017	16	3.39	88	131.25	106	37.60
2018	12	2.71	84	124.50	120	49.21
合计	145	32.35	1272	881.86	867	271.05

资料来源：历年《河南统计年鉴》。

从外资固定资产投资产业分布情况来看（见表 4-3），2010~2017 年，河南省第一、第二、第三产业的固定资产投资实际到位资金中利用外资的累计金额为 21.17 亿元、409.26 亿元和 102.95 亿元，分别占比 4.0%、76.7% 和 19.3%。第二产业依然占据绝对优势，外资对第一产业的固定资产投资非常有限。但纵向比较，外资在第三产业固定资产投资的增幅明显，2013 年是 2012 年的三倍多，2016 年、2017 年也出现了明显增长。

表4-3　2010~2017年河南省外资固定资产投资产业分布情况

单位：亿元

年份	第一产业	第二产业	第三产业	合计
2010	0.44	36.41	8.46	45.31
2011	0.64	31.35	6.99	38.98
2012	4.98	67.31	5.79	78.08
2013	1.75	66.37	18.76	86.88
2014	1.19	79.49	14.01	94.69
2015	0	35.69	10.86	46.55
2016	4.22	38.91	16.18	59.31
2017	7.95	53.73	21.90	83.58
合计	21.17	409.26	102.95	533.38

资料来源：历年《河南统计年鉴》。

总体而言，河南作为一个农业大省，改革开放初期的产业结构中第一产业占有举足轻重的地位。20世纪90年代开始，第二、第三产业增速不断提高，其中尤以第二产业的制造业发展最快。外资的进入对河南省产业结构的调整起到了一定的推动作用，促进了河南省产业结构向资本、技术密集型转化。这种推动作用体现在缓解产业结构优化的资金压力、拉动固定资产投资、引导资源在不同产业间的流动和重新配置、促进技术进步等方面。但不可否认的是，外商直接投资也加大了河南省三大产业之间的失衡，第二产业的优势地位明显。尽管如此，外资在河南省第三产业内各行业的投资日渐多元化，新签协议（合同）数量占比不断提高。未来应继续加强对外资投融资领域的引导，发挥其对产业结构优化升级的积极作用，缩小产业间差距，减少结构性失衡，避免出现产能过剩。

四、外资对河南省技术创新的影响

外资对技术创新的影响主要是通过技术转移和技术溢出机制实现的。

技术转移。跨国公司的技术转移一般采取内部化和外部化两种方式。内部化方式由跨国公司通过直接投资设立独资或多数控股的合资企业来实现；外部化方式则包括合作企业、特许经营、许可证交易和技术援助等。一般而言，通过内部化方式转移的技术比外部化方式更加先进，短期内可能具有更高的学习效率。但由于跨国公司"所有权优势"的存在，长期看可能会阻碍本土企业技术学习的进一步深化。

从表4-4中可以看出，2003年以前，跨国公司在河南省的投资主要是通过合资经营的方式进行，2004年，独资经营方式首次超过合资经营方式，达到近4亿美元。随后，独资经营方式的投资额逐年保持显著增长，2017年超过百亿美元。合资方式经营的投资虽然也一直保持增长，但从2006年开始其与独资经营方式之间的差距越来越大。河南省以合作经营方式进行的投资数额较小，并在曲折中缓慢上升，在2011年达到近8.5亿美元的峰值后出现了快速的较大幅度的缩减，2018年仅为733万美元。

表4-4　1985～2018年河南省实际利用外资投资方式情况

单位：万美元

年份	独资经营	合资经营	合作经营
1985	0	541	24
1986	0	542	63
1987	31	244	192
1988	0	6268	168
1989	37	4199	30
1990	75	708	266
1991	294	3214	283
1992	717	9655	319
1993	5190	27338	1669
1994	7168	32008	3312
1995	5064	42121	796
1996	7543	36831	8192
1997	14096	30159	20480
1998	6198	36356	19240
1999	8185	32317	3025
2000	4459	27292	6248
2001	9510	20685	5666
2002	9860	29592	5713
2003	16628	32970	5911
2004	39866	36071	11430
2005	48312	54698	10267
2006	89313	81926	8702
2007	150935	97847	18572

续表

年份	独资经营	合资经营	合作经营
2008	203739	94822	14715
2009	284554	163957	27023
2010	366770	191196	58545
2011	593537	322191	84563
2012	766291	368604	76373
2013	888056	411544	28321
2014	893738	537869	25846
2015	963356	536546	33182
2016	989249	628254	10981
2017	1056063	575019	8140
2018	1089743	630272	733

资料来源：历年《河南统计年鉴》。

专利申请数以及有效发明专利数的增长一定程度上反映了该地区技术水平的进步。从表4-5中的统计数据来看，河南省专利申请数和有效发明专利数从2006年开始一直保持较高的增长速度，2018年河南省专利申请数和有效发明专利数分别是2006年的11.85倍和28.12倍，体现了河南省技术水平的不断进步。这与2006年以后跨国公司在河南省独资经营方式占比不断提升的趋势相一致。而通过独资经营这种内部化的技术转移方式的技术转让效率要优于外部化方式，因此可以推断，外商直接投资产生的技术转让是河南省企业获取新技术的一种重要途径，对河南省技术水平的增长起到了推动作用。

表4-5　2006～2018年河南省发明专利情况

单位：件

年份	专利申请数	有效发明专利数
2006	3761	1377
2007	4866	1719
2008	6480	2396
2010	9615	5359
2011	13172	7063
2012	15788	7626

续表

年份	专利申请数	有效发明专利数
2013	18095	9775
2014	21666	13124
2015	23762	17408
2016	28851	26151
2017	37805	32498
2018	44586	38719

注：2009年《河南统计年鉴》中未统计此两项数据。

资料来源：历年《河南统计年鉴》。

技术溢出。技术溢出是非自愿地或有目的地克服市场信息问题而产生的外部性。外资的技术溢出效应主要通过五种途径对东道国技术创新产生推动作用。

第一，示范—模仿效应。外资企业带入的产品、技术、管理和经营理念都会对东道国本土企业形成示范效应，通过直接模仿和改进，东道国企业可以实现"干中学"式的技术进步，并在此基础上开展进一步的技术创新。一般而言，跨国公司对东道国子公司的投入越多，技术溢出越多，东道国企业对学习的投入就越多，对溢出技术的吸收能力就越高。另外，本土企业还通过"逆向工程"来避开外资企业对其核心技术和先进技术的保护。

第二，竞争效应。外资进入会加大市场竞争压力，促使本土企业加大研发力度，提高核心竞争力；东道国企业竞争力的加强又反过来迫使跨国公司转移更先进的技术，以维持自身在东道国的领先地位。

第三，关联效应。根据在产业链中所处的位置，关联效应可分为后向关联和前向关联。后向关联是指跨国公司为了在东道国获得满意的原材料或半成品等，而对其供应商开展的流程优化，甚至提供技术支持和员工培训。跨国公司的技术越复杂，产业链越长，关联度越高，则跨国公司技术本土化的倾向越明显，技术溢出效应就越显著。前向关联对东道国本土企业更有益处。东道国本土消费者在使用外资企业的产品和服务时，跨国公司会提供相应的技术支持或培训，其中包含的操作、维护和性能等技术以及国际质量标准和市场趋势信息就会转移到东道国本土，且这种前向关联的溢出具有普遍性。

第四，培训和人员流动效应。跨国公司在东道国进行投资，不但会提供管理人员及技术专家，还会对雇佣的当地员工进行培训。通过形式多样的培训活动，当地员工会掌握外资企业先进的技术和管理理念。当发生人力资本流动时，他们在外资企业获得的技术就会溢出。除此之外，员工间的非正式交流易导致隐含经验类技术知识的溢出，这类溢出在产业集聚区内更加明显。

第五，研发国际化效应。20世纪90年代以来，跨国公司开始在全球范围内组建自己的研发网络，研发国际化倾向越来越显著。通过与东道国进行研发合作与交流或进行研发外包，会对东道国本土企业的技术创新活动产生很强的示范带动效应，有助于激发东道国本土企业自身创新系统的活力。

就河南省而言，部分企业与跨国公司形成了产业链上的前后向关联效应，通过员工培训、技术指导或外派学习，跨国公司的先进技术溢出到了相关本土企业中，促进了相关企业和产业的技术进步。为应对跨国公司带来的竞争，本土企业通过示范—模仿效应不断提升自身的技术、管理水平和创新能力。通过大规模利用外资，引进了一大批先进技术、关键设备和管理人才，加快了河南省企业集成创新和引进消化再吸收，突破了一批关键技术，促进了相关产业的发展。另外，一些外资企业本土员工"跳槽"后，他们在外资企业学习到的先进技术和管理经验会随着人力资本的流动而产生技术溢出。不过，由于河南省长期以来引进的技术水平较低，且在外商及港澳台商的从业人数较少，外商直接投资技术外溢效应对河南省经济增长的影响力在一定程度上受到了限制。

五、外资对河南省对外贸易的影响

外资对东道国的对外贸易存在直接和间接双重效应，这种影响主要表现在对出口和进口规模及结构的影响上。直接效应即跨国公司直接出口产品对东道国对外贸易的贡献，主要表现在四个方面：第一，跨国公司拥有的先进技术和全球化营销网络等使其产品具备更高的贸易倾向，出口潜力更大。第二，外资进入可加速东道国某些进口替代产业向出口产业的转换。第三，外资有利于提高东道国劳动密集型产品的质量，增加出口机会。第四，东道国企业通过合资加入跨国公司的全球分工网络，提升了高附加值产品出口的机会。间接效应即跨国公司进入对东道国当地企业增加出口的贡献，主要表现在三个方面：第一，东道国企业通过跨国零售商和贸易公司增强了与国外市场的联系，推动本土企业成为间接或直接出口者。第二，跨国公司营销和生产技术等方面的外溢，有助于提高东道国企业的出口竞争力。第三，FDI还可以产生所谓的"市场进入外溢"。外资企业是有关外国市场和技术信息的天然渠道，它们的活动增加了东道国企业进入世界市场的可能性。

改革开放以来，随着外资的流入，河南省的对外贸易额迅速增长，外商投资企业进出口额在总进出口额中的比重不断攀升。从表4-6中可以看出，2005年，河南省实际利用外资金额为12.30亿美元，外资进出口额占总进出口额的比重为19.41%。2009年，河南省实际利用外资金额为47.99亿美元，外资进出口额占总进出口额的比重为27.96%，比2005年上升了近10个百分点。从2010年开始，河南省实际利用外资的增幅加大，从62.47亿美元增加到2017年的172.24亿美元，外资进出口额占总进出口额的比重随之出现了显著增长，从25.39%增长到68.55%。2018年，河南省实际利用外资金额继续保持增长，但外资进出口额占总进出口额的比重略有下降，但依然保持在65%的较高水平。由此可见，外商直接投资对河南省进出口保持着正向的推动作用。分析原因不难发现，河南省作为中国中部地区的农业大省和人口大省，经济发展水平相对落后，本土企业与国际市场对接力度不强，市场竞争力弱，外资进入河南省更多看重的是相对廉价的劳动力，外资企业产品具有较高的贸易倾向。富士康工厂落户郑州就是一个典型的例子。与此同时，外资较多进入劳动密集型制造业导致河南省出口大多为低附加值产品，因此，外商直接投资对河南贸易的影响更多体现在量的方面。

表4-6 2005~2018年河南省直接利用外资与进出口额比较

年份	实际利用外资额 （亿美元）	进出口总额 （亿美元）	外资进出口额 （亿美元）	外资进出口额占总 进出口额的比重（%）
2005	12.30	77.36	15.01	19.41
2006	18.45	97.96	18.38	18.77
2007	30.62	128.05	25.85	20.19
2008	40.33	174.79	32.02	18.32
2009	47.99	134.38	37.57	27.96
2010	62.47	177.92	45.18	25.39
2011	100.82	326.42	149.81	45.90
2012	121.18	517.50	399.28	77.15
2013	134.57	599.57	337.82	56.34
2014	149.27	650.33	444.81	68.40
2015	160.86	737.81	515.91	69.93
2016	169.93	712.26	478.98	67.25

年份	实际利用外资额 （亿美元）	进出口总额 （亿美元）	外资进出口额 （亿美元）	外资进出口额占总 进出口额的比重（%）
2017	172.24	776.13	532.06	68.55
2018	179.02	828.19	538.34	65.00

资料来源：历年《河南统计年鉴》。

六、外资对河南省就业的影响

外资对东道国就业的影响主要包括创造效应和挤出效应。第一，外资流入增加一般会带来就业岗位增加；但外资进入带来的竞争则可能会挤垮本土企业从而造成失业。第二，外资流入劳动密集型行业一般会带来雇佣员工增加，从而提升就业水平；而流入技术密集型行业则可能降低就业水平。第三，外资企业的进入会促进东道国关联企业和配套企业的发展，从而提高就业水平。因此，外资企业对东道国就业的影响取决于创造效应和挤出效应的比较。

通过表4-7可以发现，1999~2018年，河南省实际利用外资金额从4.95亿美元上升到179.02亿美元；同期，外商投资企业就业总人数从15万人上升到2015年的峰值76万人，随后出现下降。可以看出，2010年以前，外商投资企业就业人数绝对值变化不大。从2011年开始，随着河南省实际利用外资金额大幅增长并首次突破100亿美元，外商投资企业就业人数也出现翻番，其在全省就业总人数中的占比也出现小幅增加。2016年之前，河南省实际利用外资金额和外资企业就业总人数以及全省就业总人数有着同方向的增长关系。但从2016年开始，河南省实际利用外资金额和全省就业总人数继续保持小幅增长，但外资企业就业总人数出现明显下降。通过前述分析可知，进入河南省的外资主要集中在第二产业，尤其是劳动密集型制造业，由此可以推断，2017年之前外资创造的就业机会也主要集中在这些领域。因此，外资进入对河南省就业水平的提高有着一定的促进作用。但从2017年开始，外资在河南省服务业的投资开始表现出明显的上升趋势，而在制造业的投资则开始出现明显的下降趋势，由此带来了就业人数的萎缩，外资对河南省就业的推动作用减弱。但整体上看，由于河南是人口大省，外资企业就业总人数在全省就业总人数中的占比绝对值较低，外资企业在河南省经济结构中的占比也很小，所以外资对河南省就业的拉动作用并不明显。

表 4-7 1999~2018 年河南省外资企业就业总人数及比重

年份	实际利用外资金额（亿美元）	外资企业就业总人数（万人）	全省就业总人数（万人）	外资企业人数占全省就业人员的比重（%）
1999	4.95	15	5205	0.29
2000	5.40	16	5572	0.29
2001	3.59	13	5517	0.24
2002	4.52	13	5522	0.24
2003	5.61	14	5536	0.25
2004	8.74	15	5587	0.27
2005	12.30	15	5662	0.26
2006	18.45	18	5719	0.31
2007	30.62	21	5773	0.36
2008	40.33	20	5835	0.34
2009	47.99	21	5949	0.35
2010	62.47	23	6042	0.38
2011	100.82	44	6198	0.71
2012	121.18	36	6288	0.57
2013	134.57	73	6387	1.14
2014	149.27	73	6520	1.12
2015	160.86	76	6636	1.15
2016	169.93	71	6726	1.06
2017	172.24	69	6767	1.02
2018	179.02	48	6692	0.72

资料来源：历年《河南统计年鉴》。

七、河南省利用外资的特征

1. 外资来源地

随着对外开放的逐步深入，河南省利用外资在来源地分布上逐渐表现出多元化的趋势，但总体上来看，河南省利用外资来源地集中度高，主要有三大来源：

一是港澳台；二是东南亚国家；三是北美和西欧等发达地区。其中中国香港是河南省最重要的投资来源地，30年来，港资在河南省实际利用外资中的占比均超过50%。

按投资金额，2018年河南省利用外资的主要来源地分别是中国香港、中国台湾、美国、新加坡、加拿大、德国、英国、日本和韩国。这九个国家（地区）的投资占河南省实际使用外资总额的88.69%（见表4-8）。其中，港资占河南省实际利用外资的比重超过六成，依然是河南省最大的外资来源地。

表4-8　2018年河南省利用外资的来源地分布①

单位：亿美元

国家/地区	合同外资额及比重		实际利用外资额及比重	
	金额	比重（%）	金额	比重（%）
总计	68.22	89.56	179.02	100
中国香港	50.95	74.68	115.51	64.52
中国台湾	6.25	9.16	12.74	7.11
美国	1.12	1.64	6.20	3.46
新加坡	0.44	0.64	7.87	4.40
加拿大	0.05	0.08	0.51	0.29
德国	0.16	0.23	3.86	2.16
英国	0.76	1.11	7.11	3.97
日本	-0.06	—	3.87	2.16
韩国	1.38	2.02	1.11	0.62

资料来源：《河南统计年鉴2019》。

2. 外资投资方式

河南省利用外资的主要方式有合资经营、独资经营和合作经营三种。早期以合资方式为主。随着投资环境和政策的改善，独资方式占比不断加大。2004年，河南省外商独资占比首次超过合资，且差距逐年增大；合作经营则始终呈现较低的水平（见图4-5）。

---

① 因自贸区没有单独统计外资来源，且河南省内外资来源类似，故采用河南省的外资来源地统计。

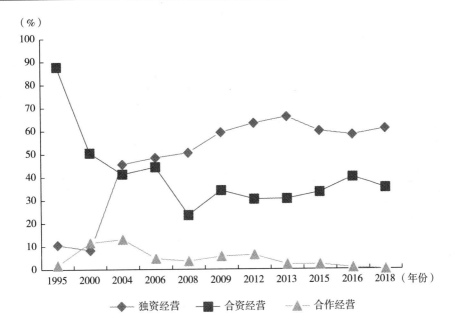

图 4-5 河南省实际利用外商直接投资方式变动趋势

资料来源：历年《河南统计年鉴》。

3. 外资行业分布

河南省利用外资主要集中在第二产业制造业和服务业，尤其是制造业，始终占据了河南省利用外资总额的五到六成。按实际利用外资金额统计，2006~2018年，制造业实际利用外资占全省利用外资总额的 56.51%，服务业为 23.92%，农林牧渔业和其他第二产业（包括采矿业、电力、燃气及水的生产和供应业和建筑业）的比重则分别为 2.57% 和 17.00%（见图 4-6）。

动态看（见图 4-7），制造业比重 2014 年以前总体保持上升趋势，但 2015~2018 年出现下降；第二产业中除制造业外的其他产业占比则呈现与制造业比重互补的走势。服务业利用外资所占比重没有表现出明显的上升和下降趋势。农、林、牧、渔业比重变化不大。

从服务业内部的细分行业来看（见图 4-8），河南省实际利用外资主要集中在房地产、租赁和商务服务业以及批发和零售等行业。其中，房地产业占比 2006~2012 年出现了大幅下降，从 69.10% 下降至 30.95%，但 2013~2018 年又出现了回升。交通运输、水利环境和科学研究在某几个年份占比超过了 10%，但

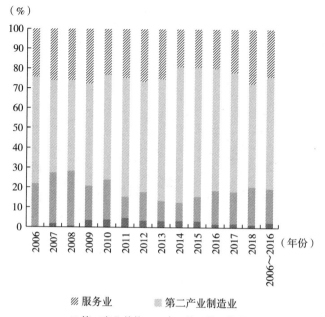

图 4-6　2006~2018 年河南省利用外资产业分布比重

资料来源：历年《河南统计年鉴》。

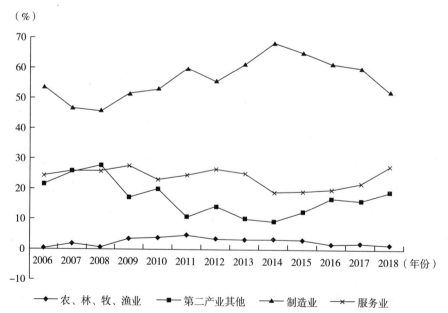

图 4-7　2006~2018 年河南省利用外资产业分布比重变动趋势

资料来源：历年《河南统计年鉴》。

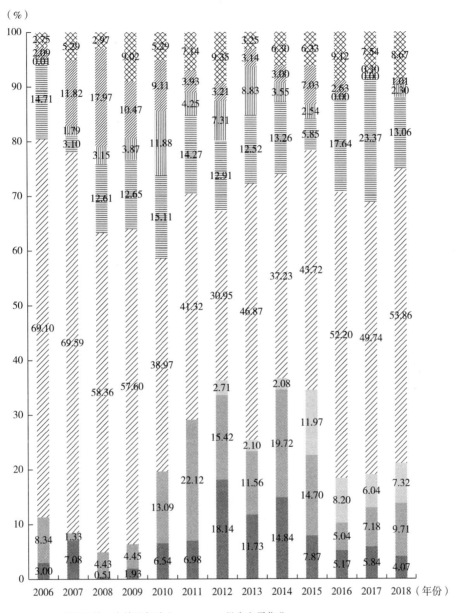

图 4-8　2006~2018 年河南省服务业利用外资产业分布比重

资料来源：历年《河南统计年鉴》。

2016~2018 年出现了明显的下降。金融业利用外资在 2017 年和 2018 年出现了增长，但整体占比不高，除 2015 年外均不超过 10%。

4. 利用外资的地区分布

改革开放以来，由于河南各省辖市之间在资源禀赋、工业基础、消费水平、产业特色、人力资本以及开放意识等方面的不同，利用外资的地区差异较大，具有高度集聚的特征。外商在河南省的投资主要集中在豫北和豫西地区，豫东、豫南的几个省辖市利用外资较少。

2006~2018 年，河南省实际利用外资排在前两位的城市始终为郑州市和洛阳市，且这两个城市的占比大幅高于其他省辖市。动态看，2010~2018 年，两市合计占全省实际利用外资总额的比重出现明显下降，从 49.71% 下降至 39.15%（见表 4-9）；而其余省辖市中，除了焦作市、三门峡市、平顶山市等资源型城市的占比略有下降外，其他城市均略有上升，显示出各地对于深入落实开放带动战略的重视。但从整体上看，河南省利用外资的空间分布格局依然不平衡，不利于区域协同发展。

表 4-9　部分年份河南省各地市外商直接投资金额

单位：亿美元，%

年份 项目 地区	2006		2010		2016		2018	
	金额	比重	金额	比重	金额	比重	金额	比重
全省	18.45		62.47		169.93		179.02	
郑州市	6.14	33.27	19.00	30.42	40.33	23.73	42.11	23.52
开封市	0.31	1.71	1.29	2.06	6.23	3.67	6.90	3.86
洛阳市	2.12	11.49	12.05	19.29	26.88	15.82	27.98	15.63
平顶山市	0.58	3.15	1.64	2.62	4.32	2.54	4.59	2.56
安阳市	0.48	2.58	1.49	2.38	5.01	2.95	5.27	2.95
鹤壁市	0.40	2.15	2.25	3.60	8.14	4.79	8.44	4.71
新乡市	1.00	5.43	3.29	5.27	10.23	6.02	11.41	6.38
焦作市	1.21	6.58	2.88	4.62	8.27	4.87	8.53	4.77
濮阳市	0.46	2.51	0.90	1.44	6.33	3.73	6.64	3.71
许昌市	0.65	3.53	2.13	3.41	7.20	4.23	7.59	4.24
漯河市	0.95	5.15	3.23	5.17	9.00	5.30	9.39	5.24
三门峡市	1.38	7.49	3.98	6.38	10.63	6.26	11.14	6.22

续表

年份 项目 地区	2006		2010		2016		2018	
	金额	比重	金额	比重	金额	比重	金额	比重
南阳市	0.67	3.63	2.01	3.22	6.00	3.53	6.26	3.50
商丘市	0.31	1.68	1.04	1.66	3.62	2.13	3.85	2.15
信阳市	0.46	2.48	1.67	2.67	5.24	3.08	5.54	3.10
周口市	0.60	3.26	1.58	2.52	5.22	3.07	5.62	3.14
驻马店市	0.44	2.39	1.26	2.01	3.89	2.29	4.22	2.36
济源市	0.28	1.52	0.79	1.26	3.36	1.98	3.54	1.98

资料来源：历年《河南统计年鉴》。

5. 河南利用外资业绩指数比较

本节采用业绩指数，即在一定时期内，该地区 FDI 的流入量占全国 FDI 流入量的比例除以该地区 GDP 占全国 GDP 总量的比例，来评价不同地区利用外资的业绩，这一方法消除了经济规模不同的影响。如果指数等于 1，表明该地区占全国 FDI 的比例与其占全国 GDP 的比例相等；指数值大于 1，表示该地区吸收了相对于其 GDP 规模而言更多的 FDI；该指数低于 1 的地区，可能由于竞争力低下或投资促进不力，FDI 流入低于应该达到的数量。

据此，我们分别计算出 2006 年、2011 年、2016 年、2019 年河南省与其他各省市利用外资的业绩指数值。表 4-10 表明，河南省的外资利用情况取得了较大的进步。2006 年，河南省利用外资业绩指数为 0.35，排名全国第 22 位，仅占第一位天津的 15.8%。不仅与东部地区差距大，而且与一些中西部地区差距也较大，在中部地区中排名最后。2011 年，河南省在全国的排名上升到第 13 位，业绩指数为 0.9，说明河南省利用外资在全国的占比与河南省 GDP 在全国的占比较为接近，利用外资的能力显著增强。2016 年，河南省的业绩指数上升到 1.38，排名进入全国前十，甚至超过了东部沿海的江苏、浙江和广东等省份。但与中部六省中比较，落后于安徽和江西两省。2019 年，河南省外资业绩指数和在全国的排名较 2016 年有所下降，但依然保持在全国前十位，在中部六省中，仍然落后于安徽、江西和湖南三省。数据表明，虽然河南省利用外资规模总量上有较快增长，但在加快自贸区建设、打造服务"一带一路"综合交通枢纽，构筑内陆开放高地的大背景下，仍有改善的空间。

表 4-10　2006 年、2011 年、2016 年、2019 年全国各省
（自治区、直辖市）利用外资业绩指数值

序号	地区	2006 年	2011 年	2016 年	2019 年
1	北京	1.30	1.05	1.66	0.97
2	天津	2.21	2.69	1.85	0.81
3	河北	0.42	0.47	0.75	0.71
4	山西	0.22	0.45	0.59	0.19
5	内蒙古	0.76	0.64	0.72	0.29
6	辽宁	1.51	2.59	0.44	0.32
7	吉林	0.79	0.37	0.50	0.11
8	黑龙江	0.69	0.67	0.12	0.10
9	上海	1.60	1.66	2.15	1.21
10	江苏	1.88	1.58	1.04	0.64
11	浙江	1.33	0.89	1.22	0.53
12	安徽	0.53	1.02	1.98	1.17
13	福建	0.98	0.83	0.93	1.80
14	江西	1.36	1.24	1.85	1.33
15	山东	1.09	0.59	0.81	0.50
16	河南	0.35	0.90	1.38	0.84
17	湖北	0.74	0.55	1.02	0.68
18	湖南	0.86	0.74	1.33	1.10
19	广东	1.28	1.01	0.95	3.42
20	广西	0.22	0.21	0.16	0.13
21	海南	1.68	1.41	1.72	0.69
22	重庆	0.42	2.45	0.48	1.06
23	四川	0.32	1.05	0.79	0.48
24	贵州	0.09	0.20	0.27	—
25	云南	0.18	0.45	0.19	0.08
26	陕西	0.31	0.24	0.85	0.73

续表

序号	地区	2006 年	2011 年	2016 年	2019 年
27	甘肃	0.45	0.43	0.05	0.02
28	青海	0.03	0.03	0.02	0.06
29	宁夏	0.97	0.24	0.26	0.16
30	新疆	0.19	0.43	0.15	0.06
31	西藏	0.08	0.12	0.18	—

注：①由于经商务部调整的数据无法获得，此表根据全国各省区市统计年鉴和 2019 年各省区市国民经济和社会发展统计公报整理，各省统计口径可能存在差异；②2019 年贵州和西藏国民经济和社会发展统计公报中未公布实际利用外资数据。

资料来源：各省统计年鉴、《中国统计年鉴》、2019 年各省区市国民经济和社会发展统计公报。

第二节　河南自贸试验区发展总体情况

河南自贸试验区挂牌建设以来，国务院印发的《中国（河南）自由贸易试验区总体方案》明确的主要改革任务基本完成，政务、监管、金融、法律、多式联运五大专项取得了显著成果，成效进一步显现，锤炼了主动改革的排头兵，营造了便民利企的好环境，强化了开放带动的新优势，积蓄了产业升级的新动能，体现了"为国家试制度、为地方谋发展"的责任担当，有力带动了河南省经济社会稳中有进、稳中向好，已成为推动"十四五"时期河南省经济转型发展的新动力、新引擎。

一、顶层设计搭建完成

建立以来，河南自贸试验区围绕"构建全方位对外开放新格局"的目标，深度融入国家开放战略，主动适应经济发展新常态，坚持以制度创新为核心，以可复制、可推广为基本要求，大胆试、大胆闯、自主改，积极构建全方位、宽领域、高层次的深度融合开放新格局。在全国、全省的引领示范效应不断增强，各项涉外经济指标增速在全国处于领先地位。

开放强省效果显著。以自贸试验区制度型开放为引领，融入共建"一带一路"的水平大幅提升，国内大循环重要支点和国内国际双循环战略链接地位基本确立，营商环境进入全国先进行列。紧扣"两体系、一枢纽"国家战略定位，交通枢纽建设深入推进，内陆功能性口岸全国领先，空中、陆上、网上、海上四条丝路建设全面展开，"空中丝绸之路"越飞越广，"陆上丝绸之路"越跑越快，"网上丝绸之路"越来越便捷，"海上丝绸之路"越来越顺畅，"四路协同"开放通道基本形成。

总体方案基本落实。按照国务院印发的《中国（河南）自由贸易试验区总体方案》（以下简称《总体方案》），以河南省政府文件印发总体方案试点任务台账，明确责任单位，定期报送试点任务落实进展情况。截至 2020 年 3 月，河南自贸试验区总体方案改革任务基本达到预期目标。其中，精简投资项目准入、跨境电商、商品期货交易等 30 项试点任务完成情况优于上海、福建、四川等其他自贸试验区，外商投资负面清单管理模式、"一口受理"服务、工商登记电子化、国际贸易"单一窗口"等试点任务与其他自贸试验区持平①。

五大服务体系构建完成。河南自贸试验区根据国家赋予的战略定位，在抓好《总体方案》改革试点任务落实的同时，在更深层次、更广领域推进深化改革创新，着力推动规则、规制、管理、标准等制度型开放，探索建设政务、监管、金融、法律、多式联运五大服务体系，构建了商事简便、快捷高效、一次通办的政务服务体系，通关便捷、安全高效、一单关检的通关监管服务体系，多元融资、服务高效、一体联控的金融服务体系，机制健全、仲调结合、一律平等的法律服务体系，互联互通、物流全球、一单到底的多式联运服务体系。

体制机制不断健全。成立了河南自贸试验区建设领导小组，高层推动形成高效推进机制。设立了河南自贸试验区工作办公室，统筹协调上下联动形成推进合力。成立郑州、开封、洛阳三个片区管委会和三大片区建设联席会议制度，统筹推进片区建设。出台了《中国（河南）自由贸易试验区条例（草案）》（本段称"条例"），依法保障自贸区建设发展。实施了《关于推进中国（河南）自由贸易试验区深化改革创新打造新时代制度型开放高地的若干意见》（本段称"意见"），持续推进自贸区深化改革创新。形成了上下联动统筹协作，顶层设计与基层探索良性互动的格局。河南自贸区已经形成总体方案引领、建设实施方案和

① 商务部驻郑州特派员办事处. 河南扎实推进自贸试验区建设［EB/OL］.［2022-01-20］. http：//www.mofcom.gov.cn/article/resume/n/202003/20200302943512.shtml.

管理试行办法统筹、片区实施方案落实、五大服务体系支撑、专项配套政策合力支持、"意见"推动，"条例"依法保障的自贸试验区政策制度体系，做到了目标任务明确、工作路径清晰、保障支持有力。

二、制度创新不断深化

挂牌以来，河南自贸试验区立足于创造优质制度供给，对照最高标准，充分发挥改革开放试验田和桥头堡作用，在更深层次、更广领域推进深化改革创新。《总体方案》160 项试点任务已实施 159 项，实施率为 99.4%，探索总结出 416 项制度创新经验和实践案例[①]，"跨境电商零售进口退货中心仓模式""一码集成服务"等四项创新成果入选全国自贸试验区第六批改革试点经验和第三批最佳实践案例，"工程建设项目的联合监管模式"入选住建部首批工程建设项目审批制度改革典型经验。改革"试验田"作用彰显，在全国，河南省的引领示范效应不断增强，已成为整个河南省继续保持和创造新的竞争能力的排头兵。

政务服务持续优化。审批事项和流程不断简化，建立了综合统一的行政审批机构，实现申请材料、审批环节、承诺期限、排队次数和盖章数量"五减少"，企业开办时间大幅压缩，商事登记领域"三十五证合一"改革得到国务院主要领导肯定。打造了以"一次办妥"为核心的政务服务体系，形成了"一门集中、一口受理、一网通办、一窗发证、一链监管、最多跑一次"的"六个一"政务服务新模式，开封片区成为我国首个获得行政审批相关服务"ISO9001 质量管理体系认证"证书的自贸试验区片区。

外贸竞争新优势加快培育。贯彻落实 2018 年《国务院关于优化口岸营商环境促进跨境贸易便利化工作方案的通知》，推出"稳外贸"政策创新试点，鼓励开展"外贸贷"、设立退税资金池。大力促进国际贸易"单一窗口"建设和推广，在河南省率先实现结售汇、出口退税、税费支付等金融功能上线融合。鼓励企业参与"自主报税、自助通关、自动审放、重点稽核"等监管制度创新，"一线放开、二线安全高效管住"的检验检疫通关监管服务模式不断深入，河南省跨境货物通关效率不断提高。打造外贸新增长点，认定郑州国际陆港等 11 家企业为省级外贸综合服务企业，发挥国际航线、跨境电商包机、中欧班列（郑州）

---

① 河南省发展和改革委员会.河南省人民政府关于印发河南省"十四五"开放型经济新体制和开放强省建设规划的通知［EB/OL］.［2022-01-16］.http：//fgw.henan.gov.cn/2022/02-08/2395041.html.

进出口双向运邮等跨境通道优势，有力拉动进出口贸易逆势增长。

双向投资影响力持续提升。按照贸易投资融合发展、国际双向投资合作提质增效的发展模式，积极构建全方位、宽领域、高层次的深度融合开放新格局。根据"有限核准、普遍备案"原则，对鼓励类外商投资项目全部实现备案管理。全面实行"准入前国民待遇加负面清单"模式，进一步减少或取消外商投资在采矿业、制造业、服务业等领域的限制，外资企业开办时间缩短到两个工作日以内。积极引导企业"走出去"，构建了跨境融资授信、境外企业监测联络服务、政策性出口风险统保等企业"走出去"窗口和综合服务平台。充分发挥政策性和开发性金融机构作用，为重大对外投资合作项目争取国家丝路基金、中非产能合作基金等多双边合作基金，形成了信用担保、融资授信、风险防控等一系列助力企业"走出去"的重要措施。

金融开放新格局逐步显现。稳步推进金融开放创新，取消企业银行账户许可，改"审核制"为"备案制"，企业开户当天即可实现资金的转入转出。加快对民营企业和外资有序开放，河南自贸试验区挂牌以来，截至2019年12月31日已设立两家民营证券期货法人机构，河南省首家民营银行——华贸银行申报材料已报银保监会审批，渣打银行和汇丰银行已在河南自贸试验区内设立分支机构。监管效率不断提升，与中国人民银行、中国银行保障监督管理委员会等部门通力合作、协调监管，已建立金融消费者权益保护工作机制。

全面融入共建"一带一路"。充分发挥服务"一带一路"的现代综合交通枢纽作用，成为畅通国内国际双循环和保证国际供应链、产业链稳定畅通的重要支撑。积极发展空港经济，郑州机场拿到全国首个航空电子货运试点，获批第五航权，正式实施双跑道独立平行离场运行模式。多式联运成效明显，空陆联运、铁公空联运入选国家第二批多式联运示范工程，入选项目数量位居全国第一。中欧班列（郑州）率先推行"一次委托""一口报价""一单到底""一票结算"的"一票式"门到门全链条服务模式。跨境电商保持全国领先，构建了跨境电商正面监管新模式，在全国首创"1210"网购保税进口模式被世界海关组织作为全球推广的示范样板。①

① 河南省自贸厅. 河南自贸试验区建设新闻发布会［EB/OL］.［2022-01-10］. http：//www.lhdz.gov.cn/html/1//2/10834/10852/21504.html.

三、改革成效不断彰显

挂牌以来，河南自贸试验区各项改革措施运行平稳、有效，政策效应和制度创新价值逐步显现，企业持续发展壮大，开放招商提质增效，对外投资合作健康发展，外贸规模稳中有进，营商环境持续优化，"两体系、一枢纽"实现创新发展，总体建设工作取得了阶段性成效。

产业发展水平得到提升。截至 2022 年 1 月河南自贸试验区累计入驻企业突破 9 万家，注册资本突破 1.1 万亿元，郑州、开封、洛阳片区入驻企业数分别是河南自贸试验区成立前的 3 倍、33 倍、3.5 倍①，带动产业向高端化、集群化、国际化发展。郑州片区形成了现代物流、跨境电商、汽车制造、现代金融、商务会展等主导产业的发展格局，其中汽车及零部件产业集群 2020 年实现产值超千亿元。洛阳片区装备制造产业加快发展，形成成套设备、机器人及智能装备、光电连接器及电子元器件、特种装备、轴承、汽车工程设计及制造七个产业集群，为片区提供了 50% 以上的产值、税收以及人员就业。开封片区文化产业国际化发展持续推进，培育了一批具有品牌、创新、规模等优势的骨干文创企业，设立深圳文化产权交易所河南自贸试验区运营中心，开办河南自贸试验区首家离境退税文创商店，为文化产业国际化打开了新局面。

稳外资稳外贸成效突出。截至 2019 年 10 月，河南自贸试验区设立外商投资企业 578 家，累计实际利用外资 45.6 亿美元，年均增长 45.6%。世界 500 强日本住友商事株式会社、特斯拉、美国嘉吉、通用电气；财富 500 强利宝保险、世邦魏理仕，独角兽企业麒麟合盛（APUS）全球第二总部，益海嘉里、传奇影业、巴库生物、华润医药、纪娜梵等一大批重点及特色项目落户河南自贸试验区。累计货物进出口 950 亿元，年均增长 19.2%②。外资、外贸增速远超全国、河南省平均水平，占河南省比重稳步上升，自贸试验区的发展活力进一步彰显，为稳住外资外贸基本盘作出了贡献。

打造营商环境新高地。企业总体满意度较高，郑州片区开办企业、办理建筑许可、获得电力、财产登记、获得信贷、纳税、执行合同七项指标位居国内领先地位，被评为"中国自贸试验区优化营商环境典型园区"，是第三批自贸试验区

---

①② 河南省商务厅. 中国（河南）自由贸易试验区十四五发展规划［EB/OL］.［2022-02-23］. http://hnsswt.henan.gov.cn/2022/01-29/2392574.html.

中唯一入选片区①。洛阳片区企业开办、办理施工许可、获得电力、财产登记、执行合同等各项指标的满意度超过85%②。开封片区营商环境指模拟排名比2018年中国内地平均水平高九个名次，居于全球上游水平③。

四、开放引领效果显著

河南自贸试验区改革创新为河南省改革开放带来了活力和动力，助推河南省开放理念迅速更新，开放环境加快优化，开放型经济呈现新变化，正由吸引集聚一般性生产要素向高端和创新性要素转型升级，由商品和要素流动型开放向规则等制度型开放转变，协同开放、集成开放、内外联动的开放体制机制更加完善。

示范带动作用凸显。河南自贸试验区进一步浓厚了改革开放氛围，助推河南省形成自贸试验区、航空港区、自创区、跨境电商综试区、大数据试验区"五区联动"，空中、陆上、网上、海上丝绸之路"四路并举"开放新格局。航空港区与郑州片区共建"飞地经济"实现协同联动，洛阳自创区与洛阳片区实现"双自联动"。

不断学习借鉴先进经验。河南自贸试验区率先完成了具备条件的上海、广东等自贸试验区五批试点经验复制推广、三批"最佳实践案例"借鉴推广工作，并在河南省推动自贸区试点经验复制推广工作。例如，漯河市虽不在河南自贸片区范围内，但它通过选取协同发展"示范部门、示范园区、示范项目"等形式，积极复制推广自贸试验区改革试点任务，并深化各类要素对接合作，取得明显成效。

积极推广复制"河南样本"。河南省市场监督管理局推动的企业登记全程电子化、名称自主申报、企业简易注销等改革举措，在自贸试验区试点成功后，已在全省推广实施。行政服务类事项简易登记制、以社会信用代码为核心的"一码通"服务、企业投资项目承诺制、企业登记身份管理实名验证系统、"政银合作直通车"服务模式等首批23项改革创新成果拟向全省范围复制推广，涉及投资管理、事中事后监管、贸易便利化、金融开放创新、投资便利化等领域。

---

① 河南自贸试验区郑州片区管理委员会. 郑州片区营商环境第三方评估报告出台模拟国际排名35位 [EB/OL]. [2022-02-20]. http：//www.comnews.cn/article/inews/201910/20191000021240.shtml.

② 河南自贸试验区洛阳片区管理委员会. 自贸区洛阳片区引进国际权威机构评估营商环境 [EB/OL]. [2022-02-16]. http：//news.lyd.com.cn/system/2019/04/30/031277258.shtml.

③ 河南自贸试验区开封片区管理委员会. 自贸试验区开封片区2018年营商环境第三方评估结果发布 [EB/OL]. [2022-02-16]. https：//www.sohu.com/a/226628446_100111693.

持续推动开放创新联动发展。推动建设河南自贸试验区开放创新联动区，研究起草了河南自贸试验区开放创新联动区实施方案，充分利用自贸试验区平台优势和创新经验溢出效应，推进自贸试验区与重点园区在制度创新协同、改革经验推广、省级权限下放、产业协同发展、开放平台打造等方面优势叠加、联动创新、共同发展，培育一批改革创新排头兵、对外开放新高地和区域发展增长极。

第三节　河南自贸试验区各片区发展的总体情况

一、郑州片区

截至 2020 年，河南自贸试验区郑州片区（以下简称郑州片区）深入贯彻习近平总书记关于自贸试验区建设的重要指示批示精神，紧紧围绕河南自贸试验区"两体系一枢纽"战略定位，坚持以制度创新为核心，以空、陆、网、海四条丝绸之路建设为主线，以政务、监管、金融、法律、多式联运五大服务体系建设为抓手，大力提升投资贸易便利化水平，在制度框架体系构建、"放管服"改革、多式联运建设、跨境贸易监管、金融开放创新、营商环境优化等方面积极探索、大胆实践，取得了阶段性成效，市场活力得到激发，改革开放试验田效应逐步显现。

（一）立足战略定位，积极服务国家战略

郑州片区积极贯彻"两体系一枢纽"战略定位，抢抓"一带一路"建设重大机遇，以"空陆网海"四条丝绸之路建设为平台，推动空中"织天网"、陆上"联地网"、一网"通全球"、海运"达四方"，打造国际开放新通道和国际枢纽门户。随着入选全国十个跨境电商 B2B 出口监管试点城市，郑州市已经成为网上丝绸之路和跨境电商的产业高地，海上丝绸之路也越连越通畅。郑州片区设立"铁水联运服务中心"，郑州中心站与青岛港、连云港、郑州海关联合开发业务集成系统，打造了沿海港口向西开放的"桥头堡"、中西部地区向东开放的"无水港"。以郑州为中心、区域节点城市为支撑的陆海货运通道枢纽正在形成。

（二）积极先行先试，推动全面深化改革

郑州片区成立以来，在多式联运、跨境电商、工程建设、口岸发展等领域先行先试，形成了一批在全国具有首创、领先示范性的创新成果。跨境电商领域，

"网购保税+线下提货"模式等案例属全国首创。多式联运领域,探索形成国际物流运输贸易一体化、多式联运"一票式"服务模式、建立全国首条进出口双向邮件集散通道等改革成果。跨境电商领域,探索形成海关特殊监管场所多模式综合监管、跨境电商"网购保税+线下提货"新模式、跨境电商零售进口正面监管、跨境电商退货中心仓模式等改革成果。工程建设领域,探索形成国有建设用地出让考古前置改革、工程建设项目审批告知承诺制、"服务八同步""拿地即开工"项目建设模式等改革成果。口岸发展领域,探索形成邮政口岸"三关合一"监管模式、中国(河南)国际贸易单一窗口助推郑州邮政口岸发展、国际行邮物品通关监管信息化等改革成果。

(三)开展压力测试,推动高水平开放

郑州片区在金融、航空等领域积极探索开展制度创新和风险压力测试。郑州商品交易所开展期货标准仓单买断式回购交易业务,对棉花、精对苯二甲酸、白糖、尿素、硅铁、锰硅、红枣七个品种,通过综合业务平台引入商业银行、现货交易企业推出买断式回购业务,探索了一条解决期货市场持有仓单客户融资难、融资贵问题的道路,有效地拓展了期货市场服务实体经济的新途径和新方式。通过改革创新和压力测试,助推了开放型经济发展。

(四)开展差别化探索,形成制度创新成果

郑州片区以交通物流领域标准探索和制度创新为主攻方向,着力构建以空陆、铁公和空铁等联合运输为特征的内陆型多式联运系统。围绕"两体系、一枢纽"建设,开展国际陆路多式联运"一单制"创新和提单物权化探索。以国际陆港公司为主体,制定多式联运经营人服务标准、集装箱铁海公联运衔接标准、多式联运信息系统数据交换接口标准、多式联运枢纽场站业务作业标准和综合货运枢纽服务规范、综合货运枢纽运营效果评价指标"四标准两规则"。

(五)推动产业转型升级,促进经济高质量发展

郑州片区着力推动制造业高质量发展,深入贯彻落实习近平总书记调研河南时"推动制造业高质量发展"的指示精神,推进以"机器换人""设备换芯""生产换线"为主要内容的智能化改造,涌现出一大批具有开创性、奠基性和典型示范意义的产品。加快推进现代服务业创新发展,培育经济发展新动能,着力发展以数字经济为引领,金融、高端服务、高端商贸等传统产业协同发展的现代产业体系。推动高水平"引进来、走出去",全面落实自贸试验区外资准入负面清单,特别是针对外资限制缩窄部分的产业领域,编制产业链招商图谱,逐家联

系对接，与新加坡经济发展局、企业发展局、中华总商会及世界自由区组织等建立了常态化沟通联络机制。进一步加强产业政策支持，郑州片区三个区块分别出台《加快推进关于创新创业工作的实施意见》《加快金融业发展扶持办法》和"金典六策"（财政资金奖补、人才培育引进、创新创业、共享经济、产权创意、楼宇经济）等专项支持政策。

（六）深化"放管服"改革，优化营商环境

制定《中国（河南）自由贸易试验区郑州片区营商环境优化提升实施方案》。为进一步加快构建郑州片区市场化、法治化、国际化的营商环境，持续提升企业对政府服务的满意度与获得感，有效激发市场活力，郑州片区针对企业"准入—准建—准营—准退"等环节面临的不同问题，制定郑州片区《营商环境优化提升方案》，明确了78项措施，并推动相关职能部门细化落实，目前相关任务完成率达到80%[①]。

推动商事登记系统集成创新。率先探索"二十二证合一"，推动"三十五证合一"全省铺开。率先实施企业登记实名验证系统，杜绝虚假注册、冒用身份信息登记等不法行为。推进企业登记全程电子化改革，有效促进了现场业务向网上分流，并推动电子营业执照普及应用，实现了企业登记"零跑腿"。在全国自贸试验区中率先实行"政银合作"注册登记直通车，将登记注册服务延伸到银行，方便企业和群众就近办理。推进"住所承诺制""经营范围承诺制"，简化登记手续，营造活力又规范的市场环境，为企业节约大量时间成本。同时，郑州片区开展简易注销改革，建立宽松便捷的市场主体退出机制，切实降低企业退出成本。通过上述创新做法，真正实现商事登记领域系统集成化创新。

（七）健全法治保障，积极防范风险

立法先行。科学立法是健全法治保障的前提，郑州片区全过程参与《中国（河南）自由贸易试验区条例》的论证、起草工作，积极推动制定出台《郑州市电子商务促进与管理办法》，协同相关部门制定《郑州市加快推进社会信用体系建设构建以信用为基础的新型监管机制实施方案》《郑州市国际商事纠纷多元化解决中心诉调对接工作机制》。

司法保障。一是为适应中外市场主体解决商事纠纷的需求，设立郑州仲裁委

---

① 李政葳. "行走自贸区"挂牌三年多，河南自贸区三大开放热土发生了什么［EB/OL］.［2022-01-13］. https：//politics. gmw. cn/2020-09/04/content_34153720. htm.

员会自由贸易试验区仲裁院；二是经郑州片区管委会与郑州市中级人民法院、郑州市人民检察院积极筹备争取，最高人民法院和最高人民检察院分别批复同意设立河南自由贸易试验区郑州片区人民法院和河南自由贸易试验区郑州片区人民检察院，郑州片区成为全国自贸试验区中为数不多的拥有专门法检机构的片区。

执法创新。一是探索建立以综合监管为基础、以专业监管为支撑的监管体系。在借鉴上海自贸试验区先进经验的基础上，上报郑州市政府，并印发了《中国（河南）自由贸易试验区郑州片区事中事后监管体系建设总体方案（试行）》《郑州市全面推行"双随机、一公开"监管工作实施方案》，形成以市政府各职能部门为主导，以各区块联合审查、联合监督检查为基础，以郑州片区管理委员会为统筹的联动监管执法机制，提高事中事后监管的针对性、有效性。二是建立国际化的知识产权运营和保护体系，制定《知识产权协同保护机制方案》，积极申建中部知识产权运营中心，形成了司法审判、快速维权、纠纷调解等知识产权纠纷多元化解决机制。

二、洛阳片区

洛阳片区挂牌以来践行习近平总书记"大胆试、大胆闯、自主改"的重要指示，持续深化"放管服"改革，不断优化营商环境，努力扩大双向开放。截至2021年9月，入驻市场主体2.84万余家，注册资本超过1147亿元，累计新入驻企业1.06万家，是挂牌前存量企业的2.4倍；注册资本亿元以上企业147家，10亿元以上企业11家；进驻世界500强企业25家、国内500强企业19家、行业10强企业26家。2020年前9个月新设立企业2069家，新增注册资本128.96亿元；实际利用外资2.82亿美元，同比增长16.81%，全市占比92%。总体方案160项试点任务落实率、完成率双双达到"100%"，除涉及海关特殊监管区域、航线资质的15项不具备实施条件外，其余145项已基本完成①。

（一）立足战略定位，服务国家战略

自贸试验区和自主创新示范区分别是我国在改革开放、自主创新两个维度上最高层级的国家战略。洛阳是河南省唯一的自贸试验区、自主创新示范区在国家高新区叠加实施的城市，洛阳片区秉持着"大胆试、大胆闯、自主改"的理念，

---

① 侯琳琳，徐驰. 高新区"三大目标"+"三力联动"打造改革开放新高地［EB/OL］.［2022-01-12］. http://henan.people.com.cn/n2/2021/0629/c378397-34799492.html.

大胆实践，努力探索，持续深化体制机制改革，积极融入"一带一路"，推动实现"1+1+1>3"的聚合裂变。

一是强化顶层设计，推动"三区"融合机制。洛阳市出台了《关于积极推进"三区"融合实现高新区高质量发展的意见》（洛办〔2019〕24号）、《关于调整高新区和自贸试验区洛阳片区管理机构设置的通知》（洛编〔2020〕2号），明确了以大部制改革为统领，坚持创新发展导向，着眼未来发展需要，聚焦"双自联动"、投资促进、企业服务、行政管理、民生保障五大职能，优化重组机构。二是实施体制改革，夯实"三区"融合基础。高新区管委会加挂自贸试验区管委会牌子，把高新区原有的33个机构、洛阳片区原有的5个机构整合为高新区（河南自贸试验区洛阳片区）管委会的18个工作机构，真正实现了"两块牌子、一套人马"一体化管理[①]。三是发挥政策优势，深化"三区"融合发展。坚持以自贸试验区促进自主创新示范区、高新区发展，以自主创新示范区联动自贸试验区、高新区建设，把自贸试验区的制度创新成果复制到自主创新示范区、高新区，把自主创新示范区的科研成果在自贸试验区、高新区内投资创业、投入市场，形成聚合裂变倍增效应，不断为高质量发展注入新动能。四是融入"一带一路"，强化国际交流与合作。充分发挥"三区"融合发展的优势，全力建好综合保税区，促进智能制造装备与技术贸易便利化，为企业提供保税研发、维修再制造等服务；联动发展跨境电商综试区，探索智能装备及核心零部件的B2B跨境电商模式，完善通关、退税、信保等电商服务。通过综合保税区、跨境电商综试区等平台，加强与"一带一路"沿线国家和地区的交流与合作，推进轨道交通装备、电力装备、工程机械、农业机械等领域开展项目合作、设立境外研发中心和经贸区建设。

（二）积极先行先试，推动全面深化改革

洛阳片区坚持贯彻落实"为国家试制度，为地方谋发展"工作任务，全面推动深化改革，充分发挥自贸试验区示范引领作用。一是建立首家河南省内线下国际贸易"单一窗口"，为企业提供国际贸易相关的政策解读、注册引导、辅助申报、疑难解答等服务；二是深入实施负面清单管理模式，负面清单管理模式确立以来，利用自贸试验区的市场准入制度优势，吸引了以美国传奇影业等为代表

---

① 洛阳市人民政府．高新区：改革谋篇三区融合 悉心优化营商环境［EB/OL］．［2022-01-15］．http：//www.ly.gov.cn/html/1/2/4/8/410/413/10938410.html.

的新业态外资企业入驻；三是全国首创"多证集成、一照通行"商事登记改革，实行"一套材料、一表登记、一窗受理、一次审批、核发一照、加载一码"的工作模式，真正实现了"最多跑一次"、一小时内办结；四是实行企业投资项目承诺制，洛阳片区出台了《洛阳自贸片区企业投资项目承诺制实施方案（试行）》，格力中央空调智能制造基地、银隆新能源产业园、中电光谷·军民融合产业园等一批大项目享受到了改革红利。

（三）开展压力测试，推动高水平开放

洛阳片区坚持以高水平开放推动高质量发展，不断扩大国内国外双向开放，采取"建平台、引进来、走出去"三项措施，引领开放型经济发展。第一，全力"建平台"。2020年5月，国务院批准设立洛阳综合保税区，目前一期工程已全面竣工，正在同步推进入区项目招引和二期口岸作业区建设，将为洛阳高水平开放、高质量发展、加快建设副中心城市增添新动力。同时，引进众创集团外贸综合服务平台，挂牌启动洛阳片区国际贸易示范基地，完善国际贸易服务支撑体系，有效降低了中小企业外贸运营成本，形成了集约化的"互联网+外贸"模式，助力本土企业国际化步伐。第二，大胆"引进来"。河南自贸试验区突破负面清单限制，大胆引进美国传奇影业，成为亚太地区唯一通过好莱坞标准认证的中国文创企业；引进珠海银隆、格力电器、万邦集团重大产业项目，一批特色产业集群正加快形成，为高水平双向开放提供了产业支撑。第三，鼓励"走出去"。河南自贸试验区助力本土企业国际化步伐，支持华瀚（洛阳）国际贸易有限公司与蒙古铁路国有股份有限公司合作筹建中蒙产业园，已确认蒙古国414千米铁路建设的采购方案。洛阳—布哈拉农业综合示范区项目被列入"2018上海合作组织领导人峰会"两国元首共同关注的经贸活动（第25项），2019年获评"首批省级境外农业合作示范区"①。

（四）推动产业转型升级，促进经济高质量发展

洛阳举全市之力推动洛阳片区建设，智能制造产业蓬勃发展。一是坚持"双自联动"，强化创新驱动发展。加强自贸试验区与自主创新示范区政策联动支持。在政策支持下，普莱柯公司获批建设河南省国际联合实验室，成功举办全国创新创业大赛先进制造行业总决赛、"洛阳创业之星"大赛等赛事。二是努力打造国

① 中国国际贸易促进会自贸试验区服务中心. 双向开放新高地建设加快！河南自贸区洛阳片区交出2020年"成绩单"［EB/OL］.［2022-01-18］. https://scftz.ccpit.org/articles/665.

际智能制造合作示范区。打通"政产学研深度融合、军民企地对接转化、市场化运作、人才成长"四条通道，举全市之力推动洛阳片区的平台建设、招商引资及制造业发展。前瞻布局人工智能、智能制造等新兴产业，培育战略性新兴产业集群，探索形成具有洛阳特色的"链式整合、园区支撑、集群带动、协同发展"集群发展新路径。三是持续推进华夏文明传承创新。围绕推进华夏历史文明传承创新区建设的目标要求，利用自贸试验区制度创新优势，扩大文化产业对外开放，搭建国际文化交流和贸易平台、传统文化传承创新平台，加快推进重大项目建设、重点论坛活动举办和精品文艺作品创作。筹划实施大运河文化带、隋唐洛阳城国家历史文化公园、二里头夏都遗址博物馆、"博物馆之都"建设项目、丝绸之路文化交流中心和洛阳国际会展中心等重点项目建设，举办世界古都论坛、举办"一带一路"沿线旅游城市文创旅游商品高峰论坛和中原旅游文创商品博览会等展会论坛活动，编辑出版大运河文化带洛阳部分历史文化系列丛书、隋唐洛阳城历史文化研究丛书等精品地方文化书籍。

（五）深化"放管服"改革，优化营商环境

洛阳片区围绕企业开办设立、注销退出、投资建设、政务服务、事中事后监管五个关键环节，制定出台了优化营商环境70条（第一批），聚焦企业设立经营及投资建设中的堵点、痛点问题，为企业营造稳定、公平、透明、可预期的市场环境，持续助推经济高质量发展。邀请普华永道开展第三方评估，2019年河南自贸试验区洛阳片区企业政务服务整体满意度达到93%，营商环境综合实力得分为78.51分，在世界190个经济体中模拟世行排名第26位，高于中国平均水平5个名次，标志着近几年洛阳片区营商环境改革取得阶段性成果①。洛阳片区优化营商环境的措施：一是持续深化"放管服"改革。实现"双随机、一公开"监管全覆盖。运用物联网、信息技术手段，创新"互联网+全景综合执法"模式，全程电子化办件率已达85%以上。强化信息综合服务，以"数据共享交换平台"为基础，以"大数据技术"为依托，成功上线运行企业专属综合服务平台。整合优化现有的门户网站和政务服务平台，定制专门页面，为自贸试验区内企业提供一站式公共服务、专属定制服务、VIP服务和精准服务，平台访问量超过10

①　河南自贸试验区洛阳片区管委会.洛阳片区"三力"联动引领全市高质量发展［EB/OL］.［2022-01-17］. http：//www.comnews.cn/article/local/201912/20191200029458.shtml.

万次①。二是推动服务型政府职能转变。搭建"互联网+政务"服务平台。重点推进"一次办妥"政务服务体系、自贸大厦信息网络体系建设。创建洛阳片区"互联网+政务服务"新模式，实现与河南政务服务网、洛阳市政务服务中心有效对接。优化政务服务方式方法。实行"网上办理、邮寄送达"，企业在网上办理的营业执照、发票等，可通过EMS实现"同城快递"。实行自助办理，引入河南首台自助打照机，实现工商营业执照自助打印；安置自助办税机，实现涉税事项自助办理。三是"升级版"综合服务大厅正式启用，为企业提供360度全方位的服务。按照"开放、创新、智能"的理念，在信息互通、数据互联的基础上，实现"办公自动化、业务流程化、服务智能化、管理可视化"，建立"中心服务于总台、总台服务于窗口、窗口服务于群众"的三级服务体系，开设企业简易注销窗口、综合审批窗口，促进各业务窗口间联审联批，实现全流程精准服务、各窗口联动顺畅、企业办事便捷的360度服务新模式。

三、开封片区

立足河南自贸试验区战略定位和发展目标，开封片区在探索地方制度改革、服务"一带一路"建设、全面深化改革、推动高水平开放、深挖制度创新、产业转型升级、深化"放管服"改革、优化营商环境和健全法制保障等方面都率先推出"开封模式"，持续输出"开封经验"，取得累累硕果。

（一）立足战略定位，服务国家战略

开封作为"一带一路"重要节点城市，同时也是河南自贸试验区三个片区之一，"一带一路"建设和河南自贸试验区具有有机、联动的关系。实现河南自贸试验区战略与"一带一路"倡议对接，"一带一路"倡议和河南自贸试验区战略互相支撑、共同促进对外开放。

挂牌以来，开封片区在服务"一带一路"倡议方面，一是成立涉税咨询中心，向企业提供专业性、普适性、精准性税务服务。提供税收法律法规、政策方面的咨询解读，尤其是服务"一带一路"倡议，探索向"引进来"与"走出去"企业提供我国和目的国不同税收规则解读等相关服务。二是积极对接四条丝绸之路，构建开放通道。开封国际陆港铁路专用线接轨申请成功获批，与综合保税区

---

① 洛阳市人民政府.洛阳高新区2019年国民经济和社会发展情况与2020年国民经济和社会发展计划［EB/OL］.［2022-01-21］. http://www.lhdz.gov.cn/html/1/2/1042/10120/50099.html.

功能互补、无缝衔接，打造陆上丝绸之路。与沿海港口合作，利用"线上平台+线下实体"模式，接引沿海港口服务功能，通过"公铁海"联运、"海铁"联运等多式联运方式连接世界各地，打造海上丝绸之路。区内企业成功开行河南省首趟"海铁"联运整车进口专列。以国家电子商务示范基地和河南跨境电子商务示范园区为依托，在自贸大厦 B 座（开封电子商务产业园）成立跨境电子商务发展中心，打造国际物流新通道。

（二）积极先行先试，全面推动改革创新

开封片区在"放管服"改革、投资便利化等领域系统推进改革创新，多项制度创新案例向全国推广，改革"苗圃"效应得到进一步释放。"一码集成服务"，即每个在开封片区政务服务中心办理业务的企业主体都会有一个专属二维码，申办人员通过二维码可以实现办事材料"码"上传、信息进度"码"上查，省时省事，真正实现企业服务"一码通"。开封片区与各相关职能部门进行梳理和论证分析，将工程项目建设全过程分为 76 个风险防控点，组织发改、住建、国土、规划、环保、消防、人防、气象等职能部门，分别在项目建设的"开工准备阶段""基础建设阶段""主体施工阶段"和"项目完工阶段"对项目单位进行精准监管，解决了多头监管、重复监管等问题，减轻企业负担。

（三）推动产业转型升级，促进经济高质量发展

开封片区立足九大产业定位，围绕产业发展延链强链，开展精准招商，狠抓项目建设。截至 2020 年 9 月底，开封片区入驻企业 5817 家，是河南自贸试验区挂牌前的 32 倍多；累计注册资本 972.58 亿元，是挂牌前的 20 倍；实际利用外资、税收等均实现了较大幅度的增长，对外贸易逆势飘红，带动开封市进出口增幅连年位居河南省前列。金融高地初具规模。挂牌以来，开封片区新引入包括河南自贸试验区首家内资融资租赁试点企业、注册资本 15 亿元的豫资芯鑫，河南省规模最大、注册资本 10 亿元的中原小贷、河南自贸试验区首家商业保理公司、中原金象科创成长股权投资基金、鸿博股权投资、全银投资管理等数十家金融类金融企业①。

（四）深化"放管服"改革，持续优化营商环境

开封片区纵深推进"放管服"改革，在政府职能转变和投资便利化等领域

---

① 范澍，任一笑. 自贸区建设：开放激活一池春水［EB/OL］.［2022 - 01 - 21］. https：// www.sohu.com/a/434324772_100230048.

准确切入，大胆探索、深入实践，以"22证合一"、企业投资项目承诺制、"六个一"政务服务新模式、营商环境指标体系建设等为代表的系列改革创新走在了全国及河南省前列。在"放"的方面，坚持"能放则放、应放尽放"，持续激发市场活力。一是根据全国"放管服"改革最新要求，参考先行地区先进经验，对《中国（河南）自由贸易试验区开封片区开展相对集中行政许可权改革工作实施方案（征求意见稿）》不断调整，进一步促进专项推进和具体落实，持续推进证照分离改革全覆盖试点稳步实施。在"管"的方面，坚持"放管结合"，积极创新综合监管新模式：一是探索实施信用监管，深入推进实施信用监管，促进市场主体诚信自律，强化信用约束，提高事中事后监管效能。二是对承诺制监管流程进行了梳理，结合开封市机构改革后的部门职能定位和项目建设过程，重新细化建设项目四个阶段的风险防控点，制定完善抽查检查清单，厘清部门职能，更新执法检查人员信息，明确监管责任，提高监管效率。在"服"的方面，坚持"规范化、标准化、智能化"，不断创新服务载体、提升服务水平。以标准化体系建设为抓手，持续优化政务服务，不断提高服务质效。

（五）加强法制保障，把好防范风险关口

在开展风险防控、加强法治保障等方面，一是统筹多元化行政执法力量，解决长期存在的"重审批、轻监管、弱服务"问题；二是对片区企业进行整体摸排，全面推行"双随机、一公开"检查方式，完善市场信用体系建设，有效减轻企业负担；三是对类金融企业开展分类监管，突出不同类型企业监管的针对性，把握测算规律，设计"类金融企业经营状况调查问卷"，开展实地走访调研，详细了解企业基本信息和行业风险状况；四是强化社会法律服务体系建设。着力集聚国内外知名律师事务所，加快发展高端法律服务业。与多家律师事务所开展战略合作，结合区内企业法律服务需求和综合监管需要，举办多期法律大讲堂活动，增强企业从业人员的法律意识，提高自贸试验区工作人员的执法素质、执法水平，多方面营造良好的法治环境。

第五章　自贸试验区建设的河南实践：加快政府职能转变

第一节　河南自贸试验区政府职能转变效能评估

本章构建了包括实施状态、创新度、实施成效三个维度、十个层级类型的河南自贸试验区政务服务体系建设评估指标体系（见表5-1）。通过部门自评、网络搜集、实地调研和调查问卷等方式收集相关资料数据，进行深入分析和论证，形成了最终评价。

表 5-1　河南自贸试验区政务服务体系建设评估指标体系

评估维度	层级类型	指标说明
一、实施状态	（一）已完成	根据总体方案出台相关政策，政策已落地或有配套实施细则
	（二）正在推进	政策正在制定；或者已出台（部分）政策，但尚未落地或未出台配套实施细则
	（三）可实施未落实	已具备实施条件，但未出台相关政策
	（四）暂不实施	中央未授权，或缺乏实施条件
二、创新度	（五）首创	国内其他自贸试验区没有相关政策或经验
	（六）借鉴扩展	借鉴国内其他自贸试验区政策或经验，并有所扩展
	（七）复制	完全复制国内其他自贸试验区或国家现有政策措施

评估维度	层级类型	指标说明
三、 实施成效	（八）显著	市场主体对相关政策的知晓率高、好评率高；或者政策实施的效果好
	（九）一般	市场主体对相关政策的知晓率、好评率一般；或者政策实施的效果一般
	（十）不确定	配套政策尚未全面完成，或企业实际业务尚未发生，导致改革效果无法判断

专项方案共包括四个方面共 24 项主要任务，其中提升政府服务效能七项、行政审批制度改革六项、商事制度改革五项、创新市场监管机制六项。根据具体内容，将 24 项主要任务进一步细化为 50 项主要措施。

河南自贸试验区有序推进政务服务体系建设，总体上达到了预期目标（见表5-2），成效较为显著。

表 5-2　50 项专项改革任务实施情况统计

指标	评估	条数
实施状态	已完成	45
	正在推进	5
	可实施未落实	0
	暂不实施	0
创新度	首创	4
	借鉴扩展	38
	复制	8
实施成效	显著	43
	一般	4
	不确定	3

一、提升政府服务效能

1. 具体措施

17 项试点任务中，13 项已完成，4 项正在推进。创新度方面，1 项首创，4

项为复制其他自贸试验区经验，其余 12 项是在借鉴其他自贸试验区经验的基础上，结合河南省实际情况进行了扩展优化。实施成效方面，13 项显著，2 项一般，2 项因缺乏依据，评估为不确定（见表 5-3、表 5-4）。

表 5-3　提升政府服务效能专项改革任务评估

类别	重点试验任务	实施状态	创新度	实施成效
大力推行"一次办妥"政务服务	以满足企业、群众便利化需求为导向，从企业和群众生产生活关系最紧密的领域和事项做起，充分运用"互联网+政务服务"，通过优化流程、简化环节、部门联办、整合政务资源、网上运行，融合线上线下，编制公布"一次办妥"政务服务事项清单，大力推行"一次办妥"政务服务，逐步实现企业和群众到政府办事"线上线下、自主选择、来回一趟、一次办妥"的目标要求	已完成	借鉴扩展	显著
推进"互联网+政务服务"	按照国家要求，高标准建设自贸试验区网上办事系统，与省网上政务服务平台、政务数据共享交换平台对接，打破各地、各部门服务资源和信息系统的条块分割，实现政务服务数据的汇聚和共享，打造政务服务"一张网"，推动政务信息跨区域、跨层级、跨部门的互联互通互认，实现自贸试验区相关行政审批和便民服务事项"一窗受理、一表申请、一网通办、一次办妥"以及全流程在线监测	已完成	借鉴扩展	显著
	2017 年底前实现包括企业设立、变更、注销登记在内的工商登记全程电子化；2018 年底前逐步推行项目投资、生产经营、商标专利、资质认定、税费办理、安全生产等服务事项和居民教育医疗、户籍户政、社会保障、劳动就业等服务事项网上受理、网上办理、网上反馈；2020 年底前，除法律、法规明确必须进行现场勘验、监督、检查的环节外，逐步实现行政权力事项全流程网上运行	已完成	借鉴扩展	显著
	探索自贸试验区移动网上办事	正在推进	借鉴扩展	一般
加快电子证照应用	加快电子证照系统建设，编制电子证照通用目录，完善电子证照管理规定，推动政府存量纸质证照及相关证明、批文、鉴定报告、办事结果等材料向电子证照转换，争取 2017 年底前在民生服务、投资审批、工商登记、完税服务等领域率先应用电子证照、电子公文、电子签章，开展网上验证核对	已完成	借鉴扩展	显著

续表

类别	重点试验任务	实施状态	创新度	实施成效
推动公共 服务社会化	推广政府和社会资本合作模式,完善基本公共服务体系,提高公共服务供给效能	已完成	借鉴扩展	显著
	健全社会服务体系,将原由政府部门承担的资产评估、鉴定、咨询、认证等职能逐步交由法律、会计、信用、检验检测等专业服务机构承担	已完成	复制	显著
	创新税收服务方式,实现"一窗国地办税、一厅自助受理、缴纳方式多元、业务自主预约",扩大"一次办妥"政务服务覆盖范围	已完成	借鉴扩展	显著
推动涉企 服务零收费	审批部门在审批过程中委托开展的技术性服务活动,必须通过竞争方式选择服务机构,服务费用一律由审批部门支付并纳入部门预算,逐步实现企业投资项目审批中介零收费	已完成	借鉴扩展	显著
	清理取消无法律、法规依据的各类准入证、上岗证、资质证,规范涉企资质、资格、上岗类培训考试项目	已完成	复制	显著
	进一步清理规范工程建设项目各类保证金,减少直接面向企业的行政事业性收费	已完成	复制	显著
推进政务 服务精准化	充分利用银行、电信、邮政、上网服务营业场所等企业的网点优势,在网点开通政务服务业务代办受理窗口,作为行政服务窗口的延伸,方便企业和群众"就近办"	已完成	借鉴扩展	显著
	推行"政银合作"代办工商登记"直通车",将工商登记注册服务窗口延伸到银行,通过全省工商网上登记系统"政银合作直通车",一次办妥企业登记注册的全部手续	已完成	首创	显著
	组建专业化代办队伍,对入驻投资建设项目实行提前介入、超前辅导、预审预核发,为企业提供接洽、联系、申请、办结等全流程、精准化的"专家+管家"服务	已完成	借鉴扩展	显著
强化大数据 分析应用	依托国家企业信用信息公示系统(河南),建设河南省工商大数据分析应用服务系统	正在推进	复制	不确定
	通过建立自贸试验区系列主题数据库、"一次办妥"事项清单库,与国家经济户籍数据库进行交换	正在推进	借鉴扩展	不确定
	加强市场主体大数据分析,适时动态感知市场主体发展态势、风险预警等,实现数据可视化,为政府决策和百姓创业提供参考	正在推进	借鉴扩展	一般

资料来源:《中国(河南)自由贸易试验区总体方案》。

表5-4　提升政府服务效能专项改革任务实施状态、创新度、实施成效统计

指标	评估	条数
实施状态	已完成	13
	正在推进	4
	可落实，未实施	0
	暂不实施	0
创新度	首创	1
	借鉴扩展	12
	复制	4
实施成效	显著	13
	一般	2
	不确定	2
合计		17

2. 实施成效

（1）打造以"一次办妥"为核心的政务服务体系。洛阳片区梳理"一次办妥"事项清单，实现58项行政审批事项"一次办妥"。开封片区以让数据多跑路、让群众少跑腿为出发点，形成了"一门集中、一口受理、一网通办、一窗发证、一链监管、最多跑一次"的"六个一"政务服务新模式。郑州片区出台"一次办妥"改革实施方案，集合优化跨部门办事流程、数据和系统，推行"一帮到底"服务帮办机制，全力推进单个事项"一次办妥"。调查问卷显示，89%的企业认为在自贸区享受到了"一窗受理、一次办妥"服务。

（2）政务服务效率明显提高。第一，企业开办时间大幅压缩。开封片区推出企业开办"照章税保"联办套餐，将企业开办时间压缩至三个工作日以内；洛阳片区设立企业登记"单一窗口"，实现企业注册"四个一"，企业开办最快60分钟即可完成；郑州片区2019年进一步建立绿色通道服务机制，主动服务重大项目引进落户，实现企业开办即来即办，相关手续"立等可取"。第二，推进政务服务精准化。郑州片区率先推出"政银合作"代办工商登记"直通车"服务模式，将工商登记注册服务窗口延伸到银行网点；建立警邮合作网点办理交管

业务,方便企业和群众实现"就近办""快速办"。开封片区设立自贸通服务平台,通过"e事通""e线通"服务模块,聚焦企业办事的个性化疑难问题,提供"专家+管家"式全程帮办服务。

（3）大力推进"互联网+政务服务"。第一,打造政务服务"一张网"。河南自贸试验区各片区全力推进"互联网+政务服务"平台建设,均已建立自贸试验区政务服务网上办事大厅并完成与河南政务服务网的数据对接。其中,郑州片区612个行政审批服务事项实现"一网通办";洛阳片区"网上可办""一网通办"实现率达到100%。91%的企业表示在河南政务服务网或自贸试验区网上办事大厅办理过业务。第二,实现企业登记全程电子化。借助全程电子化服务平台,打破了以往企业登记的时间、空间限制,实现从线下办理到线上办理模式的转变。2019年率先上线企业登记身份管理实名验证系统和新版营业执照,并在全国率先采用短信验证方式同步生成新版电子营业执照,实现"零见面、无介质、无纸化"办理。郑州片区企业注册登记全程电子化率达到95%。第三,加快电子证照应用。2018年8月河南省人民政府印发《河南省电子证照管理暂行办法》,建立省、市两级综合电子证照库,并对电子证照的颁发、管理、应用及安全进行规范,全面推动电子证照数据的共享应用。河南省住房和城乡建设厅、河南省交通运输厅、河南省自然资源厅等部门相继出台了本部门资质证书使用电子证照的公告,并完成了与河南省平台电子印章系统对接和电子签章制章工作。91%的企业表示已经办理了电子营业执照①。

（4）推动涉企事项"零收费"。河南省发展和改革委员会于2017年底在对全省范围内涉企服务性收费开展自查自纠,规范中介服务和社会团体的收费行为,并推动落实涉企收费目录清单制度和收费公示制度。2018年出台58项支持降低企业经营成本的措施,推动省级涉企行政事项"零收费"。

二、行政审批制度改革

1. 具体措施

11项试点任务均已完成。创新度方面,1项首创,1项为复制其他自贸试验区经验,其余9项在借鉴其他自贸试验区经验的基础上,结合河南省实际情况进行了扩展优化。实施成效方面,10项显著,1项一般（见表5-5、表5-6）。

---

① 以上数据根据调查问卷整理得出。

表5-5　行政审批制度专项改革任务评估

类别	重点试验任务	实施状态	创新度	实施成效
加大简政放权力度	按照"依法依规、应放尽放、权责一致、管好用好"的原则，加大向自贸试验区下放省级经济社会管理权限的力度	已完成	借鉴扩展	显著
	进一步精简行政审批事项，对没有法律法规依据、非按法定程序设定的，一律取消；对省级设立的涉企行政审批事项，全部予以取消；对除关系公共安全、经济安全、生态安全、生产安全、意识形态安全外的行政审批事项，进一步取消或改为备案管理。对实体经济企业生产领域实行协调联动放权，最大限度减少涉企行政审批项目	已完成	借鉴扩展	显著
	建立企业投资负面清单制度，对除关系国家安全、涉及全国重大生产力布局、战略性资源开发和重大公共利益外的企业投资项目，实行备案管理；试行投资项目承诺制，探索创新以政策性条件引导、企业信用承诺、监管有效约束为核心的管理模式，对已取得用地的市政基础设施、社会事业、工业和现代物流业等备案类企业投资项目试行不再审批	已完成	借鉴扩展	显著
	推进企业投资建设项目联合评估、联合勘验、联合测绘、联合验收，建立"多规合一、多评合一、多图联审、统一验收"的新机制，推进各部门在全省深入开展"一次办妥"政务服务	已完成	首创	显著
深化"先照后证"改革	积极向国务院申请，在自贸试验区内进一步削减工商登记前置审批事项，合并、取消限制企业生产经营活动的后置审批事项，进一步降低市场准入门槛，解决企业"准入不准营"问题	已完成	借鉴扩展	显著
	及时更新后置审批事项目录，确保"先照后证"改革范围清晰、依据明确。严格规范登记行为，在办理企业登记时，对后置目录中明确的后置审批事项，一律不得作为登记前置条件，不得要求申请人提交相关许可审批文件、证件	已完成	复制	显著
	认真做好"双告知"工作，相关审批部门、行业主管部门主动查询认领企业信息，根据职责进行后续监管。加强部门间协作配合，建立健全工商登记、行政审批、后续监管责任明确、衔接顺畅的工作机制，促进企业信息在工商部门和审批主管部门之间互联互通	已完成	借鉴扩展	显著

续表

类别	重点试验任务	实施状态	创新度	实施成效
实施"证照分离"改革	按照国务院要求,在自贸试验区开展"证照分离"改革试点。对市场竞争机制能够有效调节、行业组织或中介机构能够有效实现行业自律管理的事项,取消行政审批,实行行业自律管理,允许企业直接开展相关经营活动;对企业能够自主决策的经营活动事项,由审批制改为备案制,政府部门及时主动掌握相关企业信息,做好行业引导工作,加强事中事后监管;对暂时不能取消审批,但通过事中事后监管能够纠正不符合审批条件的行为且不会产生严重后果的行政许可事项,实行告知承诺制;对暂时不能取消审批或改为备案,也不适合采取告知承诺制的行政许可事项,公开办事程序,明晰具体受理条件和办理标准,列明审查要求和时限,实现服务事项标准化,提高审批的透明度和可预期性;对直接涉及国家安全、公共安全、生态安全和公众健康等重大公共利益的行政许可事项,按照国际通行规则,加强风险控制,强化市场准入管理	已完成	借鉴扩展	显著
开展相对集中行政许可权改革	在自贸试验区探索推进相对集中行政许可权改革,将需要集中的行政许可权相对集中到行政审批部门或其他集中行使行政许可权的行政机关,实行集中审批。建立健全审批部门与同级部门和上下级部门间的工作衔接、协调配合机制	已完成	借鉴扩展	显著
实行政务服务事项目录管理	自贸试验区依据法定职责和各部门授权,结合开展实施权力清单、责任清单、负面清单等工作,全面梳理面向社会公众提供的具体政务服务事项,编制行政权力事项目录和公共服务事项目录,通过自贸试验区三片区门户网站集中公开发布,实时更新、动态管理。实行政务服务事务事项编码管理,规范事项名称、条件、材料、流程、时限等	已完成	借鉴扩展	一般
实施外商投资负面清单管理	进一步减少或取消外商投资准入限制,外商在自贸试验区内投资适用自贸试验区外商投资准入特别管理措施(负面清单),实行准入前国民待遇加负面清单管理模式,对负面清单之外领域的外商投资项目(国务院规定对国内投资项目保留核准的除外)和外商投资企业设立及变更实行备案制,全面落实备案文件"一次办妥"自动获准机制	已完成	借鉴扩展	显著

资料来源:《中国(河南)自由贸易试验区总体方案》。

表5-6 行政审批制度专项改革任务实施状态、创新度、实施成效统计

指标	评估	条数
实施状态	已完成	11
	正在推进	0
	可实施未落实	0
	暂不实施	0
创新度	首创	1
	借鉴扩展	9
	复制	1
实施成效	显著	10
	一般	1
	不确定	0
合计		11

2. 实施成效

（1）深入推进简政放权。大幅下放省级、市级经济社会管理权限。《河南省人民政府关于中国（河南）自由贸易试验区实施第一批省级经济社会管理权限的决定》共下放455项省级经济社会管理权限。片区主动承接下放权限，完善权责清单，从流程、标准上下功夫，实现申请材料、审批环节、承诺期限、排队次数、盖章数量"五减少"。洛阳片区第一个行使省级审批权限，为普莱柯生物工程股份有限公司首发"兽药生产许可证"，审批效率大幅提高。调查问卷结果显示，89%的企业认为审批事项大幅减少，评审时间大幅缩短。

（2）推进"证照分离"改革全覆盖。2018年1月，河南省人民政府下发"证照分离"改革试点方案，"证照分离"改革在河南自贸试验区正式启动。2019年11月，河南省人民政府印发"证照分离"改革全覆盖试点实施方案，对河南自贸试验区内涉企经营的526个事项试点开展"证照分离"改革全覆盖。在526个事项中，有13个事项直接取消审批，有8个事项由审批改为备案，有60个审批事项实行告知承诺制，其余445个审批事项则通过权限下放、精简材料、压缩办事时限等方式优化审批服务，提高审批效率。2020年3月，郑州片区印发《中国（河南）自由贸易试验区郑州片区"证照分离"改革全覆盖试点实

施方案》，将市、县（区）两级 100 项涉企经营许可事项全部纳入改革试点范围①。

（3）探索相对集中的行政许可权模式。三个片区均已设立行政审批局，实现审批权限的相对集中。洛阳片区实现了"一枚印章管审批"，可办理 377 项省、市级行政审批事项，实现申请要件数量和办结时限双压缩，大幅提升了行政审批效能。

（4）精简优化投资项目准入审批手续和流程。开封片区简化整合投资项目报建手续，清理、压减部分行政审批事项，实行区域整体评勘，形成了以"六规五勘评"为主要内容的"多规合一"新模式。打造土地登记"零等待"和规划方案"极速审查"。实行企业投资项目承诺制，出台企业投资项目承诺制试点实施方案，重点破解"项目签约容易落地难"问题。采用承诺制模式的投资项目，审批事项缩减至两项，申请材料精简幅度超过 80%，承诺时限最低缩减到 13 个工作日，压缩幅度超过 90%②。洛阳片区积极探索"先建后验，边建边审"管理模式，极大地减轻了企业的负担，提高了审批效率，企业申请资料由 153 项减少到 15 项，精简幅度超过 90%；审批服务事项从 17 项精简为 2 项，精简幅度在 88% 以上③。郑州片区探索"服务八同步"机制，推动项目"拿地即开工"，以土地成交为节点，通过事前综合辅导和事后联合会审，大幅节约重点项目落地的时间和成本。

（5）投资开放领域进一步扩大。全面贯彻执行最新版自贸试验区外商投资准入负面清单，在采矿业、制造业、服务业等领域，进一步减少或取消外商投资限制，大力促进投资开放。调查问卷显示，认为"准入前国民待遇加负面清单"模式落实情况"很好"（81.67%）及"较好"（16.08%）的企业合计达 97.75%，反映出该试点任务已取得实效并获得普遍认可。服务业、现代农业、健康养老等行业吸收外资比重稳步提高。2020 年，河南自贸试验区开启线上招商推介，郑州片区共签约 14 个重点项目，涉及世界 500 强企业、区域总部、科技、金融和

---

① 李文哲. 河南自贸区试点开展"证照分离"改革全覆盖［EB/OL］.［2022-02-14］. http：// www. xinhuanet. com/politics/2019-12/01/c_ 1125294798. htm.

② 河南自贸试验区开封片区管理委员会. 河南自贸区试行企业投资项目承诺制［EB/OL］.［2017-10-26］. https：//baijiahao. baidu. com/s? id=1582282117758618125&wfr=spider&for=pc.

③ 孙小蕊，汪冰冰. 洛阳片区：风生水起开局年［EB/OL］.［2022-02-19］. http：//lyrb. lyd. com. cn/html2/2018-04/03/content_156184. htm.

人才引进多个领域，总投资额超过 10 亿元①。

三、商事制度改革

1. 具体措施

11 项试点任务均已完成。创新度方面，1 项为首创，2 项为复制其他自贸试验区经验，其余 8 项是在借鉴其他自贸试验区经验的基础上，结合河南实际情况进行了扩展优化。实施成效方面，11 项均较为显著（见表 5-7、表 5-8）。

表 5-7　商事制度专项改革任务评估

类别	重点试验任务	实施状态	创新度	实施成效
深化"多证合一"改革	在河南省"三十五证合一"基础上，依据省直部门的权责清单，在河南自贸试验区进一步梳理整合登记备案类涉企证照事项，将行政审批改备案类涉企证照事项一并纳入整合范围，统一整合到营业执照上，企业在办理营业执照后即能达到预定可生产经营状态	已完成	借鉴扩展	显著
	建立河南自贸试验区"多证合一"信息共享交换机制，通过信息化手段推进部门间信息互联互通和共享应用，实行相关证照与营业执照"一窗受理、一表申请、一网通办、一次办妥"的"四个一"服务模式。工商部门要在企业登记当天将登记、采集信息推送相关证照所属部门，相关证照所属部门要在 1~3 个工作日内完成信息的接收、认领工作，实现让信息多跑路、让企业少跑腿	已完成	借鉴扩展	显著
	坚持"多证合一"与推进"一照一码"营业执照相结合，推动改革成果应用，实现企业"一照一码"走天下	已完成	首创	显著
推进企业名称登记管理改革	企业名称登记推行"一次办妥"服务模式，在自贸试验区范围内全面开放企业名称库，为企业提供名称筛查提示服务，让企业线上就可以自主选择拟申报名称。在自贸试验区推行企业名称自主申报，实现企业名称核准与设立登记"一网办理、同步审核、一次办妥"	已完成	复制	显著
	建立健全与自主申报相配套的申请人事先承诺、企业名称纠纷事后快速处理、不适宜企业名称强制纠正等规范制度，强化企业名称争议的调解处理，维护企业名称管理秩序	已完成	复制	显著

---

① 赵振杰.签约十四个重点项目投资超十亿元［EB/OL］.［2022-03-21］.https：//m.gmw.cn/baijia/2020-04/21/1301166025.html.

续表

类别	重点试验任务	实施状态	创新度	实施成效
实行企业集群注册制度	适应新行业、新模式、新业态发展需求，在河南自贸试验区实行企业集群注册模式，进一步释放场地资源。除涉及《工商登记前置审批事项目录》中所列事项的企业、从事生产加工、餐饮服务、旅馆业、娱乐服务、网吧等需要特定经营场所方能开展经营活动的企业、从事基金业、担保业、小额贷款业等暂不适用集群注册制度的企业外，对其他无须特定经营场所从事经营以及创业初期暂不具备经营场所条件的小微企业，允许一个地址作为多个企业的住所登记	已完成	借鉴扩展	显著
	鼓励电子商务、网络交易、科研开发等行业实行集群注册，鼓励各类众创空间等社会化服务企业为集群企业提供地址托管、法律文书签收、代理记账、报税、年报公示等服务	已完成	借鉴扩展	显著
建立便捷的网络创业通道	推进线上线下全流程电子化登记，探索建立适应电子商务秘书公司集群注册模式的G2B全程电子化登记平台，实现电子商务企业认定备案信息、跨境电商信息与网络经营主体"亮照亮标"信息共享。加快形成基于公民网络身份认证、无介质数字证书和电子营业执照等多形式、多场景的全程电子化登记服务体系，引领更多网络主体自愿、主动办理营业执照	已完成	借鉴扩展	显著
深化企业简易注销改革	坚持便捷高效、公开透明、控制风险的原则，通过优化注销流程、减少申请文件，深入推进企业简易注销改革，实现企业简易注销"一次办妥"	已完成	借鉴扩展	显著
	加强对申请简易注销企业的形式审查和检索检查，加强部门之间的沟通协调，确保企业符合简易注销的适用范围，及时妥善解决针对申请简易注销企业的批量异议问题	已完成	借鉴扩展	显著
	制定完善企业简易注销登记工作制度和工作流程，建立健全部门间信息推送和共享协作机制，确保企业简易注销登记改革顺利实施	已完成	借鉴扩展	显著

资料来源：《中国（河南）自由贸易试验区总体方案》。

表5-8　商事制度专项改革任务实施状态、创新度、实施成效统计

指标	评估	条数
实施状态	已完成	11
	正在推进	0
	可落实，未实施	0
	暂不实施	0
创新度	首创	1
	借鉴扩展	8
	复制	2
实施成效	显著	11
	一般	0
	不确定	0
合计		11

2. 实施成效

（1）持续深化多证合一改革。2017年，开封片区在全国率先试点实行"二十二证合一"，在此基础上，河南省人民政府办公厅出台了《关于推进三十五证合一改革的实施意见》，并在郑州片区举行了"三十五证合一"改革启动仪式，向六家自贸试验区企业代表颁发河南省首批"三十五证合一"营业执照。通过"一窗受理、一表申请、一套材料、一网归集、一档管理"的"五个一"办理模式，办事效率大幅提升。开封片区、郑州片区共同推出的"一码集成服务"入选全国自由贸易试验区第三批"最佳实践案例"并向全国推广。通过专属二维码集成企业的注册、许可、备案、信用及监管服务信息，助力企业"一照一码走天下"。

（2）不断推进企业名称自主申报、集群注册等商事便利措施。取消核名审批环节，通过签订"企业名称自主申报承诺书"和在线自主申报系统，企业名称核准可实现"秒通过"。推行企业集群注册模式，降低新业态准入门槛。开封片区出台《住所（经营场所）集中地备案管理办法》。洛阳片区设立了四个集群注册点，全面释放区域住所资源。郑州片区出台了《企业集群注册登记管理办法》，利用"互联网+大数据"方式打造集群注册新模式，上线首个集群注册综合服务平台，通过提供多种基础服务和增值服务，不断降低小微企业的注册门槛。

（3）探索完善企业简易注销登记改革。2019年，河南自贸试验区在全省率先试点完善企业简易注销登记改革，拓展简易注销适用范围，简化申请材料，压缩公告时间并建立容错机制。推进相关部门通过企业登记全程电子化平台进行信息共享、协同办理，实现企业注销"一网通办"。在此基础上，洛阳片区出台《关于推进企业简易注销登记改革试点实施方案》，设立企业简易注销"单一窗口"；开封片区则推出了"54321"便企简易注销新举措，实现企业简易注销"最多跑一趟"。

四、创新市场监管机制

1. 具体措施

11项试点任务完成度较高，其中十项已完成，一项正在推进。创新度方面，一项首创，一项为复制其他自贸试验区经验，其余9项是在借鉴其他自贸试验区经验的基础上，结合河南省实际情况进行了扩展优化。实施成效方面，九项显著，一项一般，一项因缺乏依据，评估为不确定（见表5-9、表5-10）。

表5-9　创新市场监管机制专项改革任务评估

类别	重点试验任务	实施状态	创新度	实施成效
推进综合执法改革	整合河南自贸试验区行政执法职能，组建统一的综合行政执法机构，推行"一支队伍管执法"	已实施	借鉴扩展	显著
	建立行政执法协调指挥机制，统筹市场监管、安全生产、食品安全、环境保护、文化旅游、农林水利、社会事务等领域的行政执法力量，按照属地管理、权责一致的原则，推动执法重心和力量下移，探索实行"综合检查+专业执法"，形成有效监管的合力	已完成	借鉴扩展	显著
完善协同监管机制	厘清政府有关部门市场监管职责，依照"谁审批、谁负责""谁主管、谁监管"的原则，建立登记注册、行政审批、行业主管相互衔接的市场监管机制。利用政务服务"一张网"，建立市场监管信息互联共享机制，推进信息交流和资源共享，实现工商部门、审批部门、行业主管部门以及其他部门之间的信息实时传递和无障碍交换，实现审批、监管、执法、服务全程留痕，可追溯、可评价、可追责	已完成	借鉴扩展	一般

续表

类别	重点试验任务	实施状态	创新度	实施成效
强化信用监管和联合惩戒	建立河南自贸试验区公共信用信息数据库及国家企业信用信息公示系统，以市场监管部门企业数据库和金融信用信息基础数据库为基础，归集整合各市场监管部门信用信息，与河南省公共信用信息平台和"信用河南"网站实现互联共享，通过国家企业信用信息公示系统，实现自贸试验区内企业信用信息公示、协同监管和联合惩戒	已完成	借鉴扩展	显著
	加大对失信市场主体的惩治力度，对具有不良信用记录的失信市场主体，在经营、投融资、取得政府供应土地、进出口、出入境、注册新公司、工程招投标、政府采购、获得荣誉、安全许可、生产许可、从业任职资格、资质审核等方面，依法予以限制或禁止，使失信企业"一处违法、处处受限"	已完成	借鉴扩展	显著
全面推行"双随机、一公开"监管	改革传统的巡查监管方式，除处理投诉举报、大数据监测、转办交办或上级部门有特殊要求以外，所有行政执法事项均采取"双随机、一公开"方式进行监管	已完成	借鉴扩展	显著
	对随机抽查中发现的问题，按照"谁管辖、谁负责"的原则实施后续监管，防止监管脱节	已完成	借鉴扩展	显著
	在一些综合执法领域，建立部门协同、联合监管的工作机制，提高执法效能，为"一次办妥"提供良好的营商环境	已完成	借鉴扩展	显著
加强网络市场监管	推进河南自贸试验区网络市场监管与服务示范区创建工作，加快国家电子商务示范基地建设，引导发展潜力大、经营规范的网络经营主体创新和完善行业自律管理制度，带动网络经营企业整体诚信水平提升	已完成	首创	显著
	鼓励支持第三方信用评价机构开展河南自贸试验区电子商务交易信用评价业务，完善电子商务交易信用社会评价体系，促进电子商务交易可信环境建设	正在推进	复制	不确定
实施公平竞争审查制度	按照尊重市场、竞争优先、立足全局、统筹兼顾、科学谋划、分步实施、依法审查、强化监督的原则，在制定市场准入、产业发展、招商引资、招标投标、政府采购、经营行为规范、资质标准等涉及市场主体经济活动的规章、规范性文件和其他政策措施时，同时进行公平竞争审查，保障资源配置依据市场规则、市场价格、市场竞争实现效益最大化和效率最优化	已实施	借鉴扩展	显著

资料来源：《中国（河南）自由贸易试验区总体方案》。

表 5-10 创新市场监管机制专项任务实施状态、创新度、实施成效统计

指标	评估	条数
实施状态	已完成	10
	正在推进	1
	可落实，未实施	0
	暂不实施	0
创新度	首创	1
	借鉴扩展	9
	复制	1
实施成效	显著	9
	一般	1
	不确定	1
合计		11

2. 实施成效

（1）实现"双随机、一公开"常态化。出台《河南省全面推行"双随机一公开"监管工作实施方案》《中国（河南）自由贸易试验区洛阳片区"双随机、一公开"跨部门联合抽查实施方案》《中国（河南）自由贸易试验区开封片区事中事后综合监管工作暂行办法》《中国（河南）自由贸易试验区郑州片区事中事后监管体系建设总体方案（试行）》等，建成以"双随机"为核心的综合监管平台，建立健全"两库一单"，推出了"三双三联"创新举措。河南成为第一个在国家企业信用信息公示系统公示抽查计划的省份。

（2）推进综合监管执法机制改革。洛阳片区按照"精简、统一、效能"原则整合现有各部门监管执法力量，设立中国（河南）自由贸易试验区洛阳片区综合监管局，执法方式从市场监督管理局、质量技术监督局、食品药品监督管理局三部门联合办公进入"一支队伍管执法"的新阶段。实施"市场综合监管+专业执法"监管体制，开展"1+N"综合执法，形成"横向到边、纵向到底"的全覆盖综合监管网络。充分运用移动办案、电子案卷等物联网和信息技术手段，实现"来源可查、去向可追、责任可究"的全程电子化，促进行政处罚行为公开、公平、公正。

（3）建立健全信用监管体系。67 个省直单位实现涉企信息归集共享和联合运用，参与单位数量和归集信息数量均居全国前列。省公共信用信息平台已归集

各类信用数据 100 多亿条，囊括 7300 个权责清单和公共服务事项清单，信用信息覆盖 42 个部门、6 个公用事业领域①。成立包括 39 家成员单位的省失信联合惩戒机制建设领导小组并建立联席会议制度，出台了《关于加快推进失信被执行人信用监督、警示和惩戒机制建设的实施意见》《河南省社会信用条例》《郑州市守信联合激励清单（2018 版）》《郑州市失信联合惩戒清单（2018 版）》等联合奖惩制度，为实现对市场主体的信用监管提供了法律依据。

（4）不断创新监管模式。河南省在全国首创的"1210"网购保税进口模式，被世界海关组织作为全球推广的示范样板；郑州片区跨境电商零售进口正面监管模式作为自贸试验区第三批制度创新成果向全国推广；开封片区开展企业投资项目"1234"精准监管，分阶段梳理共 67 个风险点，并通过联合协同监管，大幅减少了正常企业每年接受检查的次数（仅为过去的 20%），大大降低了企业负担。投资项目建设协同精准监管已作为住建部第一批工程建设项目审批制度改革经验向全国推广。

（5）逐步健全公平竞争审查制度。省市两级政府分别出台了建立公平竞争审查制度的实施意见，建立了公平竞争审查工作联席会议制度，并制定年度公平竞争审查工作要点。根据工作实际，确定专门机构负责对文件、政策等材料进行公平竞争审查，确保出台文件、政策合法合规并要求相关单位对执行公平竞争审查制度情况进行总结报送，保障市场主体公平参与竞争。

第二节　河南自贸试验区政府职能转变中存在的问题

一、缺乏深层次、集成式、引领性的制度创新成果

目前，河南自贸试验区政务服务改革创新整体呈现出碎片化、同质化的特征，相对缺乏自上而下的系统规划和思考，与各片区发展特色和市场主体需求的契合度不够，且主要以简化环节、材料，整合优化流程，提高便利性为主，缺乏深层次、集成式、引领性的创新成果。

---

① 丁新湉．破 100 亿！河南省信用信息归集共享数据量全国领先［EB/OL］．［2022-01-23］．https://m.thepaper.cn/baijiahao_14286700.

究其原因，第一，创新的目标与理念未被深入贯彻。专项方案中"一次办妥"的建设目标集中体现了"以人民为中心"的价值观，强调通过协同和整合化解企业和群众办事"跑多头""跑多次"的难题。但目前的政务服务改革创新较这一目标仍有差距，改革内容的选择中尚较多考虑部门自身利益、难度等因素，打破部门界限、跨部门协同配合方面推进困难，改革事项和深度未能充分反映或达到公众需求。

第二，河南自贸试验区的创新主体地位不明确。相关职能部门对河南自贸试验区创新主体地位的认识不足，支持力度不够。创新依赖国家、省、市各层次的赋权，且各片区对权力下放的需求不同，但目前河南自贸试验区与相关职能部门之间缺乏规范、有效、顺畅的对接机制，权力下放存在不充分、不同步及不匹配的问题，导致河南自贸试验区缺乏推进创新的权力，创新空间有限。

第三，尚未形成有效推进自贸试验区建设的统筹协调机制。目前，河南自贸试验区缺乏制度创新的顶层设计，自上而下的统筹力度不够。河南自贸试验区建设涉及中国（河南）自由贸易试验区建设领导小组、中国（河南）自由贸易试验区工作办公室、各片区管委会和各级职能部门之间行政关系复杂，权责界定不明，协调难度大，缺乏统一的集成性改革框架和明确一致的改革目标，缺乏联动创新和沟通机制，导致难以形成集成式创新。

第四，尚未建立合理的自贸试验区制度创新考评机制。现有对自贸试验区的考核较为片面追求创新措施的数量和创新案例的评选，一定程度上忽视了深层次、带动性、普惠性等制度创新的核心要求，部分制度创新的经验或成果仅停留在少数试点案例阶段。同时，创新容错机制尚不健全，创新氛围不够浓厚，导致在改革中易出现逆向选择，以容易的、风险小的改革创新为主，缺乏深度和引领性。

第五，尚未建立起规范有效的复制推广机制。复制推广是发挥自贸试验区"试验田"作用的重要途径。截至2020年，广东自贸试验区每年发布一次制度创新最佳案例及制度创新复制推广经验的第三方评估报告，共形成了527项改革创新成果和202项制度创新案例①。相比较而言，河南自贸试验区对制度创新经验的系统总结、梳理和宣传推广不足，制度创新成果总结较多限于片区内部和上报

---

① 昌道励．广东自贸试验区5年来累计形成527项改革创新成果［EB/OL］．［2022-03-22］．http：//m．china．com．cn/appshare/doc_1_1649915_1650098．html．

评选，尚未形成完善的自贸试验区制度创新经验成果向省市县层面的复制推广机制，带动效应有限。

第六，缺乏开展创新的高素质专业人才。河南自贸试验区建设管理机构人员编制少、级别低，晋升通道不清晰，有片区至今尚未解决编制问题，人员流动性较大。现有人员日常工作任务繁重，且缺乏相关领域专业知识背景，导致创新的能力有限。

二、行政审批和商事制度改革有待深化

第一，行政审批局职能尚不完善。行政审批的相对集中化改革方面，各片区均已建立行政审批局，实现了审批事项和权限的相对集中，但仍存在着审批事项和权限划转不彻底或部分行政审批事项未整建制进驻的问题，"一站式"服务未完全实现部门功能的整合。各片区行政审批局没有对应的上级主管部门，与上级职能部门的沟通存在障碍，效率较低。行政审批局的设立客观上推动了"审管分离"，但行政审批局和其他职能部门对"审管分离"的认识仍存在差异，导致后续监管责任的主体不够明确，审管机构间横向对接仍存在"双向告知"不到位、专业性信息沟通欠缺、回应延迟等壁垒，规范顺畅的审管衔接机制有待进一步完善。

第二，行政审批效率仍有提升空间。目前，河南自贸试验区各片区行政审批的效率均大幅提升，尤其是在企业开办环节，市场主体的感受最为明显，获得感显著提升。但市场主体对整体行政审批环节的压缩、流程的优化和效率的提高仍有较大期待，时间和成本仍是目前市场主体的主要关注点。问卷调查结果显示，在谈及未来河南自贸试验区需要改善和优化的环节时，39.3%的市场主体提到了简化流程、提高效率、减少材料、减少跑腿等方面。

第三，投资项目审批依然存在环节多、周期长、程序复杂的问题。尽管目前河南自贸试验区投资项目审批的手续大幅简化、效率显著提升，但投资项目准入依然是各地政务服务改革和营商环境建设关注的核心环节。投资项目审批涉及多个部门，联合审批、联合审查协调难度大，制约因素多，互为前置的现象依然存在，尚未建立起有约束性的跨部门、跨领域联合协同机制。企业投资项目承诺制应用的项目范围有限，且与现行法律法规存在矛盾，同时投资项目审批具有较强的专业性，不同项目的具体情况亦存在较大差异，易导致监管风险。

第四，"证照分离"改革仍需深入推进。"证照分离"改革已在河南自贸试

验区实现全覆盖，但对涉企经营事项的梳理仍有待进一步深入，市场主体对经营范围与涉企经营许可事项之间的关系不明确。对实行告知承诺制的事项缺乏具体的实施细则。"一件事一次办"集成式、套餐式审批改革推进力度有限，"一套材料、一次申请、联合办理、并联审批、一件事跑一次"的事项清单有待进一步梳理，涉及跨部门之间的业务协同需进一步强化，部门间信息共享数据质量需进一步提升。

三、事中事后监管机制亟须完善

第一，协同监管、联合执法效率低。整体而言，三个片区的综合监管执法工作发展模式不尽相同，发展状态亦不平衡，各片区综合监管局整合的监管执法职能尚未覆盖全部领域。监管执法合力不够，在统筹协调其他部门的衔接配合方面缺乏约束性机制，协同监管缺乏有效的信息共享及协同工作制度，在实际工作中协调难度大，导致跨部门协同监管执法难以形成常态化机制，甚至陷入停滞。"多合一"协同监管导致基层监管主体人员数量与监管对象数量不匹配，监管负担较重，同时削弱了监管的专业性，统一监管执法队伍建设有待进一步加强。在审批和监管日益分离的趋势下，审批与监管之间的衔接机制欠缺。

第二，信用监管体系亟须完善。企业信用联合奖惩系统还没有嵌入到一些部门的业务审批系统，信用联合奖惩发起、响应和反馈的自动化、常态化机制还没有完全形成。守信激励和失信惩戒的联合奖惩措施落实推进缓慢，惠及范围有限，激励效果不明显。对于河南省公共信用信息平台或人民银行征信系统等已归集的大量信用信息，由于自贸试验区不是归集的主体，较难获得相关数据，相关机构亦未进行深度挖掘和利用。河南自贸试验区内部尚未形成统一规范的涉企数据归集标准体系和平台，同时也尚未引入第三方征信机构，导致难以对区内企业信用信息进行充分、及时的归集共享。基础涉企信用信息的欠缺导致难以形成对市场主体科学、完整的信用评价。企业信用评级、分类监管的具体实施办法或细则尚未建立；同时信用监管体系手段也待完善，如以信用报告查询为手段的事前信用监管，以大数据分析预警为基础的事中信用监管等目前尚未实施。

第三，社会多元参与机制尚未建立。市场监管部门仍然是自贸试验区监管执法的主体，行业商会、协会和企业其他社会组织等利益相关者的作用没有得到充分发挥，无法与政府职能部门形成有效互补、良性互动。

第四，网络市场监管机制仍不健全。针对自贸试验区内电子商务交易的市场监管平台、监管措施尚待完善。市场监管机构与网络经营主体间的沟通和信息数据交换机制不健全，且尚未引导形成和完善电商行业自律管理制度。且尚未引入第三方信用评价机构对自贸试验区内的电商企业开展信用评价，电子商务交易可信环境建设有待进一步推进。

四、政务服务能力仍需加强

第一，"一网通办"的便利化程度不高。河南自贸试验区各片区虽已全面建成网上办事系统并与省级政务服务平台实现对接，但从"能网办"到"易网办"还有较大距离。河南自贸试验区网上办事大厅的界面、流程设计相对缺乏用户思维，个性化、人性化设计不足，查询搜索存在"搜不到、搜不全、搜不准、体验差"等问题，在线客服、智能客服功能有待完善。绝大部分涉企事项仅实现网上受理，企业办事实现全程网办的比率较低。"一件事一次办"模块可集成办理套餐事项较少，洛阳片区、开封片区的网上办事大厅尚未设置该专区。移动端办事尤其是涉企事项的移动端办理仍处于起步阶段，与浙江的"浙里办"、广东的"粤省事"和上海的"随申办"相比，在用户数量、黏性、涉企事项完善、统一程度，多入口接入等方面均存在差距。问卷调查结果显示，在谈及未来河南自贸试验区需要改善和优化的环节时，8.7%的市场主体提到了网上办事尤其是手机端办事的便利性。

第二，"一次办妥"的政务服务品牌效应尚未建立。上海、浙江、广东等地从宣传标志、推广词、口号等方面着手，通过线上线下活动、事件的运营，提高政务服务品牌的辨识度和知晓率。相比较而言，河南自贸试验区虽提出了"一次办妥"政务服务体系建设目标，但仍欠缺对于"一次办妥"政务服务品牌形象的整体塑造和宣传推广，市场主体尚未对此形成共识。各片区"一次办妥"的事项清单尚不明确或未通过多种渠道向社会公开，未对"一次办妥"的实施情况和实施效果进行评价。审批标准化、规范化及办事指南通俗化还有待改进，部分窗口受理人员缺乏培训、业务不熟练。问卷调查结果显示，在谈及未来自贸试验区需要改善和优化的环节时，13.8%的市场主体提到了政府服务态度、窗口设置、政务服务大厅的设备和咨询辅导等方面。

第三，电子证照的复用不足、认可度不高。河南自贸试验区与省、市电子证照库的对接渠道不明晰，对电子证照的使用场景、方法、条件等缺乏明确的实施细则，对电子证照的应用挖掘不足，共享复用范围有限。在实际应用中大部分政府机构、银行、企业对电子营业执照的认可度不高，在办理业务或企业经营中仍需要提供纸质营业执照。

第四，新一代信息技术在政务服务中的应用不足。利用大数据、区块链、人工智能等新技术赋能政务服务是目前政府服务改革的趋势之一，各自贸试验区也纷纷在此方面做出了积极的探索。例如，深圳前海蛇口片区推出的智慧前海大数据项目，通过搭建片区大数据平台和建设片区智慧应用，实现信息共享和数据自动分析挖掘，目标是实现整个自贸片区的大数据综合治理与服务。深圳、天津等自贸试验区片区推出的"秒批""无人审批"等审批方式，均依赖于信息技术、人工智能进行申请人身份的识别以及申请资料的自动比对和判断，大幅提升了审批效率。深圳、重庆等片区借助大数据、人工智能等技术优势，推动智能预警和企业画像，助力智慧监管。山东自贸试验区济南片区上线的"区块链+政务"可信服务平台，在保障审批信息安全可信的同时，助力跨部门、跨领域协同管控与数据实时共享，加速实现"秒批""联办"。相比较而言，河南自贸试验区政务服务改革中，新技术的应用缺乏亮点，这亦与自贸试验区资金和相关人才欠缺有关。

第三节　河南自贸试验区推进职能转变的政策路径

政府职能转变是我国自贸试验区的重大改革创新任务。党的十九大赋予自贸试验区更大改革自主权，为进一步深化政务服务体系改革提出了新要求、新使命。推动系统性、整体性、重构性的变革是政务服务改革的方向，对于河南自贸试验区而言，要以企业和群众切实需求为导向，统一思想、勇于实践，推进管理体制改革创新，强化部门间的协同整合，不断深化行政审批制度改革，创新监管机制，同时运用大数据、云计算、人工智能等新一代信息技术赋能政务服务，推动政务服务的供给侧改革，提升群众和企业在政务服务中的获得感。

一、理顺管理体制机制，激活制度创新内生动力

第一，强化自贸试验区工作推进机制。强化河南省自贸试验区建设领导小组、联席会议、河南自贸试验区工作办公室等部门机构的权威，充分发挥其统筹领导作用，强化顶层目标和框架设计，对河南自贸试验区制度创新进行系统的规

划和思考。明确河南自贸试验区的创新主体地位以及片区管委会和各级政府部门的职责划分，纠正部分政府部门对自贸试验区的错误认识。

第二，探索建立适应开放型经济和制度创新的片区管理体制。遵循优化、协同、高效的原则，探索适合片区实际的治理模式。借鉴深圳前海蛇口片区、海南自贸试验区、天津自贸试验区及国际自贸试验区成熟的经验与做法，结合片区定位和发展实际，引入不同类型的法定机构，将专业性、技术性或社会参与性较强的公共服务和管理职能交由法定机构承担，推动政策优势与体制优势叠加放大，从底层架构上优化权力运行的机制，强化机构改革自主权，解决基层人才瓶颈的问题，打造共建共治共享的公共管理和服务新格局。借鉴深圳前海蛇口片区、上海等地的经验和做法，在河南自贸试验区内设立具有独立法人资格的运营公司，引入外部优质资本，最大限度激发社会活力。同时探索建立和完善河南自贸试验区各片区内部不同区块间的协调发展机制，减少同质化，推进差异化集成式制度创新。

第三，赋予创新权力，激活创新动力。省、市相关部门应加大放权力度，重视同步放权、协同放权，做到按需下放，应放尽放，给足河南自贸试验区创新空间，同时加强对下放权限的业务指导和培训。各片区应全面梳理权力事项下放的进展情况，对创新所需但未下放的权力事项，河南自贸试验区要主动争取和对接，制定承接方案。坚持需求导向、问题导向、效果导向，出台制度创新促进办法，不断探索更宽容的"容错机制"，营造创新氛围。可借鉴广东自贸试验区南沙新区片区出台的突破性改革创新先行先试程序规定，此规定对突破性改革创新的内涵进行了界定，明确了突破性改革创新先行先试程序的启动情形、基本程序以及统筹协同和跨部门联动，最大限度保护揽责涉险、打破常规和惯例的创新单位和干部。建立合理的制度创新考评机制，重视对制度创新的普惠性、带动性以及复制推广成效的评价。同时，加大对具备专业知识背景及高层次创新人才的引进和激励，重视与国内外高端智库的合作，组建河南自贸试验区专家咨询委员会，为河南自贸试验区制度创新提供智力支持。

第四，推进跨部门、跨领域协同创新。进一步打破部门间业务数据壁垒，建立河南自贸试验区与职能部门间的协同沟通机制，重组优化跨部门、跨层级、跨区域协同办事的流程，促进政府相关职能部门从各自为政转变为协同作战，变"部门化政府"为"整体性政府"。建立科学的考核机制，把协同创新任务落实涉及的相关部门纳入考核范围，启动追责机制，扭转部门协同的被动性。

二、深化行政审批制度改革，降低企业经营进入门槛

第一，持续深化相对集中行政许可权改革。河南自贸试验区协调相关部门利益，推动行政审批权限向行政审批局的无保留划转集中，推进同一审批事项实行无差别受理、同标准办理。着力解决各片区管委会编制、招聘、划转人员身份和晋升渠道等问题，提高行政审批部门人员的素质，激发其积极性和创造性。

第二，持续推进行政审批标准化建设。编制完善河南自贸试验区"一次办妥"事项清单并通过多种渠道向社会公布。以开封片区获批国家级政务服务标准化试点项目为契机，进一步推进事项清单标准化、审核要点标准化、服务指南标准化和监督评估标准化，最大限度地减少行政审批中的自由裁量空间，降低公众办事的不确定性，提高政务服务透明度。可借鉴浙江"最多跑一次"改革，对办理事项进行"最小颗粒度"的梳理、细化，推进"无差别全科受理"，为群众和企业、前台受理人员、后台办理人员提供清晰的指引。

第三，深入推进"一件事"改革。河南自贸试验区建立以用户价值为中心的顶层设计，从公众需求倒推管理流程，在"最小颗粒度"梳理细化的基础上，利用大数据分析找出办事情形的关联度，结合企业和群众全生命周期的不同阶段的需求，选择涉及面广、办件量大的重点领域和高频事项，梳理出企业和群众视角的"一件事"，以集成的方式提供个性化、场景式的主题服务，实现更深层次、更高水平的"减环节、减时间、减材料、减跑动"。加大涉及"一件事"的相关业务系统整合力度，编制自贸试验区"一件事"事项清单。扩大"一件事"告知承诺的实施范围，编制发布"一件事"指南规程，不断增强办事指南的可读性、通俗性。强化"一件事"提前服务，实行容缺收件、跟踪代办、困难帮办、协调办理等"兜底"措施，真正实现"一件事一次办"，全面提升企业和群众办事的便捷度、体验度和满意度。

第四，全面深化"证照分离"改革。持续推进落实"证照分离"改革全覆盖，针对实行告知承诺制的事项制定实施办法或实施细则。从部门内和跨部门两个维度探索"照后减证"，做到能减尽减，能合则合。结合河南自贸试验区各片区产业发展需要，推动探索新业态审批改革。可借鉴上海经验，试点实施"一业一证"改革。即通过优化审批流程和集中审批程序，将一个行业经营涉及的多项行政许可事项，整合为一张载明相关行政许可信息的行业综合许可证，申请人一次填报全部数据项，一次提交申请，后台依据申报事项，自动组合受理、审核流程，一次性办结全部准入事项，实现"一单告知""一表申请""一标核准""一证准营"。

第五，继续开展工程建设项目审批制度全流程、全覆盖改革。河南自贸试验区继续探索减事项、减环节、减材料、减时间、减费用的"五减"举措，分类优化审批流程，推行工程建设项目审批联合辅导制度，扩大企业投资项目告知承诺制应用范围。结合片区产业发展需要，建立投资项目审批绿色通道。在河南自贸试验区内探索实行社会投资项目施工图"建筑师负责制"，施工许可告知承诺制和取消施工图前置审查。探索竣工验收阶段竣工图电子化申报模式，建立竣工图电子化文件数据中心，实现图纸全程电子化管理。

第六，探索实施商事登记确认制。对不涉及负面清单、前置许可的一般企业设立实施登记确认制。推行企业名称、企业住所、经营范围自主申报，实行企业住所（经营场所）负面清单，提高商事登记的透明度和可预期性。推进商事登记智能审批，通过信息共享、自动比对、核验，实现基于申请材料结构化、业务流程标准化、审批要素指标化的无人干预自动审批（秒批），实现审批服务智能化、自助化、无人化、远程化，同步建立"秒批"质检系统和"登管联动"机制。引入全功能商事登记自助设备，利用实名核身和人脸识别技术，实现自助发照，提升商事登记领证效率。

三、完善事中事后监管机制，营造公平有序的市场环境

第一，创新集中审批机构与行业主管部门间的协调运行机制。坚持"权责法定、依法行政，谁审批、谁监管，谁主管、谁监管"的原则，明确审批与监管的职能边界，明晰权责划分。推进建立审批—监管的有效衔接机制与流程，在审管互动过程中，采取绩效激励、宣传教育等正式或非正式手段，引导审批机构主管部门认识职能履行、任务完成与资源合作的需要，加强合作意向和维护共识行动。

第二，进一步提升协同监管效率。推进河南自贸试验区综合监管执法工作的流程再造，明确细化监管责任。建立有约束力、可操作性强的跨部门协同监管执法工作推进机制和协助制度，推进协同监管执法工作常态化运行。加强"双随机、一公开"监管结果的运用。制定河南自贸试验区市场主体监管事项清单，明确各行业、领域、市场的监管重点内容，研究制定新业态、新技术、新模式的包容审慎监管模式和标准规范。

第三，进一步完善信用监管体系。深入推进涉企信息归集共享，完善河南自贸试验区公共信用信息平台建设，推动实现信用信息平台、审批平台和综合监管平台的信息共享应用，推进企业信用体系与法人信用体系的对接。在河南自贸试验区设立征信机构，支持第三方征信机构对企业、个人信用数据的汇集。通过深度挖掘信用信息，完善企业信用分级，建立信息归集、信用评级、预警分析、信用监管、管理决策"五位一体"的信用监管体系。推进联合奖惩系统"全流程"嵌入河南自贸试验区网上政务服务平台和业务审批系统。完善信用信息披露制度，健全河南自贸试验区"守信激励、失信惩戒"的落实机制和成果反馈制度。推出"守信激励"创新产品与服务，创新"信易+"服务方式，提升"信易+"服务效率，促进信用便利化。鼓励银行对优质守信企业进行认定，在信贷政策方面给予倾斜，加快打造守信"绿色通道"。河南自贸试验区建立信用修复机制和信用主体权益保护机制，针对无主观故意的轻微或一般失信行为，失信主体彻底纠正失信行为并满足信用修复条件、作出守信承诺的，可依法依规申请退出惩戒。还可借鉴广东自贸试验区深圳前海蛇口片区的经验，通过出台社会信用管理服务办法，在政府监管层面，加强社会信用体系建设，推动社会信用信息的管理规范化，依法依规实施信用激励与惩戒。同时引导信用服务机构辅助信用监管，打通政府与市场之间的数据壁垒，推动信用数据在市场信用交易领域的广泛应用，全方位分析、发掘信用场景应用，真正实现信用惠民、惠企。

第四，积极培育和鼓励市场力量参与监管。强化多元参与，在河南自贸试验区内探索建立健全市场主体自律、业界自治、社会监督、政府监管相互补充的新型监管机制。发挥行业商会协会、社会公益组织、媒体、社会舆论的监督作用。引导河南自贸试验区内企业采用行业自律模式，建立健全行业协会法人治理结构，鼓励行业协会商会制定行规行约，发挥同业监督作用。引入第三方专业组织进行企业财务审计等专业监管。鼓励第三方社会机构对自贸试验区内市场主体定期进行信用状况评估，监测失信行为信息。

第五，借助新技术推进非接触、智能化监管。河南自贸试验区推进利用物联网和5G等新一代信息技术强化自贸试验区监管数据的智能化、自动化采集。强化对自贸试验区内重点行业、重点物品、重点企业的数字化监测，构建集中化的数据中心，实现信息监测、在线证据保全、在线识别、源头追溯等功能。推进以远程监管、移动监管、预警防控为特征的非接触式监管，提高监管即时性和灵敏度。

四、提高政务服务效能，增强市场主体获得感

第一，强化以公众需求为中心的政务服务理念。河南自贸试验区要以公众需求和公共服务为基础，有效性和便利性作为主要目标，强调政务服务改革的结果导向；以用户思维为政务服务注入"产品观"与"运营观"，以产品化形态展示各级各类服务事项，以图片、文字、视频的方式生动清晰地描述服务事项，包括所需资料、模板、流程、预计办理时间等，方便市场主体快速了解办事全过程要求。通过标语、推广词、口号等形式宣传实现"获得感"的显性化；通过符号化的设计，构建可传递、可感知的政务服务品牌符号，例如上海经过公开征集和评选，确定了其政务服务品牌"一网通办"的标志。通过线上线下的事件运营、活动运营和数据运营，塑造政务服务品牌形象，提升用户认同感与获得感。例如，"浙里办"首个推出了省级政务服务平台品牌宣传片（《伴你一生大小事》），通过政务服务品牌化运营，不断拓展政务服务的半径与用户覆盖数量。以上这些成功案例为河南自贸区政务服务品牌运营提供了范本。

第二，提升河南自贸试验区网上办事平台的易用性。着力推进河南自贸试验区网上办事平台实现从"能办"到"易办""好办"的转变。要从用户普适性体验感的角度优化平台的功能和界面设计，特别是在使用操作上要适合群众、化繁为简、直观易懂。加强用户个性化信息归集，打造个人和企业专属主页。提供准确实用的政务搜索服务，解决目前普遍存在的"搜不到、搜不全、搜不准、体验差"等问题。提供实时、自动、便捷和高质量的在线问答服务，提高政务服务网站的交互性和友好性。以用户为导向，提供同源管理基础上的多入口导入，目的是契合不同层次、不同使用习惯的公众需求，提升使用网上政务服务的意愿和频度。优化自贸试验区移动端办事流程，探索重点领域法人事项在移动端办理的新模式，构建河南自贸试验区移动端涉企政策发布、政务服务、政企互动一站式服务平台。

第三，推进政务服务精准化、个性化。河南自贸试验区应构建政府与公众间稳定、便捷、畅通的多渠道沟通机制，加强用户个性化信息归集。通过人工智能技术优化政府网站的信息资源体系，建立知识图谱并构建用户模型，完善用户行为分析、智能识别并匹配公众需求，实现政务服务的精准化和主动推送，打破以往政府部门基于自身职能提供的无差别服务模式，提升服务效率和用户体验。强化开放合作意识，充分利用政务服务资源，与商业平台、银行、邮政、电信、融

媒体等行业领域开展合作，不断与各种业态、场景结合，实现跨界融合，拓展政务服务渠道。

第四，完善河南自贸试验区政务服务"好差评"制度。河南自贸试验区建立并完善政务服务"好差评"评价指标体系，推动用户参与政务服务创新流程。建立健全评价数据采集系统，实现评价渠道全覆盖。健全评价、反馈、整改、监督全流程闭环工作机制，建立完善评价数据的应用方式与管理机制，有效利用"好差评"制度做好公众政务服务需求的大数据分析，掌握企业和群众的真实需求，并以此作为各项改革举措的出发点和检验标准。河南自贸试验区建设政务服务"好差评"制度效能分析系统，通过大数据引擎和重点专项监督，实时量化分析跟踪，对内督办促进服务提升，对外发布提供社会监督，不断提升河南自贸试验区政务服务体验、质量与能力。

第五，强化新技术在政务服务中的应用。河南自贸试验区推动区块链、人工智能、大数据、物联网等新一代信息技术在政务服务领域的应用，不断提高政务服务质量，为市场主体提供规范、便利、高效的政务服务。利用云计算技术构建大数据承载平台，打破信息孤岛、推进数据开放，强化政务数据资源统筹规划、分类管理、整合共享与动态更新，加快完善河南自贸试验区政务数据资源体系。在信息流通的基础上深层次挖掘数据创新使用，真正实现数据价值最大化。深化河南自贸试验区基础数据库、主题数据库和专题数据库建设与应用，开展数据可视化分析。可借鉴深圳前海蛇口片区"智慧前海"大数据综合治理与服务项目经验，建立自贸试验区数据归集机制、运营指标体系、大数据平台和智慧应用，对外通过打造数字运营中心，实现河南自贸试验区运营指标可视化呈现；对内通过建设大数据共享应用，实现数据精准获取、精细加工和指标自动监测，为决策者提供数据指引和趋势分析。推动区块链技术在完善政务数据资源体系、个人身份验证、电子证照和电子票据管理、政民互动、信用体系构建和数据安全等方面的应用，构建河南自贸试验区政务服务可信体系。可借鉴北京自贸试验区经验，在"数据共享交换""业务协同办理""电子存证存照"领域开展区块链融合应用探索，提升河南自贸试验区政府部门的公共服务能力和行政办事效率。

第六，推进河南自贸试验区办税便利化改革。创新智慧纳税体系，建设"网上、掌上、自助、大厅"四位一体的自贸试验区纳税服务平台。联通企业财务软件和申报平台实现"一表集成""一键申报"。借鉴海南自贸试验区、深圳自贸试验区经验，试行"无税免申报"制度，建立咨询纠错、系统纠错、数据纠错机制，进行纳税风险管控。探索企业税收信用与社会信用的双向交互应用，实现以信用为基础的纳税人分级分类管理，开展税务稽查、纳税评估等精准协同监管，加强风险防控。探索区块链技术在税收领域的应用，实现税务数据全程留痕，不可篡改；优选纳税人，试点区块链电子发票，提高开票效率。探索利用人工智能技术优化办税服务，可借鉴深圳前海蛇口片区推出的移动端 VR 办税大厅和税务 AI 智能咨询平台，一体化智能展示全部办理流程，推出人脸识别、税务引导和智能问答等功能，提高纳税服务效率。

第六章 自贸试验区建设的河南实践：
打造高标准投资环境

第一节 河南自贸试验区推动投资贸易自由化、
便利化的效能评估

一、投资领域

本节构建了包括实施状态、创新度、实施成效三个维度，十个层级类型的河南自贸试验区投资服务体系建设评估指标体系（见表6-1）。通过部门自评、网络搜集、实地调研和调查问卷等方式收集相关资料数据，进行深入分析和论证，形成了最终评价。

表6-1 河南自贸试验区投资领域建设评估指标体系

评估维度	层级类型	指标说明
一、实施状态	（一）已完成	根据总体方案出台相关政策，政策已落地或有配套实施细则
	（二）正在推进	政策正在制定；或者已出台（部分）政策，但尚未落地或未出台配套实施细则
	（三）可实施未落实	已具备实施条件，但未出台相关政策
	（四）暂不实施	中央未授权，或缺乏实施条件
二、创新度	（五）首创	国内其他自贸试验区没有相关政策或经验
	（六）借鉴扩展	借鉴国内其他自贸试验区政策或经验，并有所扩展
	（七）复制	完全复制国内其他自贸试验区或国家现有政策措施

评估维度	层级类型	指标说明
三、实施成效	（八）显著	市场主体对相关政策的知晓率高、好评率高；或者政策实施的效果好
	（九）一般	市场主体对相关政策的知晓率、好评率一般；或者政策实施的效果一般
	（十）不确定	配套政策尚未全面完成，或企业实际业务尚未发生，导致改革效果无法判断

按照总体方案要求，扩大投资领域开放包括提升利用外资水平和构建对外投资合作服务平台两方面的任务措施。2017～2018 年，14 项重点试验任务全部实施，事中事后监管、备案制和外商投资信息平台等改革举措成效显著，对外投资合作服务体系初步构建。但外资准入、港澳合作、总部经济和"走出去"服务平台建设方面仍显薄弱，存在提升空间。

（一）具体措施评估

河南自贸试验区 160 项重点试验任务中，涉及扩大投资领域开放试验任务共 14 项。其中，提升利用外资水平 8 项，改革事项主要包括对外商投资实行准入前国民待遇加负面清单管理模式，扩大开放力度及调整完善监管职能。构建对外投资合作服务平台 6 项，主要包括改革境外投资管理方式，提升对外投资便利化水平，完善服务对外投资的能力。

投资领域开放重点试验任务完成度较高，14 项重点试验任务中，已完成 8 项，正在推进 6 项，所有重点试验任务全部实施。

在创新度方面，全国首创 1 项，为开封片区的"三双三联"事中事后监管模式。7 项是在借鉴国内其他自贸试验区的基础上，根据河南自贸试验区扩大投资领域开放实际需要进行优化，属借鉴拓展。其余 6 项均为复制国内其他自贸试验区经验，虽非首创，但对河南自贸试验区扩大投资领域开放意义重大。

在实施成效方面，11 项重点试验任务显著，3 项一般。其中，提升利用外资水平 8 项试验任务中，7 项实施成效显著；构建对外投资合作服务平台 6 项试验任务中，4 项显著（见表6-2、表6-3）。

表6-2 河南自贸试验区投资领域开放重点试验任务评估

类别	重点试验任务	实施状态	创新度	实施成效
提升利用外资水平	对外商投资实行准入前国民待遇加负面清单管理制度，着力构建与负面清单管理方式相适应的事中事后监管制度	已完成	首创	显著
	外商投资准入特别管理措施（负面清单）之外领域的外商投资项目（国务院规定对国内投资项目保留核准的除外）和外商投资企业设立及变更实行备案制，由河南自贸试验区负责办理	已完成	复制	显著
	进一步减少或取消外商投资准入限制，提高开放度和透明度，做好对外开放的压力测试和风险测试	已完成	复制	显著
	积极有效引进境外资金、先进技术和高端人才，提升利用外资综合质量	正在推进	借鉴拓展	显著
	大力引进国际组织和机构、金融总部、区域性总部入驻自贸试验区	正在推进	借鉴拓展	一般
	外商在河南自贸试验区内投资适用《自由贸易试验区外商投资准入特别管理措施（负面清单）》和《自由贸易试验区外商投资国家安全审查试行办法》	已完成	复制	显著
	探索强化外商投资实际控制人管理，建立外商投资信息报告制度和外商投资信息公示平台，充分发挥国家企业信用信息公示系统作用，提升外商投资全周期监管的科学性、规范性和透明度	已完成	借鉴拓展	显著
	完善投资者权益保障机制，允许符合条件的境外投资者自由转移其投资收益	已完成	复制	显著
构建对外投资合作服务平台	改革境外投资管理方式，将河南自贸试验区建设成企业"走出去"的窗口和综合服务平台	正在推进	借鉴拓展	显著
	对一般境外投资项目和设立企业实行备案制，属省级管理权限的，由河南自贸试验区负责备案管理	正在推进	借鉴拓展	显著
	确立企业对外投资主体地位，支持自贸区内企业开展多种形式的对外直接投资	已完成	复制	显著
	完善"走出去"政策促进、服务保障和风险防控体系	已完成	借鉴拓展	一般
	加强与港澳地区在项目对接、投资拓展、信息交流、人才培训等方面交流合作，共同开拓国际市场	正在推进	借鉴拓展	一般
	加强境外投资事后管理和服务，完善境外资产和人员安全风险预警和应急保障体系	正在推进	复制	显著

资料来源：《中国（河南）自由贸易试验区总体方案》。

表6-3　重点试验任务实施状态、创新度、实施成效统计

指标	评估	数量
实施状态	已完成	8
	正在推进	6
	可实施，未落实	0
	暂不实施	0
创新度	首创	1
	借鉴拓展	7
	复制	6
实施成效	显著	11
	一般	3
	不确定	0
合计		14

（二）实施成效

1. 外资管理服务体系不断完善

外商投资便利化程度显著提高。河南自贸试验区已按照"有限核准、普遍备案"原则，对鼓励类外商投资项目全部实现备案管理。三大片区先后开展企业投资项目承诺制，将17项审批压缩至2项，145项申请材料减至27项，审批材料及审批服务均精简80%以上[1]。调查问卷显示，95.5%的公司认为河南自贸试验区成立后投资便利化程度（投资准入、企业跨境投融资和外汇资金运用的便利化等）明显提高。河南自贸试验区瞄准世界500强、中国500强以及各行业的龙头总部企业，优化营商环境，引进总部经济取得实质性进展。河南自贸试验区建立以来，实际利用外资年均增长45.6%[2]，英国石油公司、法国电力集团、泰国正大集团及美国特斯拉等一批世界500强企业纷纷落户河南。

投资开放领域进一步扩大。河南自贸试验区实行"准入前国民待遇加负面清

---

[1]　河南自贸试验区开封片区管理委员会. 河南自贸区试行企业投资项目承诺制［EB/OL］.［2017-10-26］. https：//baijiahao. baidu. com/s? id=1582282117758618125&wfr=spider&for=pc.

[2]　中国（河南）自由贸易试验区建设领导小组办公室. 河南自贸区2.0版本来了［EB/OL］.［2022-01-20］. http：//www. ha. xinhuanet. com/news/2021-04/14/c_ 1127326844. htm.

单"模式,全面贯彻执行 2018 版自贸试验区负面清单。在采矿业、制造业、服务业等领域,进一步减少或取消外商投资限制,大力促进投资开放。调查问卷显示,认为"准入前国民待遇加负面清单"模式落实情况"很好"(81.67%)及"较好"(16.08%)的企业合计达 97.75%,反映出该试点任务已取得实效并获得普遍认可。服务业、现代农业、健康养老等行业吸收外资比重稳步提高。

安全审查及投资监管更加科学、规范和透明。河南自贸试验区积极推进"强化外商投资实际控制人管理,建立外商投资信息报告制度和外商投资信息公示平台"等试点任务。洛阳片区、开封片区分别创新综合监管模式,建立了"市场综合监管+专业执法""互联网+全景综合执法"模式,推出了双随机抽查、双告知推送、联合监管、联合惩戒等"三双三联"创新措施。各片区通过建立事中事后监管平台,外商投资全周期监管的科学性、规范性和透明度明显提升。

2. 对外投资合作服务平台初步构建

对外投资便利化水平显著提升。持续推进改革境外投资管理方式,对一般境外投资项目和企业设立实行片区初审、商务厅备案的管理模式。调查问卷显示,87.5%的企业对河南自贸区境外投资管理的实施效果感到满意。一些重点企业正积极参与境外产能与投资合作,开展全球产业布局。洛阳片区积极引导农业企业全产业链"走出去",打造洛阳—布哈拉农业综合示范区。郑州片区以中欧班列的集疏网络和保税物流中心的海外仓为依托,在欧洲和中亚国家建立产业园。

河南自贸试验区内企业境外投资规模进一步提升。郑州煤矿机械集团股份有限公司并购德国博世电机等一批重大境外并购项目进展顺利,国际合作的质量和水平明显提升。智能制造、汽车零部件、现代服务业等领域对外投资比重明显提高。

服务对外投资能力有较大提升。河南自贸试验区出台了一系列扶持豫商"走出去"的政策,2017 年和 2018 年分别筹措中央财政和省级财政专项资金,给予符合条件的境外投资项目设立境外专项贷款。为进一步保障境外投资企业权益,河南自贸试验区成立了河南省政策性出口信用保险"走出去"风险统保平台等服务和风险防控体系。

(三)存在问题

1. 制约外商投资的政策瓶颈依然存在

在外资准入领域,由于外资开放属于中央事权,不同片区缺乏与区位优势和特色产业定位相匹配的差异化准入政策,制约了外商投资企业的集聚和发展壮大。部分开放领域存在"大门已开、小门未开"的现象，开放措施未能有效落实。有些行业的外资限制性措施并未列入负面清单，但在行业管理中仍然有效，企业必须获得相关职能部门的批准或许可，这一点在服务业开放中更为突出。税收政策方面，河南自贸试验区内企业所得税率与区外企业相同，缺少税收优惠政策，对目标企业吸引力不强。

2. 与港澳台合作仍待加强

河南自贸试验区自成立以来，积极推进与港澳台地区之间的人才交流活动和企业展销活动，但仍在三个方面存在限制和缺陷：一是受困于区域位置；二是受制于专业性人才缺失；三是龙头企业不全，产业链不完整。对港澳台地区开放程度不够，许多产业领域对港澳台企业仍未完全敞开，相关优惠政策力度有待加强，导致成效不明显，与港澳台之间的合作仍较少，与其他自贸试验区相比，依然有较大的提升空间。

3. 境外投资保障体系建设不完善

河南自贸试验区"走出去"企业整体较少，后续保障及配套服务并没有跟上，尤其在企业境外融资租赁业务保障和商业保险方面，综合化服务平台依然有待健全。同时，"走出去"企业经营质量和相关配套服务参差不齐，许多未获得外派劳务资格，抗风险能力较弱，境外投资事后管理和服务措施不完善。审批文件流程、手续仍较烦琐，有进一步简化的空间。

4. 总部经济培育环境有待改善

中原银行股份有限公司、郑州银行、中城投建集团直属第一工程局有限公司等一批金融中心、区域性企业中心落户河南自贸试验区。但各片区引入总部经济的鼓励政策同质化较严重，与自身定位和区域产业发展结合度不足。河南自贸试验区总部经济发展环境仍有差距，特别是在提升总部认定的灵活性、营造宽松的税收环境、提高外汇管理开放程度等方面仍需努力。

二、贸易领域

本节构建了包括实施状态、创新度和实施成效三个维度、九个层级类型的河南自贸试验区贸易服务体系建设评估指标体系（见表6-4）。通过部门自评、网络搜集、实地调研和调查问卷等方式收集相关资料数据，进行深入分析和论证，形成了最终评价。

表6-4　河南自贸试验区贸易领域建设评估指标体系

评估维度	层级类型	指标说明
一、实施状态	（一）已完成	根据《中国（河南）自由贸易区总体方案》出台相关政策，政策已落地或有配套实施细则
	（二）正在推进	政策正在制定；或者已出台（部分）政策，但尚未落地或未出台配套实施细则
	（三）可实施未落实	已具备实施条件，但未出台相关政策
	（四）暂不实施	中央未授权，或缺乏实施条件
二、创新度	（五）首创	国内其他自贸试验区没有相关政策或经验
	（六）借鉴扩展	借鉴国内其他自贸试验区政策或经验，并有所扩展
	（七）复制	完全复制国内其他自贸试验区或国家现有政策措施
三、实施成效	（八）显著	市场主体对相关政策的知晓率高、好评率高；或者政策实施的效果好
	（九）一般	市场主体对相关政策的知晓率、好评率一般；或者政策实施的效果一般

（一）具体措施

2017~2018年，河南自贸试验区根据《中国（河南）自由贸易区总体方案》要求制定的160项重点试验任务中，涉及推动贸易转型升级共27项。其中，完善外贸发展载体10项，主要包括大宗商品国际贸易发展、知识产权导航和专业服务、国际贸易"单一窗口"建设和推广；拓展新型贸易方式9项，主要包括壮大服务贸易、扩大跨境电商、推动加工贸易升级以及拓展离岸转口贸易等；创新通关监管机制8项，主要包括贸易便利化、货物状态分类监管、通关合作与通关一体化机制等改革创新任务。

推动贸易转型升级试验任务完成度较高。27项试验任务中，已完成16项，完成率达59.25%。正在推进11项，实施推进态势良好。

在创新度方面，全国首创1项，即"依托郑州商品交易所，支持拓展新的交易品种，促进发展大宗商品国际贸易"。21项重点任务是在借鉴国内其他自贸试验区（主要是上海自贸试验区）的基础上，根据河南自贸试验区推动贸易转型升级的实际需要进行优化，属借鉴拓展。其余5项均为其他先进地区先行先试，全国统一制定推广，河南自贸试验区遵照执行的措施。虽非首创，但对河南自贸试验区推动贸易转型升级意义重大。

从实施成效来看，15项任务效果显著，占比55%；10项任务因推进时间较短而效果一般；2项因配套政策尚未全面完成或企业实际业务尚未发生而导致改革效果无法判断。已经完成且实施成效显著的改革举措包括"探索建设中部地区知识产权运营中心，加快建设郑州国家知识产权服务业集聚发展示范区""加快形成贸易便利化创新举措的标准化制度规范，覆盖到所有符合条件的企业""依托中国（郑州）跨境电子商务综合试验区，积极发展跨境电子商务""完善通关合作机制，开展货物通关、贸易统计、'经认证的经营者'互认、检验检测认证等方面合作"等（见表6-5、表6-6）。

表6-5 推动贸易转型升级重点试验任务评估

类别	重点试验任务	实施状态	创新度	实施成效
完善外贸发展载体	依托郑州商品交易所，支持拓展新的交易品种，促进发展大宗商品国际贸易	已完成	首创	显著
	探索建立与国际大宗商品交易相适应的外汇管理和海关监管制度	正在推进	借鉴扩展	不确定
	在总结期货保税交割试点经验基础上，鼓励国内期货交易所在自贸试验区的海关特殊监管区域内开展期货保税交易、仓单质押融资等业务，扩大期货保税交割试点的品种	正在推进	借鉴扩展	一般
	搭建便利化的知识产权公共服务平台，设立知识产权服务工作站，大力发展知识产权专业服务业	已完成	借鉴扩展	显著
	探索建立自贸试验区重点产业专利导航制度和重点产业快速协同保护机制	正在推进	借鉴扩展	一般
	探索建设中部地区知识产权运营中心，加快建设郑州国家知识产权服务业集聚发展示范区	已完成	借鉴扩展	显著
	深化艺术品交易市场功能拓展	正在推进	复制	不确定
	依托电子口岸公共平台，建设国际贸易"单一窗口"	已完成	复制	显著
	将出口退税申报功能纳入国际贸易"单一窗口"建设项目	已完成	复制	显著
	加快形成贸易便利化创新举措的标准化制度规范，覆盖到所有符合条件的企业	已完成	借鉴扩展	显著

续表

类别	重点试验任务	实施状态	创新度	实施成效
拓展新型贸易方式	积极培育贸易新型业态和功能，形成以技术、品牌、质量、服务为核心的竞争新优势	已完成	借鉴扩展	显著
	大力发展服务贸易，推进金融、文化创意、客户服务、供应链管理等服务外包发展	已完成	借鉴扩展	一般
	在环境风险可控的前提下开展飞机及零部件维修试点	已完成	复制	显著
	按照公平竞争原则，依托中国（郑州）跨境电子商务综合试验区，积极发展跨境电子商务，完善相应的海关监管、检验检疫、退税、物流等支撑系统，加快推进跨境贸易电子商务配套平台建设	已完成	借鉴扩展	显著
	支持企业建设出口商品"海外仓"和海外运营中心，加快融入境外零售体系，探索建设全球性产品交易展示中心和国内进出口货物集散中心	已完成	借鉴扩展	显著
	支持电子信息、装备制造、智能终端、汽车及零部件、航空航天等辐射能力和技术溢出能力强的先进制造业加工贸易发展，搭建服务于加工贸易转型升级的技术研发、工业设计等公共服务平台，建设加工贸易产品内销后续服务基地	已完成	借鉴扩展	显著
	引导优势企业积极参与国际标准化活动，打造质量标准品牌新高地	已完成	借鉴扩展	显著
	积极发展离岸贸易	正在推进	复制	一般
	推动转口贸易发展，依托国际空港、陆港和各类口岸，完善国际中转集拼和国际转口贸易枢纽功能	正在推进	借鉴扩展	一般
创新通关监管机制	河南自贸试验区内的海关特殊监管区域实施"一线放开""二线安全高效管住"的通关监管服务模式	正在推进	借鉴拓展	一般
	在确保有效监管前提下，在海关特殊监管区域探索建立货物状态分类监管模式	正在推进	借鉴拓展	一般
	鼓励企业参与"自主报税、自助通关、自动审放、重点稽核"等监管制度创新试点	正在推进	借鉴拓展	一般
	按照严密防范质量安全风险和最大便利化的原则，一线主要实施进出境现场检疫、查验及处理；二线主要实施进出口产品检验检疫监管及实验室检测，维护质量安全	正在推进	借鉴拓展	一般
	完善国际贸易"单一窗口"的货物进出口和运输工具进出境的应用功能，进一步优化监管执法流程和通关流程，实现贸易许可、资质登记等平台功能，将涉及贸易监管的部门逐步纳入"单一窗口"管理平台	已完成	借鉴拓展	显著

续表

类别	重点试验任务	实施状态	创新度	实施成效
创新通关 监管机制	完善通关合作机制，开展货物通关、贸易统计、"经认证的经营者"互认、检验检测认证等方面合作，逐步实现信息互换、监管互认、执法互助	已完成	借鉴拓展	显著
	推进河南自贸试验区内各区域之间通关一体化	已完成	借鉴拓展	显著

资料来源：《中国（河南）自由贸易试验区总体方案》。

表6-6 推动贸易转型升级重点试验任务实施状态、创新度、实施成效统计

指标	评估	条数
实施状态	已完成	16
	正在推进	11
	可落实，未实施	0
	暂不实施	0
创新度	首创	1
	借鉴扩展	21
	复制	5
实施成效	显著	15
	一般	10
	不确定	2
合计		27

（二）实施成效

1. 国际贸易新载体日益完善

河南自贸试验区通过拓展新的期货品种、推动国际贸易"单一窗口"建设和推广等措施，有力推动了国际贸易新载体的打造。

大宗商品期货品种拓展和保税交割方面。2017年以来，具有当地特色的白糖期权、棉纱期货和苹果期货等新期货品种先后在郑州商品交易所上市交易。2018年，郑州商品交易所将PTA期货成功引入境外交易者，让PTA期货成为我国第一个引入境外交易者的化工期货品种；新增广州南沙片区为甲醇保税交割区域、指定江苏张家港保税区为PTA期货保税交割区域，有力拓展了大宗商品保

税交易的业务区域和交易平台①。

国际贸易"单一窗口"建设和推广方面。2021年1~9月，河南省"单一窗口"平台申报业务量突破1.67亿单，货值283.2亿元，同比分别增长8.75%、64.3%，业务量居于全国前列②。河南自贸试验区国际贸易"单一窗口"在中西部地区率先实现结售汇、出口退税、税费支付等金融功能上线融合，取得良好成效。调查问卷显示，77%的企业了解该举措，超过48%的企业认为，该举措显著提高了企业通关效率，降低了企业成本。

2. 新型贸易业态加快发展

河南自贸试验区通过促进服务贸易、跨境电商发展，推动加工贸易升级等政策举措，使新型贸易业态创新发展成效明显。

河南自贸区与国际贸易业态接轨，建立新型贸易平台，改变传统贸易形态。允许河南自贸试验区创新推出与国际接轨的税收服务举措；支持在河南自贸试验区依法合规建设能源、工业原材料、大宗农产品等国际贸易平台和现货交易市场；开展艺术品保税仓储；支持河南自贸试验区试点汽车平行进口保税仓储业务，支持开展汽车平行进口试点，平行进口汽车应符合国家质量安全标准，进口商承担售后服务、召回、"三包"等责任。河南自贸区积极推动重点企业成为AEO企业，给予这些AA企业原产地签证、免除低风险动植物检疫证书清单等优惠。例如，中国一拖集团就成为河南自贸区洛阳片区首家试行原产地证书"信用签证"的企业，原产地证书直接在公司就可办理，无须到检验检疫窗口进行签字盖章；郑州片区的宇通客车股份有限公司也开展了"信用签证"的试点管理工作。

在推动融资租赁业创新方面，郑州片区成功开展了国内首单公海交付跨境跨区飞机转租赁业务，实现了河南省首单飞机保税租赁业务暨经营性租赁收取外币租金业务落地，为国内飞机租赁业务开辟了新路径。河南省租赁业建设稳步有序推进，降低了企业运营成本，推动了产业转型升级。

在发展跨境电子商务方面，河南省财政厅河南省商务厅印发了《河南省自由贸易试验区和跨境电子商务综合试验区省级专项资金暂行管理办法》，河南自贸

① 孙清清，牛少杰．PTA期货引入境外交易者30日启动［EB/OL］．［2022-01-16］．http：//www. gov. cn/xinwen/2018-11/30/content_5344845. htm.

② 赵涌涛．河南跨境电商全年交易额预计突破2000亿［EB/OL］．［2022-01-24］．https：//baijiahao. baidu. com/s？id=1720382669606204250&wfr=spider&for=pc.

试验区成为第三批自贸试验区中率先出台资金管理办法和资金支持的自贸试验区[①]。郑州片区探索构建了跨境电商事前、事中、事后正面监管新模式，形成了全国首个《跨境电商零售进口正面监管工作指引》及十余个配套操作措施，为全国推进跨境电商正面监管模式改革提供了参考样本。调查问卷显示，各片区内54%的企业认为跨境电商支持政策对企业经济效益提升明显。

3. 贸易便利程度显著提升

通过完善通关便利化监管制度、推进通关合作与通关一体化机制，基本形成了以贸易便利化为重点的通关监管制度。

第一，通关便利化监管制度不断优化。鼓励企业参与"自主报税、自助通关、自动审放、重点稽核"等监管制度创新不断推进。"一线放开、二线安全高效管住"的通关监管服务模式不断深入，在确保检疫安全的同时保障特殊监管区最大限度地放开，加快了货物进出速度，实现了特殊监管区二线管得住、放得快。调查问卷显示，各片区内约58%的企业认为这种通关服务模式极大降低了企业的通关时间。

第二，完善通关合作机制，推进通关一体化。河南自贸试验区已经实现利用一个平台对税务、航运、外汇、空运、金融、仓储、运输等中介机构以及生产企业、进出口企业等多部门进行一次性全面查验，实现了商品货物区内、区外的直接对接。2018 年 7 月，全国海关通关一体化改革落地河南自贸试验区。调查问卷显示，片区内约64%的企业认为现有通关合作机制显著提升了企业运行效率。

（三）存在问题

第一，部分试验任务受制于部门协调和国家相关部委的政策限制，无法有效开展。例如，"深化艺术品交易市场功能拓展""完善国际贸易'单一窗口'的货物进出口和运输工具进出境的应用功能"中部分改革事项，受制于国家相关部委政策限制，无法推进落实。

第二，市场主体对部分试验任务及创新举措的认知度、参与度不高，且软硬件支撑尚未完全到位。调研发现，"在环境风险可控的前提下开展飞机及零部件维修试点"这项重点任务虽已具备实施条件，但因没有企业提出相关业务需求而未落实。对于"建立与国际大宗商品交易相适应的外汇管理和海关监管制度"

---

① 河南省政府. 河南省电子商务呈快速增长态势［EB/OL］.［2022-01-14］. http：//www.ndrc. gov. cn/fggz/dqjj/sdbk/202202/t20220225_1316884. html？code=&state=123.

这项试验任务，相关部门认为"企业无实际需求"，导致该业务难以开展。调查问卷显示，各片区内45%的企业对国际大宗商品交易有现实需求，39%的企业未来有较强需求，表明相关改革举措宣传和政策支撑有待提升。而且，该项试点任务事实上仅可能在郑州片区展开，但目前尚无合适交易品种适合在河南自贸试验区进行实物交割，加上相关的外汇、税收等配套措施不够完善，导致无法开展试点实施。

第三，部分产业发展支撑政策较为缺乏，新型贸易方式拓展力度仍需加强。调研发现，由于河南自贸试验区支持装备制造、汽车及零部件等产业的工业设计发展政策较少，缺乏配套的奖励措施，明显阻碍了工业设计等先进生产性服务业的发展，制约了辐射能力和技术溢出能力强的先进制造业发展。在拓展新型贸易方式方面，融资租赁、跨境电商取得了一定进展，但与国内其他自贸试验区比较，创新力度、发展规模等方面仍存在较大差距。

第四，服务外包规模不大，转口贸易、离岸贸易等新型贸易方式亟待突破。河南自贸试验区自建设以来，虽然出台了一系列推动服务贸易转型升级、促进服务外包发展的政策措施，但河南自贸试验区内服务外包企业规模小、数量少的现状没有根本性改观，行业分布比较有限，业务类型比较单一。大力发展转口贸易、离岸贸易是重要试验任务，调查问卷显示，87.1%的企业当前或未来对离岸贸易、离岸金融业务有实际需求，但由于外汇、税收政策和监管等配套政策的缺乏，相关改革任务亟待突破。

第二节　打造自由化、便利化投资贸易环境的战略方向与重点

一、打造自由化、便利化投资贸易环境的战略方向

伴随着我国改革开放进程纵深推进，位于内陆地区的河南省迎来对外开放新一轮窗口机遇期。国家实施新时期促进中部地区崛起规划，"一带一路"建设全面展开，国内外产业持续梯度转移，以及实施创新驱动发展战略、《中国制造2025》、"互联网+"行动计划等，都为河南省深化改革、扩大开放，加快产业转型升级提供了前所未有的战略机遇。河南省既要面临挑战，更要把握千载难逢的

机遇，找准自身区位特点、不断改善自身投资营商环境，探索新时期河南对外开放的战略方向。此外，河南省要紧抓产业转移和新一轮产业变革"两个机遇"，强化传统产业升级和新兴产业培育"双轮驱动"，加速经济结构战略调整，创造优质的营商环境，进一步提升对外开放的程度和吸引外资的能力，将河南自贸试验区建设成为内陆地区改革开放、利用外资的新高地。

1. 改善营商环境

营商环境是一个国家或地区经济软实力的重要体现，是提高经济竞争力的重要内容。当前，随着逆全球化的发展趋势，主要发达国家企业、资本正在加速回流，外资撤资、产能回流加剧，与此同时，面对经济增长乏力的格局，无论是国家经济体，还是周围的城市经济体都纷纷祭出了"招商引资"的大旗，充分借助自身优势，发挥制度和区位影响力，争抢优势企业、资本。一线城市如上海、北京等持续全面提升营商环境，"放管服"改革措施不断推陈出新。河南周边省会城市如合肥、武汉、西安、长沙等近年来同样在完善基础设施和投资环境方面下足了功夫。而河南省作为中国中部枢纽和历史悠久的地区，只有招商引资，在吸引外资上有所作为，才能迸发出新的活力，成为改革开放的新高地。面对一线城市和周边省会城市双重压力，河南省必须强化改革创新，加快形成充满活力、富有效率、更加开放的法治化、国际化、便利化营商环境，让高品质的营商环境成为河南省更加出彩的新标志。

河南自贸试验区全力优化营商环境，大力推进投资项目审批、涉外事项、涉企事项办税便利化、民生服务、"互联网+政府服务"等专项改革，营商环境明显优化。以"三十五证合一"改革为例，自推广以来，实现了"企业设立三个工作日办结"，为企业设立和投入经营节约了大量时间和人力成本，获得广大投资者的赞誉，也体现了"法治化、国际化、便利化"的要求。但依然存在缺乏优化营商环境的顶层设计、各片区实施的措施缺乏连续性和持久性、没有形成体系、城市营商环境的协同联动效应没有发挥等问题，这些桎梏降低了市场的活力和市场主体的积极性，因此，结合当前营商环境实际，河南自贸试验区需要进一步聚焦营商环境核心指标，全面压缩办理时限，提高服务效率，降低运营成本，创造更多一流服务实践，以核心指标排名争先、优化提升带动全省营商环境持续创优，进而增强市场活力，增强对外资的吸引力。要持续提升政府管理服务的规范化、高效化、法治化、优质化，进而招来客商、留住客商，招来外资、留住外资。河南省在推进"放管服"改革中，要充分利用大数据、云计算等最新技术开展"互联网+政务服务",让信息多跑路、市场主体少跑腿,甚至全程网上办理政务服务。

2. 打造内陆开放高地

国家外商投资"负面清单"的颁布与不断更新为河南省对外开放提供了方向。中国的自由贸易试验区探索,尤其是河南自贸试验区建设实践为河南省打造中国内陆开放高地不断积累着宝贵的实践经验。此外,近年来河南省在经济发展上取得的成就,绝大部分来源于对外开放成果的显现。面对新一轮的经济发展常态,河南省需要进一步发挥河南自贸试验区和郑州航空港区的辐射带动效应,复制推广河南自贸试验区、郑州航空港区、自主创新示范区建设经验和政策,进一步深化对外开放的程度。河南自贸试验区应全力把握深化改革的机遇和方向,进一步压缩外商投资负面清单,放松外资准入限制,增强对外资的吸引力,全面落实国务院发布的"负面清单"管理举措,根据《外商投资产业指导目录》高水平推进河南自贸试验区建设、航空港区建设及各开发区建设,并支持洛阳航空口岸扩大开放。形成可复制、可推广的创新性外资服务体制、机制经验和对策,形成全方位开放格局。同时为外商、外资落产落户提供更为优质的服务,包括深化外资管理体制改革,简化外商投资项目管理。进一步吸引外资,提高外商投资综合服务水平,创造更加开放、便利、透明的营商环境。

3. 加快推进产业结构调整

如今,河南省生产总值持续扩张,但增长速度逐渐下降到中高速状态。尽管河南省大力推进产业结构调整,高成长性产业快速发展,传统支柱产业改造升级步伐加快;持续做大战略性新兴产业规模,不断促进现代服务业高质量快速发展,在夯实农业在国民经济中的基础性地位的同时,逐步提升第二、第三产业所占河南省国民经济的比重,产业转型升级取得明显成效。但仍存在服务业比重低、新兴产业规模小、传统支柱产业比较优势逐步减弱、技术创新能力不足、农业现代化水平不高等问题。因此,河南省需要在自贸试验区的引领下,借助外资力量迅速推进产业结构调整,促进产业结构优化升级。将制造兴省、服务兴省、农业兴省与网络兴省有机结合,在我国经济社会发展进入新常态的背景下,实现河南自贸试验区跨越式发展,推动河南省经济社会由高速发展向高质量增长、不断优化产业结构方向转变。

二、打造自由化、便利化投资贸易环境的战略重点

虽然,当前我国所面临的国际环境变数增加,国内经济发展进入新常态,但河南自贸试验区却迎来了大有作为的战略机遇期。然而这一机遇期的发展内涵已然发生了转变，由原来的加快发展速度转变为加快经济发展方式的转变。要想探索出、把握好新时期河南省吸引外资的优势战略方向，就要紧抓河南省所面临的战略机遇，久久为功。

中国进入经济新常态以来，外商对河南省的投资特征发生了显著变化：海外投资规模与外资业绩指数逆势上扬；外资母国地域分布集中度提高，尤以亚洲企业为主；来豫外企多进入第二产业，但第三产业增长迅速；外企注册方式虽以合资合作为主，实际经营中独资倾向明显；来豫外企集中于中原城市群，省内地区间引资差异缩小。为进一步提升吸引外资水平，河南省应逐渐弱化对劳动力密集型外海投资项目的吸引，增加对美国、新加坡、日本、韩国投资的吸引力度，鼓励建立合资合作企业，吸引境外大企业，同时加强交通物流基础设施建设。经济新常态下，河南这样的内陆省份和农业大省，要抓住经济发展的新机遇，关键在于利用自贸试验区建设这驾驱动经济增长的"马车"，提升省域范围内对于外商直接投资的吸引力。这已经成为摆在各级政府招商引资与实现跨越式发展工作面前的一个重要问题。

在新的历史时期，河南省打造新时期利用外资新优势的战略重点要结合国务院对河南自贸试验区战略定位，笃定改革发展与对外开放的定位与目标，不断优化投资环境、提升对于海外直接投资的吸引力和利用效率。并在这一实践过程中应坚持市场导向，重视政府宏观规划；加强招商引资队伍建设；扩大引资集聚性优势；优化招商引资社会环境；发挥省内各地市特有优势。

在吸引外资、提升外资利用水平领域，河南省出台的《"十四五"发展规划纲要》为全面扩大开放、实现产业升级与河南省经济社会的跨越式发展，在新时期的改革开放进程中明确了河南省进一步深化改革、扩大开放的政策支持方向。特别是在河南省利用外资新优势的建设上，强化了对于经济社会发展的重点领域吸引外资的政策支持等方面提出了具体措施。2019年6月，河南省人民政府又出台《关于以"一带一路"建设为统领加快构建内陆开放高地的意见》，提出要着力提升开放通道、平台基础优势，促进外商投资便利化，持续提升涉外服务能力。

依据各级政府相关规划与政策文件精神，结合河南自贸试验区当前发展阶段、产业转型升级的战略选择以及实现跨越式发展的目标要求，新时期打造河南自贸试验区打造自由化、便利化投资贸易环境应从扩大外资准入、营造优质营商环境、借力推进产业结构调整三个方面着手，进一步扩大对外开放，精简审批程序，提供便利化营商环境，同时立足制造业、服务业、农业及现代网络经济产业实现河南省经济社会的高质量发展。

1. 加大服务业开放力度

多年来，深处内陆的河南省受区位条件、资源禀赋、产业结构、贸易传统、经济外向度等多重因素限制，虽然以河南自贸试验区、郑州航空港区为对外开放龙头，形成了以点带面、对外开放整体提升的蝴蝶效应，但总体开放规模偏小、发展水平偏低，对于推动区域开放、承接产业转移方面的示范引领作用不明显，需要根据国家实施的《外商投资准入特别管理措施（负面清单）》进一步深化改革、扩大开放，通过提升对外政府服务水平，进而增强对外资的吸引力。根据《中国制造 2025 河南行动纲要》中目标定位与政策规定，不断扩大外资准入领域并优先引导外商投资进入先进制造业领域，在此基础上，深化改革，不断扩大服务业开放，开放外资进入基础设施建设领域，鼓励支持海内外企业与科研机构加强合作、创新研发。推动跨境投融资创新，以更加开放的姿态、更加便利的服务、更优惠的政策吸引外资进驻。

2. 优化外商投资软环境

优质的营商环境是吸引外资的重要手段和砝码，只有营造法制化且公平竞争的市场环境，并依法依规平等对待内外资企业在我国境内的生产，同时使外资企业设立、变更程序以及外商投资项目管理程序得以简化，全方位统筹推进外商投资准入前"国民待遇+负面清单"管理模式的实施，为外资提供优质服务，才能留住外资、吸引更多外资进驻。

第一，营造高效便捷的服务环境。使居于"一网通办"前提下的"最多跑一次"改革得以全面深化，使"放管服"改革得到进一步深化，并推进审批服务便民化，即"马上办、网上办、就近办、一次办"，进一步提高企业获得感。聚焦例如企业投资、不动产登记、市场准入、民生事务、建设工程等重点领域及其重点事项，推进项目审批制度的简化，报建程序的优化，以及审批环节和前置事项的精简，合理推行"多评合一、提前介入、多图联审、并联审批、压缩审批时限"的模式。有效减少企业融资附加费用和企业贷款利率，以提高信贷服务便利度。

第二，营造开放便利的投资贸易环境。参考全球其他经济体的行动举措，河南省需要进一步推进外商投资便利化改革。重点落实并完善内外资企业统一的注册资本制度，取消外商投资公司最低注册资本要求。研究制定吸引企业地区总部或功能性机构落户的鼓励政策。复制推广服务业改革试点经验，同时制定相关便利化政策，实施外国人才办理签证、永久居留申请审核等出入境便利化政策。

第三，营造公正法治环境。推行合理的外资政策，在法律法规执行上要充分体现一致性，在投资环境上要充分体现公平性。另外，除确需境外投资者提供信息或是法律、法规有明确规定外，保障外资企业能够公平参与市场竞争。与此同时要加快投资者保护、财产登记、合同执法、企业开办等方面地方立法。依法依规，严格保护外资企业的知识产权，平等对待外资企业在我国境内生产的产品，从而为内外资企业参与政府采购招投标营造公平公正的环境。建立健全仲裁调解和维权援助机制以及知识产权执法机制。认真妥善处理有关产权保护的案件，完善各类市场主体信用档案，开展企业信用评价。[①]

第四，营造宽松活力的创新创业环境。

3. 打造现代化国际化的市场规则体系

优化资源配置、激发市场活力。深化国有企业改革，鼓励、支持、引导非公有制经济发展，推动企业兼并重组，积极引进能够促进河南省经济社会发展转型升级、提质增效的海外资本，大力全面优化社会营商环境、完善市场制度安排。进一步加快现代产权制度建立，建立健全现代财政制度，维护市场公平有序竞争。

优化提升司法制度保障环境，强化司法保障力度，发挥好郑州自贸区法院作用，建立商事纠纷一站式快速解决机制，常态化开展国际商事仲裁业务，完善仲裁与司法衔接机制，探索设立国际商事法庭，建立"国际仲裁+司法保障+多元化纠纷解决"三位一体的法治保障体系；推动政府采购公开透明，坚持"规制中立"原则，各级政府在郑州自贸区采购产品或服务时，对包括外资企业在内的各类性质和规模的市场主体均一视同仁。创新会计审计专业服务政府采购管理模式，全面清理政府采购专业领域妨碍公平竞争的做法。

4. 支持"一带一路"建设

坚持河南自贸试验区的核心带动作用，提升河南自贸试验区发展的关键节点功能。把握"一带一路"建设发展契机，在国内经济发展模式和国际环境均发生重大变化的新形势下，加大深化改革力度，加快全面开放步伐。

---

① 河南省政府．河南省优化营商环境三年行动方案（2018—2020 年）［EB/OL］．［2022-03-02］．http：//www.gongyishi.gov.cn/portal/rootfiles/2021/06/02/1621382907103176-1621382907158738.pdf.

此外，河南自贸试验区要在新时期、新时代有所作为，实现更高水平的跨越式发展应做到以下几个方面：

第一，需要以基础设施建设为优先领域，逐步推进物流网络、交通运输的完善，并建立优良的服务产业配套体系，跟进高效、便捷的信息通信系统支持，加大"一带一路"通道互联互通水平的提升以及交通物流运行效率、运载能力的提升，强化生产要素和内外产业的区域高效流动与合理配置，提升省域承接产业转移的水平和外资吸引能力。这是促进开放型经济体制建设，为河南自贸试验区发展创造良好软环境的基础。

第二，服务"一带一路"建设应该成为河南自贸试验区发展的战略重点，并通过扩大经济腹地建设的规模与水平，不断强化投资便利化和贸易制度安排，促进政府利用、吸引外资水平质量提升。具体来讲，需要突出服务"一带一路"建设的交通物流枢纽功能，发挥交通优势和物流优势，打造互联互通的"信息丝绸之路"，推动国际物流通道建设，进一步增强吸引外资的能力和影响力。加强与"一带一路"经济体的交流与合作，带动和吸引外资进入文化、食品、物流等行业，进而借助外资推动以郑州为中心的中原城市群发展，并形成辐射效应，带动区域全面招商引资和对外开放。

第三，自贸试验区既是改革机制的试验田，也是对外开放的窗口和门户，这就要求我们必须借助自贸试验区的发展特性和潜在优势，以自贸试验区发展为突破口，进一步推广可复制的经验和体制机制，深化对外开放。依托自贸试验区推动建设快递中转集散中心，打造快件集疏网络。在自贸试验区建设专属物流园区，开展现代物流业务。加强自贸试验区带动航空和铁路国际枢纽口岸建设，发挥国际航空网络和文化旅游优势。进而通过自贸试验区的优良政策和制度拓展吸引外资的深度和广度，形成由点及面、全面发展的格局。

第四，对于海外直接投资产生的"投资转移""投资创造"，经济一体化对海外直接投资产生的效应显现，显著推动了海外直接投资的流入。这就要求自贸试验区必须通过深化改革，完善社会管理与营商环境建设的一体化水平，提高服务效率，最终建立与国际高标准投资和贸易规则体系相适应的行政管理体系。进一步促进我国投资与营商环境的改善，给海外直接投资在我国带来更多新的市场机会，打造形成新时期吸引外商直接投资新优势，推动外商直接投资在我国不断扩张和发展。

第三节 新时期打造自由化、便利化投资贸易环境的政策路径

一、投资方向

1. 创新外资准入与服务体系

河南自贸试验区应积极争取中央授权，在优势和特色产业领域进一步放宽或取消市场准入限制。促进投资管理和便利化等政策创新，试行"容错机制"，鼓励改革创新、允许试错，免于追究相关责任，并做好相关压力测试与抗风险测试。洛阳片区充分发挥河南自贸试验区"宽准入"原则，允许设立"传奇（河南）数字科技有限公司"，在"负面清单"允许的范围内，打造洛阳"梦工厂"。这一创新模式值得借鉴和推广。

2. 推进豫港澳项目合作

采取务实灵活多样的形式，进一步完善港澳招商引资工作协调机制。积极改善河南自贸试验区营商环境，逐步破解豫港澳项目合作的制约条件。一方面，发挥三大片区铁路经济、枢纽区位优势，大力发展铁路航空物流，增强豫港澳物流往来；另一方面，通过企业产品展销会、国际人才交流大会及投资贸易洽谈会、中国国际中小企业博览会等平台，积极引进资金和人才，促进港澳招商项目进一步推进落实，共同开拓国际市场。充分发挥港澳在金融服务、信息资讯、国际贸易网络、风险管理等方面的优势，将河南自贸试验区建设成为内地企业"走出去"的窗口和综合服务平台。

3. 完善境外投资服务体系

河南自贸试验区实行境外投资备案制，健全境外投资综合服务平台，为境外投资提供法律咨询、客商资源、合作项目、跟踪落实等"一站式"服务。确立企业对外投资的主体地位，为企业按规定开展多种形式的对外直接投资提供支持与保障。进一步健全风险防控体系，建立中共河南省委外事工作委员会办公室、河南省商务厅、河南省发展和改革委员会等部门共同参与的境外风险防控和利益保护机制，加强境外投资事后管理和服务，完善境外资产、人员安全风险预警和应急保障体系。在三大片区继续推广"政银合作直通车"服务模式，为片区内

企业融入"一带一路"建设提供支持。

4. 结合片区优势发展总部经济

河南自贸试验区根据自身优势和产业定位，研究制定吸引企业地区总部或功能性机构落户的鼓励政策。三大片区应根据自身优势和产业定位引进和培育总部经济。郑州片区要利用综合交通枢纽、先进制造业、现代服务业等优势，洛阳片区要利用高端制造业、现代服务业等产业基础，开封片区要利用文创产业与医疗旅游两大特色产业，培育和引进总部经济。河南自贸试验区应在总部认定的灵活性、营造宽松的税收环境、提高外汇管理的开放程度等方面不断改善，增加对总部经济的吸引力。

5. 稳步扩大开放领域

河南自贸试验区落实《区域全面经济伙伴关系协定》（RCEP）《中欧全面投资协议》（CAI），研究对标《全面与进步跨太平洋伙伴关系协定》（CPTPP），探索构建与高标准投资规则衔接的基本制度体系。健全准入前国民待遇加负面清单管理制度，探索准入后的投资者保护、市场监管、知识产权等领域开放。继续缩减外资准入负面清单，支持片区探索与区位优势和特色产业定位相匹配的准入政策，扩大鼓励外商投资产业范围，推动"非禁即入"全面落实。扩大先进装备制造业、智能制造、新材料、电子信息、汽车及零部件、生物医药等高端制造业对外开放力度。争取服务业扩大开放综合试点，大幅放宽服务领域市场准入，全面推进"既准入又准营"，在更多领域允许外资控股或独资。加快电信、互联网、教育、交通运输、医疗和文化等领域开放进程，在放宽准入限制、接轨国际规则、推动数据自由流动和职业资格互认等方面先行先试。积极争取中央授权，在文物行业等优势和特色产业领域进一步放宽或取消市场准入限制。鼓励外商投资举办经营性职业技能培训机构。允许具有经国家认可的境外职业资格的建筑设计、规划等领域的境外专业人才，按规定为省内企业提供专业服务。支持引进国际化的规划、建筑工程、建筑设计、会计、知识产权和会展等专业服务机构。鼓励省内医院与国际知名机构合作建设国际医院。加大航空航运对外开放，用好第五航权，争取第七航权。鼓励设立全货运基地航空公司，推进基地航空公司和海外航空公司实现国际航班代码共享。大力引进航空人才培训、航空商务咨询和认证评估以及国际航空租赁等相关服务业。支持开展"两头在外"航空器材包修转包区域流转业务，鼓励飞机维修企业承揽境外航空器材包修转包修理业务。扩大物流业对外开放，积极支持外资、民营资本参与物流枢纽网络建设运营，支持发展第三方、第四方物流，培育高集中度的物流配送服务商。

6. 提升投资便利化水平

河南自贸试验区破除各种隐性障碍和歧视性限制，进一步促进投资便利化。建设国际投资"单一窗口"，提升投资信息和政策的透明度，促进有利于投资便利化的政策创新。着力推进备案管理模式，最大限度地减少登记备案事项。积极探索"标准制＋承诺制"的外商投资制度，在风险可控的前提下试行告知承诺制，优化外商投资产业项目审批流程，加快产业项目落地速度。健全由政府、专业机构、商业行业协会、企业组成的"四位一体"投资促进体系，持续增强与主要投资来源地及潜力国家（地区）的经贸及投资促进机构合作，构建面向全球的投资促进网络。

7. 健全对外投资政策与服务体系

河南自贸试验区推进对外投资管理改革，健全促进与保障境外投资的法律、政策和服务体系。全面推行对外投资"无纸化一日办结"备案模式，提升对外投资便利化水平。深化"政企银保"四方协调合作，引导更多社会资金共同参与对外投资合作。完善境外投资服务体系，构建境外投资资金库、项目库、信息库，形成具有综合咨询、境外投资备案、投资项目推荐、投资地介绍、行业分析、风险预警、境外投资专业服务等功能的"一站式"服务平台。加快出台对外投资、对外劳务合作业务办理指南，开展精细化服务。鼓励中小企业开展对外投资合作，加大对中小企业参与国际合作的支持力度。设立专门服务豫商的海外直接投资保险公司，实行保险审批机构和业务经营机构分离制。建立企业境外投资事项报告制度和投资监管信息系统，完善境外投资监管联动制度。加强境外投资风险防范体系建设，建立企业境外权益保护工作联动机制，整合安全信息、国际救援等各方专业机构资源，构筑企业境外权益保护和突发应急体系网络。

二、贸易方向

1. 加大贸易监管改革举措的宣传

针对已无制度政策障碍，但部分企业仍持观望态度、对参与其中心存疑虑而未能实际落实的重点试验任务，可以借鉴福建自贸试验区的经验，通过线上线下相结合、定期或不定期相结合的形式，对园区内外企业针对性地进行政策解读宣讲和专项培训，进一步提高重点试验任务或创新措施的社会认知程度。

2. 培育壮大国际贸易新业态新平台

可以借鉴上海、福建等地自贸试验区经验，取消外商投资建设工程设计企业外籍技术人员的比例要求，放宽外商投资性公司准入条件，放宽外商设立人才中介机构的限制，加速推动服务贸易新业态创新发展。支持在河南自贸试验区依法合规建设能源、工业原材料、大宗农产品等国际贸易平台和现货交易市场。积极引进企业营销中心、分拨中心、结算中心等功能性平台和服务业总部，大力发展第四方物流，努力培育打造国际贸易新平台。

3. 加大先进制造业政策支持力度，继续推进跨境电商改革探索

结合河南省产业发展实际情况，河南自贸试验区应继续完善电子信息、装备制造、智能终端、汽车及零部件等产业发展政策体系。鼓励先进制造业龙头企业在片区内设立加工基地。加强工业设计发展的配套政策支持力度，加大人才引进，加速创建省级工业设计研究院，为相关产业发展创造良好环境。在监管模式、交易方式、跨境结算等方面，着力推进跨境电商改革探索，促进河南跨境电商更加自由化、便利化，为全国跨境电商发展提供标杆和示范作用。

4. 提升服务外包层次，加快新型贸易方式创新

针对河南省具有一定优势的运输服务、文化创意和工业设计等行业，河南自贸试验区应积极引进行业龙头企业或企业总部，优化产业链条构建、打造优势服务外包集群，提升服务外包层次。充分发挥河南自贸试验区制度优势和郑州陆港、空港基础设施优势，提升转口贸易的吸引力。积极借鉴上海自贸试验区经验，对海关、外汇管理局和金融机构等部门业务进行整合创新，推动离岸贸易业务实现实质性突破。

着力提升贸易便利化水平。对标高标准国际经贸规则体系，聚焦优流程、减单证、提效率、降费用、可预期，着力推进通关、检疫、查验、税收征管制度创新。高标准建设国际贸易"单一窗口"，拓展"单一窗口"功能范围覆盖至服务贸易领域，增设国际会展、物流、支付、代理、保险、出口退税、"一带一路"专区等功能板块，不断完善服务贸易、出口退税、结算业务办理功能。积极探索适应开放型经济体制要求的海关监管制度，贯彻落实进出口货物"提前申报"，优化进口"两步申报"通关监管模式。在海关特殊监管区内，大力推进"智慧通关"体系建设，探索通过电子账册、信用监管、风险监控等集成化制度安排，完善智慧智能、高效便捷的海关综合监管模式，提升货物和资金流动效率。探索"自助通关、在线检疫"新模式，进一步简化单证办理，压缩口岸通关时间。探

索开展口岸查验机制创新和口岸管理部门综合执法试点，推动海关、出入境检验检疫、税务、外汇管理等口岸管理相关部门共用数据标准、共享数据信息、协同监管服务，创新内陆型多式联运海关及检验检疫监管模式。创新优化与新型贸易业态相适应的监管模式，完善相关配套政策，推广跨境电商企业对企业出口监管新模式，积极开展跨境电商进口药品（和医疗器械）试点，推进跨境电商进出口平衡、线上线下融合发展。探索实施鼓励离岸贸易发展的低税率制度，增强离岸贸易的服务能力和风险监控，推动离岸贸易业务实现实质性突破。提高货物流转通畅度和自由度，推动国际中转集拼业务、国际分拨业务发展，促进转口贸易创新突破。打通关检汇税数字化通道，实现国际贸易全链条数字化。逐步推动进出口货物贸易、服务贸易和离岸新型国际贸易结算便利化。推进与重要贸易伙伴国家海关间"经认证的经营者（AEO）"互认合作，构建信息互换、监管互认、执法互助以及检验检疫、标准计量等方面高效顺畅的合作机制。探索农产品检验检疫和追溯标准国际互认机制，扩大第三方检验结果采信商品和机构范围，推进进出口商品溯源创新。

创新发展服务贸易。推进服务贸易创新发展试点建设，争创国家服务贸易创新发展示范区。试行跨境服务贸易负面清单管理模式，争取逐步取消或放宽跨境交付、境外消费、自然人移动等服务贸易模式的限制措施。健全服务贸易促进体系，扩大医疗、教育、金融、计算机和信息服务、商务、文化娱乐、维修维护、知识产权使用费等知识密集型服务出口规模，稳步提升服务贸易综合竞争力。大力发展数字贸易，积极探索以高端服务业为核心的"数字+服务"新业态、新模式，加强对数字贸易以及技术类产品等高端知识型服务贸易跨境流动方面的制度创新，提升数据要素跨境流动便利化水平。探索开展数字贸易统计监测。完善技术贸易促进机制，聚焦重点产业领域、基础科学研究和关键核心技术，对河南省急需并纳入国家《鼓励进口服务目录》的服务进口加大支持力度，促进技术进口来源多元化。加快新型服务外包发展，大力发展云外包、众包众创、平台分包、数字制造外包等新型服务外包。大力发展农业服务贸易，通过农业标准推广和技术示范，推动农业标准、技术、装备和种子"走出去"。鼓励引进国内急需的研发设计、节能环保、环境服务和咨询等生产性服务，大力发展新兴专业服务贸易。

培育跨境贸易新平台。大力发展平台经济，支持在河南自贸试验区依法合规建设能源、工业原材料、大宗农产品等国际贸易平台和现货交易市场，建立健全与国际大宗商品交易相适应的外汇管理和海关监管制度。积极引进企业营销中心、分拨中心、结算中心等功能性平台和服务业总部。整合跨境贸易信息资源和互联网平台，以"政府牵线、市场运作"模式在中欧班列沿线国家强化国际运输、保税仓储、货运代理等跨国（境）物流管理和配套服务。加快建设数字贸易高质量基础设施，推动国际互联网数据专用通道、数据枢纽及数据平台建设，申建国家数字服务出口基地。河南省积极申建国家进口贸易促进创新示范区，全面提升进口对产业、消费的促进作用。推进跨境电商货运物流"多仓联动"数字化集运新模式，规划布局海外仓、边境仓、中继仓和前置仓。完善海关、商务、税务和外汇等相关配套政策，加快发展跨境电商、市场采购贸易等新业态，支持海外仓升级发展。大力推进跨境电商公共服务平台系统建设，打造实体保税展示交易与电子商务相结合的全渠道国际商品交易平台。

第七章　自贸试验区建设的河南实践：促进现代产业集群发展

第一节　河南省产业发展竞争力比较

与国内在河南自贸试验区之前设立自贸试验区的上海、天津、广东和福建四个省市相比，河南省制造业和服务业具有一定的产业发展基础和发展优势，主要体现在产业链竞争力、规模企业竞争力、生产要素竞争力和技术水平竞争力四个方面。

一、产业链竞争力评估

产业链竞争力是评估一个地区产业发展完整度的重要指标，是衡量该地区区域经济竞争力的现状和未来发展潜力的重要依据，它一方面说明了当前区域产业总体发展已经达到的水平和层次；另一方面则是区域内产业未来发展的重点。产业链较为完整的产业有着较大的竞争优势，本节采用投入产出表中的国内省外流入和国内省外流出这两个指标来衡量各省的产业链竞争力。如果某一产业的国内省外流入过大，说明该行业需大量进口来满足需求，产业链薄弱，竞争力相对较差；如果某一产业的国内省外流出较大，说明该产业可以大量出口，产业链完整，竞争力较强。

1. 五省市制造业产业链竞争力评估

从五省市各行业的国内省外流入和流出量发现（见图7-1、图7-2），河南省的食品和烟草制造业、非金属矿物制品业、金属冶炼和压延加工品制造业这些产业的国内省外流出均远高于国内省外流入，说明河南省在这些产业上产业链较

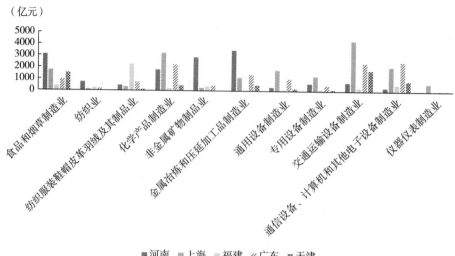

图 7-1　五省市制造业国内省外流出

资料来源：根据五省市统计年鉴整理。

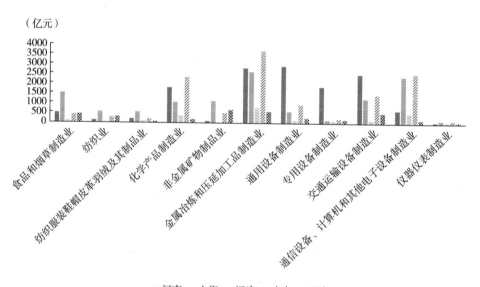

图 7-2　五省市制造业国内省外流入

资料来源：根据五省市统计年鉴整理。

完备，产业链延长性好，产业链竞争力较强。推进产业链融合发展，塑造产业竞
争力，需要以市场需求为导向，发挥龙头企业引领示范作用，以完善利益联结机

制为核心，鼓励企业利用资金、技术和品牌等优势，延伸产业链条，加快上下游企业的兼并重组；河南省金属冶炼产业应发展重点项目，培养优势骨干企业，形成产业集聚区、县域特色产业园区，组建产业企业联盟，逐渐完善产业链条并大力向产业链上游发展。加强高端制造业研发制造基地建设，在汽车制造业上，以宇通客车股份有限公司和河南少林客车股份有限公司为依托，进一步巩固大中型客车在国内市场的龙头地位，不断提升节能客车、新能源客车的研发水平，扩大节能客车、新能源客车产能规模。

2. 五省市服务业产业链竞争力评估

图7-3、图7-4表明，河南省在租赁和商务服务产业链发展良好，产业链竞争力较强。河南省服务业立足增强区域服务和辐射带动能力，强化高端要素集聚、主导产业支撑和特色集群培育，推动商务中心区和特色商业区提质扩容增效发展，加快建设和改造提升现代物流、电子商务、信息科技、文化创意、服务外包、养老健康和专业交易市场等服务业专业园区，构建"2+7"服务业集聚发展格局，形成现代服务业集聚区发展体系。

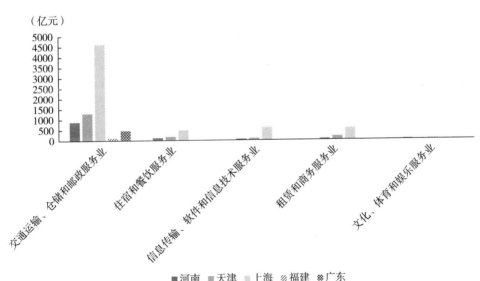

图7-3　五省市服务业国内省外流出

资料来源：根据五省市统计年鉴整理。

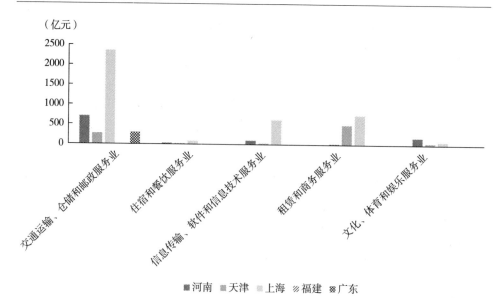

（亿元）

■河南 ■天津 ▨上海 ▨福建 ▨广东

图 7-4 五省市服务业国内省外流入

资料来源：根据五省市统计年鉴整理。

二、规模以上工业、服务业企业竞争力评估

1. 五省市规模以上工业企业竞争力评估

规模以上工业企业作为工业的重要组成部分，对产业发展、经济增长的拉动作用和贡献占非常大的一部分。规模以上工业企业发展是区域经济发展的重要引擎，对提升地区的竞争力有着重要的现实意义，通过对比各地区规模以上工业企业竞争力，可以进一步明确各地区规模以上工业企业的竞争力情况，有利于提高规模以上工业企业的行业地位，激励其做大做强。通过加强培育和扶持发展，形成一批规模大、经济效益好、主业突出、主导产品市场占有率高、自主研发能力强、技术装备先进的规模以上工业企业和企业集团，充分发挥规模以上工业企业带动效应，使之成为区域经济发展的主导力量和产业结构优化升级的重要依托。

从图 7-5 和图 7-6 可以看到，在农副食品加工业、食品制造业、纺织业、金属冶炼及压延加工业和专业设备制造业这些优势产业上，河南省规模以上工业企业的资产总计与利润总额最高，占据明显的竞争优势。可见，由于得天独厚的地域优势以及资源优势，河南省在食品、纺织、金属制品这些资源密集型和劳动密集型行业领域具有竞争力。对高端装备制造业、电子信息产业、食品工业、医药产业等重点产业，河南省支持优势企业实施并购重组和产业整合，支持优势产业做大做强，提高产业集中度和整体竞争力。

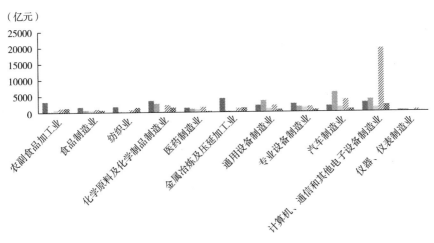

图7-5　五省市分行业规模以上工业企业资产总计

资料来源：根据五省市统计年鉴整理。

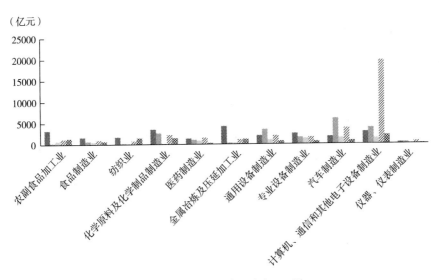

图7-6　五省市分行业规模以上工业企业利润总额

资料来源：根据五省市统计年鉴整理。

2. 服务业规模以上企业竞争力评估

河南省的信息传输、软件和信息技术服务业、租赁和商务服务业发展势头较好（见图7-7、图7-8），能够带动周边产业发展。河南省加快培育百亿、千亿级服务业产业集群，形成服务业发展新的增长点，大力实施服务业品牌战略，鼓励服务业企业品牌创建、开发、运营一体化，放大品牌增值效应，改造提升服务业传统老字号企业，培育形成一批具有自主知识产权的服务品牌，提高河南省服务业影响力和竞争力。

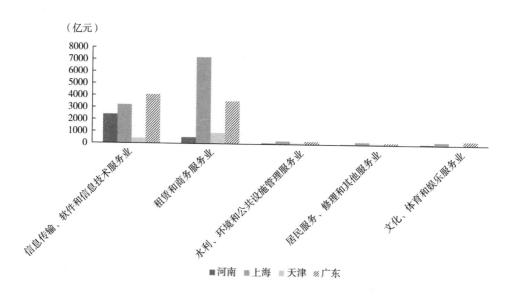

图7-7 服务业分行业规模以上企业营业收入

资料来源：根据四省市统计年鉴整理。

三、生产要素竞争力评估

生产要素价格的波动，反映了要素禀赋结构的变化，直接关系到企业的竞争优势，影响企业的生产经营决策和生产过程中的要素配比，要素市场机制的完全性、要素价格能否如实反映生产要素的供给关系，都会给生产者带来错误诱导，难以实现在全球价值链上的攀升。生产要素价格上涨，使企业面临成本上升压力，因此必须在简单重复加工和进行技术创新之间重新权衡。因此，生产要素价格的变化，会改变企业的竞争优势和竞争策略，影响企业的竞争力。劳动和资本是最重要的生产要素，本书考察 2015 年河南、天津、上海、广东、福建五省市劳动和资本要素的价格情况，分别以平均工资和固定资产投资表示。

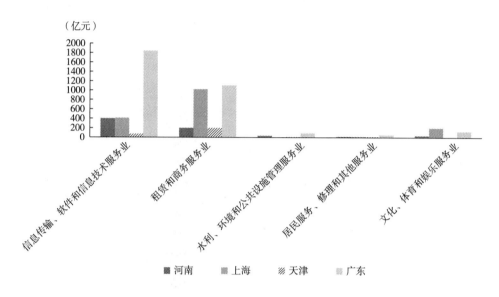

图 7-8 服务业分行业规模以上企业营业利润

资料来源：根据四省市统计年鉴整理。

1. 五省市制造业生产要素竞争力评估

除河南省外，其余四省市的制造业人均工资均高于全国平均水平（见图7-9），上海市的制造业人均工资水平最高，大多数制造业行业的人均工资在全国人均工资的 1.5 倍到 2 倍。对于企业来说高工资意味着高成本，河南省的制造业人均工资较低，意味着较低的劳动力成本，劳动力竞争力强，能够吸引劳动密集型企业来河南投资办厂，如富士康。就本省而言，河南省交通运输设备制造业、通信设备制造业、计算机及其他电子设备制造业、仪器仪表设备制造业等高端制造业人均工资较高，能够吸引更多高端人才，从而加快高端制造业的发展。对于消费品工业而言，河南省应更多地发展和承接劳动密集型产业来发展本地区经济。

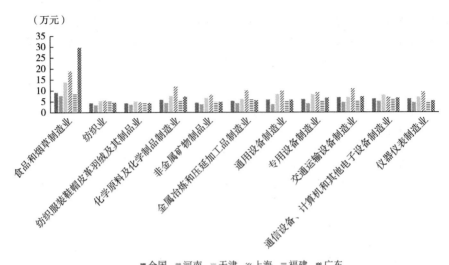

图 7-9 五省市制造业分行业人均工资

资料来源：根据五省市统计年鉴整理。

　　河南省在食品和烟草制造业、纺织业、非金属矿物制品业、金属冶炼和压延加工品制造业、通用设备制造业、专用设备制造业、交通运输设备制造业这些行业固定资产投资最大（见图 7-10），且投资重点逐渐向高精尖制造业转移，传统

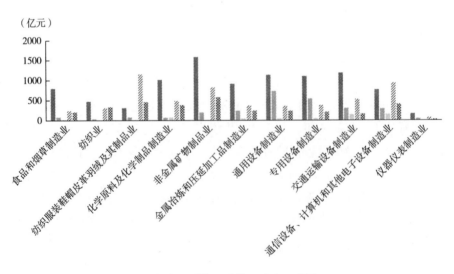

图 7-10 五省市制造业分行业固定资产投资

资料来源：根据五省市统计年鉴整理。

制造业投资在进一步缩小，投资结构持续优化，控制低端制造业发展，高成长性制造业投资占工业投资比重进一步提高，传统支柱产业改造提升步伐加快，有利于扩大河南省制造业生产要素竞争力。

2. 服务业生产要素竞争力比较

由于服务业快速发展，服务业工资要远高于制造业工资（见图7-11）。就河南省而言，围绕高成长性服务业大省建设，综合实力快速壮大，服务业固定资产投资快速增长（见图7-12），大力强化郑州国际物流中心功能，加快建设中国（郑州）跨境电子商务综合试验区，物流业、信息传输等主导服务业工资同比增长，劳动力竞争力增强。

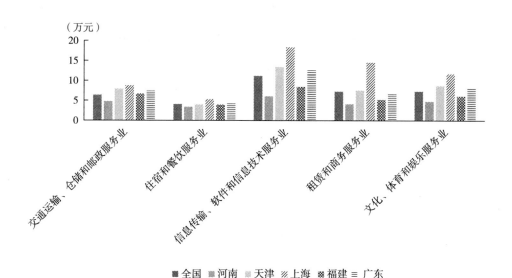

图7-11　五省市服务业分行业人均工资

资料来源：根据五省市统计年鉴整理。

四、技术水平竞争力评估

知识密集、技术密集的高新技术产业代表着一个地区的综合实力和整体竞争力，已成为最富有活力的经济增长点。技术水平的高低逐渐成为产业竞争力的关键。技术水平竞争力的评估主要选取高新技术产业，对比各省拥有科学研究与试验发展（R&D）活动企业个数和R&D人员（见图7-13、图7-14），可以发现河

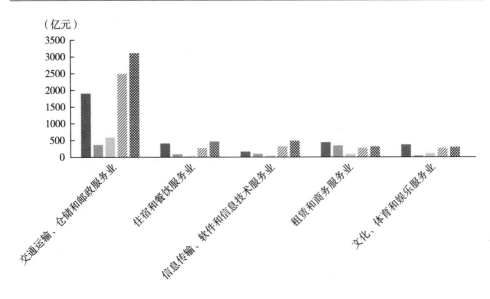

■ 河南 ■ 天津 ■ 上海 ∥ 福建 ▩ 广东

图7-12　五省市服务业分行业固定资产投资

资料来源：根据五省市统计年鉴整理。

南省的医药制造业在五省市中具有相对较强的竞争优势，在医疗仪器设备及仪器仪表制造业上位于广东和上海之后，相比于天津和福建具有一定的竞争优势。以上分析表明，河南省的科技活动规模虽然要弱一些，但在高新技术领域的创新能力、人才培养中处于中上等，这说明河南省相对较重视高新技术产业的资源投入。河南省人民政府在《关于加快自主创新体系建设促进创新驱动发展的意见》中针对壮大创新创业人才队伍提出了主要任务：以实施"创新人才推进计划""千人计划""百人计划"为重点，完善人才引进和培养政策体系。河南省高新技术产业技术成果转化良好，高新技术产业开发区作为高新企业聚集的地方，也就是说高新技术产业研发、成果转化的基地发展势头良好，有利于河南省努力建设技术创新型人才培养基地、构建人才创新发展平台，落实创新创业人才引进的普惠性政策，吸引优秀的高新技术人才进入高新技术产业进行创业或者就业。

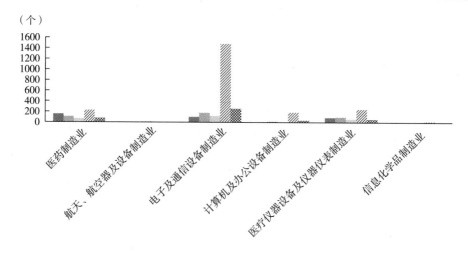

图 7-13 五省市拥有 R&D 活动企业的个数

资料来源：根据五省市统计年鉴整理。

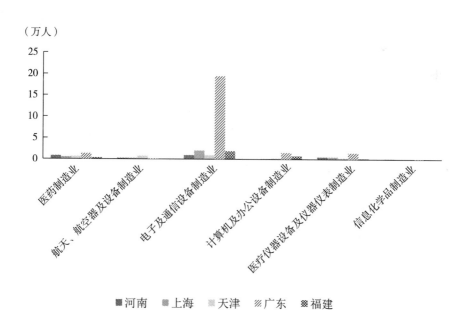

图 7-14 各省市高新技术产业拥有 R&D 人员数

资料来源：根据五省市统计年鉴整理。

第二节 河南自贸试验区产业优选

立足河南自贸试验区产业发展基础，围绕河南省产业竞争优势，遵循国内外典型自由贸易区产业选择的一般规律，以郑州、洛阳、开封三大片区的功能定位为依据，合理布局片区重点产业，实现三大片区产业的特色化、差异化发展。

一、郑州片区

郑州片区基于打造多式联运的国际性物流中心，发挥服务"一带一路"的现代综合交通枢纽作用的功能定位，重点发展智能终端、高端装备及汽车制造、生物医药等先进性制造业和物流配送、国际商贸、跨境电商、金融服务、服务外包、创意设计、商务会展及动漫游戏等生产性服务业。

（一）先进性制造业

1. 智能终端

郑州片区实施智能系统建设工程，加快发展智能制造关键技术装备，强化智能制造标准、工业电子设备、核心支撑软件等智能制造基础。重点加强与国内外优势企业合作，引进一批重大项目，发展数字化、集成化、个性化的智能终端产品，建设重要的全球智能终端产品研发生产基地。

（1）智能手机。郑州片区着力扩大智能手机规模，加快发展智能手机设计、研发、制造及应用服务，推动平板显示、高端屏组件、摄像模组、电池等零组件生产本地化。大力引进研发设计公司，稳步提升核心零部件的研发设计能力，为智能手机产业发展提供支撑，建设智能手机生产研发全产业链，实现高端化、品牌化发展。重点项目包括：联创电子年产4000万部手机产业化项目。

（2）其他智能终端产品（设备）。郑州片区积极发展平板电脑、智能电视和可穿戴智能终端产品，做大做强智能终端代工业务，强化整机制造实力。研发智能车载、智能教育、移动医疗、移动执法等应用终端设备。关注新技术发展趋势，重点在屏组件、芯片和主板、摄像模组等领域实现突破，带动其他产业链环节发展。重点项目包括：合众智造（河南）北斗设备和导航系统项目、中国移动（河南）数据中心项目、中国联通中原数据基地三期、中国电信中部数据中心（郑州航空港）项目、中关村协同发展产业园项目、光力半导体智能制造产业基地项目、榴莲超星球超级流量新基建项目。

2. 高端装备制造

郑州片区实施高端装备创新发展工程，提升自主设计水平和系统集成能力，推动装备制造的个性化、柔性化、智能化、数字化和网络化发展，促进制造业产业链向研发设计、品牌营销等高端环节提升，向高附加值、高技术含量的方向发展，形成集研发、制造和销售于一体的智能制造产业链，培育推广新型智能制造模式，建设国家智能装备研发制造基地。

（1）机器人。郑州片区以智能机器人产业园为载体，按照"培育本土、引进龙头、推广应用"的发展路径，着力突破机器人精密减速器、伺服电机、传感器、控制器等关键零部件制造技术，重点发展智能焊接机器人、码坯机器人、搬运机器人等工业机器人，大力开发特种机器人，积极培育发展医疗健康、家庭服务、教育娱乐、物流等方面的服务型机器人。围绕制造业智能转型的需要，培育和引进一批机器人系统集成商，大力发展冲压、焊接、搬运、装配、分拣和物流等系统集成业务。重点项目包括：中原动力智能机器人项目。

（2）3D打印。郑州片区以提升增材制造技术与装备的研发制造能力为目标，积极引进国内外增材制造领域优势企业，针对航空、汽车、文化创意、生物医疗等领域需求，突破钛合金、高分子材料等一批增材制造专用材料生产技术。发展增材制造技术相关应用与服务，提升相关制造业的设计和工艺制造水平。加强与清华大学、西安交通大学、华中科技大学等高等院校的技术合作，筹建郑州增材制造协同创新研究院。重点项目包括：晶拓合成钻石项目、中镜科仪电镜耗材保税研发及加工项目。

（3）物流装备产业。发挥郑州区位优势，瞄准本地市场，加强与北京机械工业自动化研究所、机械科学研究总院等单位合作，加快食品冷链、医药、烟草、机械、汽车、干散货、危险化学品等专业物流装备的研发。积极发展标准化、厢式化、专业化的公路货运车辆，积极发展铁路特种车辆、专用货车以及高铁快件等运输技术装备，加强物流安全检测技术与装备的研发和推广应用。重点项目包括：中国中铁高端智能化装备产业园项目、宇通自动驾驶研究院项目。

（4）通用航空装备。以郑州航空港经济综合试验区和郑州航空产业技术研究院为载体，重点发展无人直升机、无人固定翼机、无人多旋翼飞行器、无人飞艇、无人伞翼机等，积极发展轻型公务机、水陆两栖飞机、轻型涡桨飞机、航空发动机、飞机发动机维修等产业，打造中部地区重要的通用航空产业集群。重点项目包括：卫华集团研发及高端制造产业园项目。

（5）节能环保装备。以郑州经济开发区为载体，重点发展半导体照明、节能电器、新型节能建材等节能产品；加快发展烟气脱硫脱硝脱汞处理装备、除尘专用装备、城市垃圾等固体废弃物污染防治装备，以及环保材料制剂、环保监测仪器装备等；大力发展高效锅炉、节能电机、节能型工业窑炉、余热回收利用等节能技术和装备，着力形成全国重要的节能环保产业集群。重点项目包括：郑州煤矿机械集团股份有限公司产业园项目、速达工业机械股份服务有限公司煤炭机械再制造暨后市场服务项目、中联重科项目。

3. 节能与新能源汽车

郑州片区以低碳化、信息化、智能化为导向，注重节能与新能源汽车的研发设计，扩大产业规模，打造国家节能与新能源汽车生产基地。

（1）节能汽车。郑州片区提高中高端乘用车市场占有率，研发生产城市SUV（运动型多用途汽车）、中高级轿车、中高端客车等优势车型和发动机、变速器等关键零部件，做大做强节能汽车产业。重点项目包括：上汽郑州产业基地高效节能发动机二期项目。

（2）新能源汽车。郑州片区加快各整车企业的电动汽车研发和产业化步伐，重点发展纯电动客车、纯电动乘用车、纯电动皮卡、特种用途专用电动汽车、燃料电池汽车和电动汽车动力总成系统、电池、电机、电控等新能源汽车核心零部件，推动无人驾驶客车产业化。大力引进国内外先进的新能源汽车电机电控企业，以比克电池、国能电池为重点，高起点计划建设郑州电池产业园，重点引进一批国内外知名的电池和电池材料企业，培育壮大新能源汽车动力电池产业集群，打造配套完善的纯电动汽车产业链，建设国际先进的新能源汽车研发生产基地。重点项目包括：宇通新能源汽车电驱动项目、海马汽车混合动力乘用车研发及产业化项目、河南邯钢福然德汽车部件钢板成型冲压生产线建设项目。

（3）智能网联汽车。郑州片区抢抓国内外汽车产品智能化、网联化发展趋势，联合宇通客车股份有限公司、河南少林客车股份有限公司及科研院所，积极开展大中型客车无人驾驶技术的研发和成果应用，重点支持车载环境感知控制器、车辆智能控制与集成技术、基于网联的车载智能信息服务系统、数据安全及平台软件五项技术开发与产业化，鼓励大型物流公司开展智能网联汽车编队运输应用示范。重点项目包括：宇通汽车整车生产制造基地项目、比亚迪汽车生产基地项目、上汽乘用车基地项目、郑州宇通集团有限公司年产6万辆商用车新建项目。

4. 生物医药

郑州片区加强与高校、科研院所、国内外大型医药企业合作，建立生物医药及现代中药产学研创新平台，完善技术创新体系，加速医药科技成果本地化，构建以诊断试剂、创新药物、高端医疗器械为主的新型产业体系，努力把郑州建设成为国家生物医药产业基地。

（1）新型药和高端制剂。郑州片区加强血液制品的研发和技术提升，重点推进预防狂犬病、病毒性肝炎和恶性肿瘤等防治疫苗及联合疫苗的研究，研发多联多价联合疫苗、治疗性疫苗等新型疫苗，开发新型抗体药物、抗体偶联药物、全新结构蛋白及多肽药物，支持研发遗传性疾病、恶性肿瘤、传染性肝炎、艾滋病等重大疾病的快速诊断试剂及新型诊断试剂。重点发展具有传统优势的化学药注射剂、片剂和高端原料药，积极研发化学创新药物、专利到期药新品种，开发与应用缓控释、靶向给药新技术，大力发展针对重大疾病的新型化学药制剂、生物技术药物等，开展新结构、新靶点、新机制的创新药物研究。重点项目包括：生物医药大健康产业园项目、临空生物医药产业园项目、郑州鸿运华宁生物医药有限公司创新抗体药生产基地项目、德迈医药产业园项目。

（2）现代中药。深入挖掘郑州在中医、中药上的传统优势，重点发展治疗心脑血管疾病、消化系统肿瘤、肝炎等疾病的中成药品牌产品，加快经典名方、秘方、验方的研发和产业化。加强提取、分离、纯化等关键技术开发，推动符合国际标准的精制饮片、超微饮片、配方颗粒的技术开发和产业化。加强中医药疾病预防保健品研发，重点发展濒危稀缺药材人工繁育技术，提升大宗道地药材标准化生产和产地加工技术。重点项目包括复旦国药生物医药联合研究中心产业创业中心项目。

（3）医疗器械。做强体外诊断试剂仪器品牌，加快发展呼吸机、麻醉机、心电监护仪、血液透析机等常规医疗器械，积极发展质子肿瘤治疗、彩色超声诊断、远程医疗等新型医疗器械，着力发展穿戴设备、移动医疗设备、家庭健康产品、医用传感器等中高端智慧医疗产品和康复辅助器具。重点项目包括：安图生物体外诊断试剂产能扩大项目、安图生物诊断仪器产业园项目、安图生物体外诊断产业园（三期）项目、翔宇医疗康复医疗器械基地项目、新植肾脏病临床研究院项目、斯高电生理研究院项目。

（二）生产性服务业

1. 现代物流

郑州片区依托郑州国际物流园区，着力发展总部经济，打造集仓储、运输、配送、流通加工、信息服务于一体的完整物流产业链条，加速商流、物流、资金流、信息流资源融合共享，不断向价值链高端延伸。加快建设以"一单制"为核心的多式联运服务体系，借助（境内）公路、铁路、海港等运输方式与国际航空、境外陆运整个运输链的信息共享开展"多式联运+"，最终实现"一单到底、物流全球"，建设国际化物流基地和国内集疏分拨中心；依托中欧班列和郑州新郑国际机场"空空+空地"货物集疏模式，发展跨国采购、国际中转集拼、国际配送、保税加工业务等国际中转物流；发展航空物流、快递物流、保税物流，构建国际、区域、城市三级物流配送网络体系，形成以多式联运为基础的覆盖中部、辐射全国、连通世界的国际物流配送体系；改造提升传统运输和仓储企业，支持发展第三方、第四方物流，培育高集中度的物流配送服务商。重点项目包括：中欧班列（郑州）集结中心示范项目、郑州国际物流园区公路港及配套项目、京东亚洲一号郑州经开物流园项目、郑开汽车零部件外贸出口基地项目、丰昆仓储现代物流园项目。

2. 国际商贸

发挥郑州国际综合交通枢纽节点的交通物流优势，紧抓郑州 EWTO 核心功能集聚区、中国（郑州）跨境电子商务综合试验区、国家中心城市、航空港区建设、国际陆港建设的机遇，以云计算、大数据、移动互联网、物联网、务联网和新型终端技术等为代表的新一代信息技术为支撑，以开放创新为动力，促进商贸服务业信息化、高端化、国际化发展。积极连接全球资源，吸引国内外企业总部、功能性机构落户郑州，培育一批拥有著名品牌和自主知识产权、主业突出、辐射范围广、核心竞争力强的大型商贸龙头企业，打造具有投资决策、资金管理、研发、采购销售等功能的区域性管理营运中心，构建郑州国际商贸大平台。完美结合产品供应链和服务供应链，串联提供商流、物流、信息流、资金和政府服务等各项资源，实现从研发到最终消费一体化，打造商贸业供应链思维，助推郑州"国际商都"建设，把郑州建设成为具有国际影响力的重要经贸和金融中心。重点项目包括河南卢森堡中心项目。

3. 跨境电商

郑州片区基于大数据、云计算、物联网等新一代信息技术网络新形态和网络经济空间的拓展，完善快件处理设施和绿色通道建设。积极开展"跨境电商+智慧物流"等新业务，建设智慧物流园区和全国性专业服务平台，推动跨境电商实现全程无纸化通关，产品实行"即报即备""即查即放"，提升跨境电商物流效率和贸易便利化水平，打造全国快递中转集散中心和国际网购物品集散分拨中心。重点项目包括：康多多跨境电商保税仓项目。

4. 金融服务

坚持"引外""培内"同步推进，实现国内政策性银行、全国性股份制银行进驻郑州片区，力争外资银行入驻。发展金融租赁、期货保税交割、仓单质押融资等业务，提高河南在大宗商品交易、物流、信息等方面的核心竞争力；允许河南自贸试验区内跨国企业集团开展跨境双向人民币资金池业务，开展跨境人民币贷款和人民币贸易融资资产跨境转让业务；探索新的文化产品融资模式，鼓励开展版权、专利、方案等质押贷款业务。重点项目包括郑州国际金贸港项目、龙湖金融岛外环建筑群项目、华信期货大厦项目、中原金融大厦项目、河南农投金融服务项目、河南联创华凯创业投资基金管理项目。

5. 服务外包

鼓励郑州片区内企业积极应用国际电子商务及第三方平台，开拓工程及技术承包、劳务输出、文化传播、中医药服务等境外市场。依托国家 863 中部软件园、郑州金水科教园区人才及产业基地等平台拓展服务外包业务。

6. 信息技术服务

郑州片区支持新一代信息技术领域核心关键技术研究开发与试点应用，重点发展信息安全、大数据、云计算、物联网等领域。构建"安全芯片研发+安全智能终端生产+安全服务"全产业链条，建成集技术创新、产业化和市场应用于一体、结构合理、重点突出的信息安全产业集群；全面提升大数据产业集聚能力、大数据技术创新能力和大数据安全保障能力，积极建设国家大数据综合试验区核心示范区；逐步形成涵盖产品技术研发、终端设备制造、行业应用、信息服务的完整产业体系；突破一批核心关键技术，研发一批具有国际竞争力的拳头产品，创建国家级物联网示范基地。重点项目包括传朋科技（河南）有限公司项目、郑州盒马网络科技有限公司项目、启迪郑东科技城项目、郑东新区信息电商产业园项目、讯飞幻境互联智慧教育平台项目、省级产品质检中心项目。

（三）绿色经济

郑州片区全面落实碳达峰碳中和重大战略部署，推动产业绿色化和绿色产业化，加快构建绿色产业体系，打造低碳试点先行区。启动绿色经济发展专项行动，建设绿色再制造基地，打造绿色低碳货运冷链，发展绿色仓储，加强快递物流包装绿色治理，推广绿色产品标准、认证、标识体系，大力发展绿色制造业、绿色服务业、绿色环保产业和绿色贸易。鼓励创建绿色企业、绿色工厂，为绿色商品和服务投资、研发、生产和贸易提供优惠政策。对依法合规、满足生态环境保护要求的基础设施产业、重点产业开辟绿色通道。

发展绿色投资合作，引导外资投向节能环保、生态环境、绿色服务等产业。进一步落实资源有偿使用制度，组织外资参与排污权、用能权、用水权、碳排放权市场化交易，支持郑州片区建设零碳排放示范工程。发挥河南省新兴产业投资基金、绿色发展基金等政府投资基金的引导作用，探索开展跨境绿色资产证券化、绿色债券、绿色股权投融资业务。

二、洛阳片区

洛阳片区围绕提升装备制造业转型升级能力和国际产能合作能力，打造国际智能制造合作示范区，推进华夏历史文明传承创新区建设的功能定位，重点发展装备制造、机器人、新材料等高端制造业以及研发设计、电子商务、服务外包、国际文化旅游、文化创意、文化贸易、文化展示等现代服务业。

（一）高端制造业

1. 装备制造

洛阳片区依托洛阳市装备制造工业基础，坚持高端引领、整机带动，积极谋划、实施一批整机制造项目，加快突破关键核心部件制造和系统解决方案、智能装置耦合、工业大数据应用等集成应用瓶颈，推进先进制造技术、互联网技术和智能技术融合集成，提升智能化集成应用能力，重点打造洛阳高新区智能装备产业示范基地、涧西区洛阳国家大学科技园和伊滨区智能装备产业园。

（1）机器人。作为河南省唯一以工业机器人为主的智能装备生产基地，洛阳片区应引进培育一批机器人系统集成龙头企业，发展焊接、上下料、搬运、码垛、检测等工业机器人，拓展水下机器人、消防灭火侦察机器人、灾区侦测机器人、专业服务机器人、个人和家用机器人等，开发具备增强传感器、机敏性与智能的机器人，构建集研发、制造、集成、应用和服务于一体的先进机器人产业链。重点项目包括：河南洛宇智能科技有限公司智能终端研发与制造项目、新一代人机协作型机器人项目。

（2）智能制造装备。洛阳片区应以智能成套装备、智能农机装备等为突破口，加快发展轴承、新型传感器、齿轮与传动装置、控制系统与智能仪表等智能测控与部件产业。重点引进伺服电机、等速万向节、滚珠丝杠等高附加值核心配套产品，提升主机的本地化配套率。重点项目包括高新区洛阳丰李电子信息产业园项目、中航光电高可靠光电液连接器组件研发及产业化项目、中航光电高速互联技术工程研究中心项目。

2. 新材料

洛阳片区发挥洛阳新材料产业科研与基础优势，加大新产品研发、承接产业转移及创新型团队引进力度，大幅提高洛阳新材料产业的自主创新能力和集聚发展水平，推动产业终端化、高端化、集群化发展。

新材料例如先进合金材料。坚持超轻化、合金化、专用化、高性能、绿色化发展原则，推动与国际国内优势企业合作，不断拉伸产业链。大力发展非纤用聚酯、特种工程塑料、氟橡胶、氟碳涂料、电子级含氟气体等高分子化学材料和氟化工材料。重点项目包括：河南东微电子材料有限公司半导体靶材二期项目、振烨集团铜基新材料产业园项目、汉晶高新材料（河南）有限公司超高水氧阻隔功能膜项目、洛阳誉芯金刚石项目、洛阳金鹭硬质合金工具有限公司高性能碳化钨及硬质合金产品关键技术研究及产业化项目。

3. 通用航空

洛阳片区落实河南省通用航空产业发展计划，超前谋划洛阳市通用航空产业，拓展发动机叶片、机匣、涡轮等核心零部件加工装备，以及极限工具、复杂精密零件、复合3D打印等航空航天精密制造技术及装备。重点项目包括中航光电换代升级项目、洛阳微米光电科技有限公司红外线光学研发制造项目、洛阳炬瑞智能科技有限公司光机电仪器设备研发项目。

4. 其他高端制造业

在新能源领域，洛阳片区重点培育光伏、光热、新能源装备等产业集群；在高端化工领域推动石油化工和煤化工向装置规模化、产品系列化、精细化发展，实现循环利用、链式延伸。重点项目包括钛创科技铜栅线光伏电池片项目、格力（洛阳）冰箱洗衣机生产基地项目、涧光特种装备股份有限公司高端石化环保特种装备制造基地项目、中色科技股份有限公司单机架冷轧机电气控制系统产业化项目、新型消防灭火剂及制导灭火弹项目、洛阳瑞昌环境工程有限公司有机固废高温气化熔融成套装备产业化项目、清洛基地轨道交通高效成型磨削技术及产业化项目、洛阳易普特智能科技有限公司 3D 砂型打印设备研发及云平台建设项目。

（二）现代服务业

1. 服务外包

洛阳片区积极开展省级服务外包示范城市和示范园区创建活动，加快推进洛阳恒生科技园、洛阳国家大学科技园、洛阳 863 创智广场、洛阳信息科技城、洛阳浙大科技创意园等省级示范园区建设，支持洛阳申建国家服务外包城市。壮大服务外包主体，吸引一批国际知名服务外包企业在洛阳落户。加强与上海、北京、广州、深圳、南京和苏州等服务外包示范城市合作，拓展服务外包范围。重点项目包括：周山中科（洛阳）智慧广场项目、洛阳周山知识产权运营中心项目、洛阳周山科技大市场项目、洛阳周山科创新城项目。

2. 国际文化旅游

洛阳片区紧紧围绕"建设国际文化旅游名城"的总体目标，以延伸产业链为主线，挖掘整合洛阳历史文化和山水生态资源，做大做强文化旅游产业，推动文化旅游发展从观光为主向观光与健康养生度假融合发展转变、从门票经济向产业经济发展转变，建设国际知名文化旅游休闲胜地。实施精品文化旅游项目工程，打造富有特色的系列旅游产品；实施"洛阳礼物"开发营销工程，增强文化旅游营销能力。实施特色文化产业发展工程，做大做强牡丹文化产业和工艺美术业。重点项目包括隋唐洛阳城国家历史文化公园项目、"东方博物馆之都"项目、丝绸之路文化交流中心项目、洛阳国际会展中心项目。

（三）战略性新兴产业

1. 新一代信息技术

洛阳片区瞄准世界科技和产业发展前沿，实施战略性新兴产业跨越发展工程。重点布局新一代信息技术、新能源及网联汽车、新型材料等战略性新兴产业，实施一批战略性新兴产业重大工程，培育一批重大产业项目。大力发展数字经济，加快推进数字产业化和产业数字化。重点项目包括洛阳星派数值仿真研究院有限公司安全监测系统应用研发项目、众智软件科技股份有限公司 DWORK 智慧工厂大数据平台项目、众智软件科技股份有限公司 CITYPLAN 三维互动设计系统开发项目、硅基半导体材料工业互联网平台项目。

2. 新能源汽车

洛阳片区重点布局新能源及网联汽车等战略性新兴产业，实施一批战略性新兴产业重大工程，培育一批重大产业项目。重点项目包括越博氢动力系统研究有限公司氢能源研发中心项目、龙创汽车研发及成套装备出口基地项目、洛阳新能源汽车配套产业园项目、新能源汽车用关键零部件产业化项目、中航锂电技改扩能项目。

三、开封片区

围绕构建国际文化贸易和人文旅游合作平台，开封片区打造服务贸易创新发展区、国际文化旅游融合示范区和文创产业对外开放先行区的功能定位，重点发展服务外包、医疗旅游、创意设计、文化传媒、文化金融、艺术品交易、现代物流等服务业，提升装备制造能力、农副产品加工国际合作能力及贸易能力。

（一）高端制造业

1. 高端装备及汽车零部件

高端装备例如智能装备。开封片区推进"互联网+制造"，试点开展"数字化车间"建设活动，逐步开展"智能工厂"建设，推动河南自贸试验区中联重科股份有限公司、奇瑞汽车股份有限公司、河南平原非标准装备股份有限公司等制造业企业智能化升级，打造链条完整、水平一流的智能装备制造基地。依托郑汴超百万辆汽车生产基地，加强汽车零部件关键技术的引进与开发。重点项目包括奇瑞汽车河南有限公司研发中心项目。

2. 农副产品及食品加工业

开封片区重点加强与境内外优势企业合作，引进实施一批重大项目，打造中高端食品集群竞争优势。集聚农业科技创新资源，依托农业全产业链，积极引进国际先进的农业研发、检测、认证等机构，推动农产品出口与国际标准衔接，建设涉农产品和服务国际交易平台，打造农产品质量标准品牌新高地。

（1）冷链食品。加快发展低温肉制品、冷链果蔬食品等新兴行业，提升牛羊肉屠宰加工产业，扩大速冻米面制品、低温肉制品、冷链果蔬食品等冷链食品生产规模，提高冷链物流管理水平，建设在全国具有重要影响力的高端冷链食品研发生产基地。

（2）新型休闲食品。开封片区大力开发新型安全、方便、营养、健康食品，扩大配餐、休闲、保健饮品等高成长食品产业规模，提升品质和高端市场占有率。

（二）现代服务业

1. 服务外包

开封片区重点发展信息系统操作服务、信息系统应用服务、信息系统集成、行业应用软件的研发、软件技术服务、集成电路设计、数字内容服务、信息安全服务、电子商务、信息管理、数据处理等；建设外包数据存储和处理中心，开展离岸呼叫中心业务。在业务流程外包方面，重点发展客户服务外包、供应链管理和人力资源职能外包等。重点项目包括开封自贸·创新中心项目、智能装备产业共性技术创新平台项目。

2. 文创产业

开封片区促进文化传承与开发，完善服务链条，构建国际文化贸易合作平台，打造文化服务贸易创新发展区和文创产业对外开放先行区。重点项目包括开封国际文化交流中心项目、开封童世界发展有限公司项目、国家文化动漫创意中心项目、黄河大运河国际文化公园项目、国家旅游集散中心项目。

3. 现代物流

开封片区加快发展流通新业态，大力发展冷链物流，推进流通企业数字化、智能化改造和跨界融合，推动建设多式联运国际性物流中心。重点项目包括开封片区综合保税产业园区基础设施建设项目（一期）、开封国际陆港铁路专用线项目、开封片区综合保税产业园区进口应急物资保税仓建设项目、万邦农产品冷链物流园及进出口贸易中心项目、豫桂东盟西部陆海新通道多式联运冷链分拨中心项目、敦煌网跨境电子商务平台项目、综合保税区跨境电子商务平台项目。

（三）生物医药

开封片区推进生物医药产业发展，支持医药龙头企业和国内外医药科研院所设立离岸研发基地，加快国家新药临床试验基地建设。重点项目包括韩国大邱医疗旅游河南服务中心项目、普莱柯生物安全三级实验室、普莱柯生物生产基地生物制品改扩建项目、三种猪重要疫病新型基因工程疫苗研发与产业化项目、医用钴铬钼合金铸件开发及应用项目、修正药业医药智能产业园项目、高端宠物智能产品研发生产项目和普泰生物体外诊断试剂产业基地项目。

第三节 河南自贸试验区产业发展路线图

一、郑州片区

郑州片区立足郑州产业发展基础和资源优势，加快培育国际合作和竞争新优势，到2025年，在开放型枢纽经济的重点领域和关键环节取得新突破，培育形成一批具有国际竞争力的生产性服务业和先进性制造业产业集群，在智能终端、高端装备及汽车制造、生物医药、物流配送、国际商贸、跨境电商、金融服务等产业领域取得新进展，区域产业功能向多元化和高端化发展，将郑州片区建设成为投资贸易便利、高端产业集聚、枢纽功能完善、监管高效便捷、辐带作用突出的高水平内陆自贸试验区片区新标杆。

1. 经济技术开发区

（1）国际综合物流中心。依托国际陆港、中欧班列等重要开放平台，到2025年最终实现"一单到底、货通全球"，基本建成国际化物流基地和国内集疏分拨中心。

（2）先进制造业集聚中心。依托郑洛新国家自主创新示范区、全国双创示范基地、国家生态工业示范园区、郑州经开综合保税区等叠加的战略优势，集聚先进制造企业，到2025年建成以高新技术产业、高端制造业和出口加工业为支撑的开放型现代化工业新区和现代服务业集聚区。

（3）现代跨境电子商务平台。依托中国（郑州）跨境电子商务综合试验区等平台，加快推进"三个平台""七个体系"建设，到2025年，基本建成智慧物流园区和全国性专业服务平台，提升跨境电商物流效率和贸易便利化水平，形成全国快递中转集散中心和国际网购物品集散分拨中心。

2. 郑东新区

郑东新区定位是中心商务区和区域性管理营运中心。依托郑州商品交易所，开展期货保税交易、仓单质押融资等业务，扩大期货保税交割试点的品种。创新发展货物流在外、资金流、订单流在河南自贸试验区集聚的贸易，积极培育高技术含量、高附加值的离岸服务贸易、离岸技术贸易、离岸金融等业务。到2025年，吸引约100家国内外企业总部、功能性机构落户郑州片区，形成具有投资决策、资金管理、研发、采购销售等功能的区域性管理营运中心。

3. 金水区

金水区定位是国际服务外包示范区。依托国家 863 中部软件园、郑州金水科教园人才及产业基地等平台拓展服务外包业务。到 2025 年，建成上海服务外包交易促进中心郑州分中心，同时扩大离岸外包业务规模，把郑州片区打造成国际服务外包示范区。

二、洛阳片区

洛阳片区立足产业发展基础和资源优势，依托洛阳高新技术产业开发区和国家自主创新示范区，到 2025 年将建设成为制度创新新高地、转型升级新引擎、开放经济新动力、区域协同新平台、"一带一路"新支点，打造具有洛阳特色的产业转型升级开放发展新模式，在研发设计、电子商务、服务外包和国际文化旅游等领域形成一批具有国际影响力的产业集群，在装备制造、机器人、新材料和通用航空等领域实现新突破，大幅提升装备制造业转型升级能力和国际产能合作能力，建设链条完整、技术先进、优势突出的国家先进装备制造业基地和具有重要影响力的"制造强市、智造名城"和国际智能制造合作示范区。

1. 高新技术产业开发区

（1）高端制造业融合发展平台。依托洛阳 LYC 轴承有限公司、洛阳玻璃股份有限公司、中国船舶重工集团公司第七二五研究所、中机四院、中机十院、洛阳有色金属加工设计研究院等洛阳市内大型国企和科研院所等产业化基地，重点发展机器人及智能装备制造产业、新材料产业，重点培育新能源及新能源汽车产业、生物医药产业。到 2025 年，建成高端制造业融合发展平台，形成机器人及智能装备产业基地、新材料产业高端化集聚地等一系列高端制造业融合发展基地。

（2）全国重要物流中心。借助河南自贸试验区发展多式联运的机遇，开通洛阳——中亚地区国际集装箱班列、承接中欧班列洛阳甩挂点业务等"借路上路"，构建洛阳对外开放窗口。到 2025 年，建立"一站托运、一次收费、一单到底"的联运服务模式，实现不同运输方式、不同企业间多式联运信息以及政府公共信息开放共享和互联互通。

（3）现代服务业基地。加快服务业提质转型，把培育发展高端服务业作为战略重点，大力发展科技信息服务和文化、旅游等产业，促进现代物流业和金融业加速发展，努力构建充分融入产业经济各领域和社会生活各方面、具有多元活力的现代服务业发展格局。到 2025 年，现代服务业增加值占服务业的比重达到60%以上，成为中原经济区重要的现代服务业基地。

2. 涧西区

涧西区定位是国际文化旅游中心。依托洛阳历史文化和山水生态资源，着力提升文化旅游、工艺美术和牡丹文化三大优势产业，到 2025 年，构建完成"一心一轴两带两翼"产业格局；实施精品文化旅游项目工程，打造富有特色的系列旅游产品，不断增强洛阳文化旅游营销能力。

三、开封片区

开封片区立足开封产业发展基础和资源优势，依托开封国家经济技术开发区和开封城乡一体化示范区，高标准对接国际投资贸易新规则，到 2025 年建设成为吸引高端要素流入和集聚的国际化内陆开放高地，率先在全域旅游、文创产业、医疗旅游、现代物流、现代服务、装备制造、农业安全产业链七大领域实现突破，培育形成一批高端制造业和现代服务业开放型产业集群。

1. 现代工业中心

开封片区依托郑汴超百万辆汽车生产基地，加强汽车零部件关键技术的引进与开发。到 2025 年，构建与郑州整车制造互补的零部件配套产业体系，建设涉农产品和服务国际交易平台，打造农产品质量标准品牌新高地。

2. 国际文化旅游中心

开封片区大力发展全域旅游，推进旅游与工业、物流、商贸、会展、文化、体育、医药等产业融合，充分发挥旅游业的关联性、渗透性和带动性。到 2025年，打造成为国家全域旅游示范区、文化服务贸易创新发展区和文创产业对外开放先行区。

3. 特色商业集聚中心

开封片区加快布局建设一批适应新兴需求的专业服务园区，引聚国内外知名企业和机构，发展电子商务、文化创意、设计研发、教育培训、双创孵化、物流配送等专业服务。到 2025 年，培育 2~3 家服务功能强、区域影响力大的专业园区，提升开封片区特色商业区发展层次和水平。

第八章　自贸试验区建设的河南实践：
提升枢纽引领功能

　　作为"一带一路"的重要节点，河南省地处我国中部中心地带，拥有"三纵五横"的国铁干线网，拥有纵横交织的"十二横九纵六放射"高速公路网，是我国东部产业转移、西部资源输出、南北经贸交流的重要通道和枢纽。以郑州为核心的"米"字形高速铁路和国际、国内航空交通物流中心正在加速形成，"空中丝绸之路"建设卓有成效，郑州—卢森堡双枢纽的发展模式日趋成熟，以郑州为亚太物流中心、以卢森堡为欧美物流中心、覆盖全球的航空货运网络快速成型。郑州新郑国际机场开通客货运航线 245 条，通航全球 132 个城市，2017 年以来客货运规模始终保持中部"双第一"①。陆空对接、通联海港、多式联运的现代综合交通运输体系日益完善，国际物流中心地位持续上升，为河南自贸试验区服务"一带一路"建设提供了重要的运能支撑。

　　空港发展成绩显著。2013 年 3 月，国务院批复《郑州航空港经济综合实验区发展规划（2013~2015 年）》，郑州航空港经济综合实验区（以下简称航空港实验区）成为全国唯一以航空港经济为引领的实验区。依托航空港试验区国家战略平台优势，郑州已初步打造形成横跨欧美亚三大经济区，覆盖全球主要经济体的航空运输网络。郑州新郑国际机场（以下简称郑州机场）客、货运行业全国排名分别由 2012 年的第 18 位和第 15 位上升至 2020 年的第 11 位和第 6 位②。郑州新郑综合保税区进出口额跃居全国第一位。

　　郑欧国际铁路货运班列实现高频常态化运营，已实现每周往返 8 班的高频双

---

　　① 郑州市人民政府. 郑州市人民政府工作报告［EB/OL］.［2022-01-10］. http：//www.zzrd.gov.cn/html/news/4/2021-02/03/11796.html.

　　② 河南机场集团. 郑州机场 2020 年客货运排名双双提升　连续 4 年中部"双第一"［EB/OL］.［2022-02-16］. https：//view.inews.qq.com/a/20210109A001DM00.

向对开，已形成"根据货量订单，提升开行频次，往返满载开行"的发展趋势。郑欧国际铁路货运班列成为国内唯一实现高频满载、均衡对开的中欧班列。2017年，郑州—慕尼黑线路的常态化往返均衡对开，标志着郑欧国际铁路货运班列多线路常态运营再上新台阶。

"米"字形高速铁路网加快形成。京广高铁、徐兰高铁"十"字通道建成通车，郑万高铁、郑合（郑阜段）、郑济高铁、郑太高铁河南段全部开工建设，计划高铁运营里程达到7000千米，省辖市快速铁路全覆盖的愿景已初步实现。"米"字形高速铁路网基本成型，郑州已拥有普通铁路和高速铁路网的"双十字"优势。

郑州—卢森堡双枢纽合作纵深化发展。郑州—卢森堡双枢纽"空中丝绸之路"建设已辐射德国、英国、比利时、美国和智利等欧美主要国家。卢森堡货运航空公司的航班量已达每周15班，货运量占郑州机场货运量的1/4以上。2017年6月，中国、卢森堡相继签订成立合资货运航空公司、开展签证便利化业务谅解备忘录和专属货站战略合作框架等一系列合作协议（夏先清，2022）。双方在航空运输、跨境电商、金融服务和经贸交流等领域合作不断深化，为进一步服务好"空中丝绸之路"建设奠定了坚实基础。

境内外集疏网络建设成效显著。已形成以郑州为中心的运输、仓储、关检服务为一体的综合物流服务网络。与境外交通运输业网络的对接与构建取得重大进展，向东与沿海港口接洽，并与日本、韩国、中国台湾等国家和地区实现海铁、空铁联运，向西构建以汉堡为枢纽的欧盟业务网络。截至2020年底，集疏网络已涵盖欧盟、俄罗斯及中亚24个国家121个城市。

联运信息系统建设逐步完善。自主开发郑州国际陆港多式联运综合服务信息平台，实现了全程信息监控。订舱信息平台实现无纸化订舱，优化订舱流程、降低人力成本和信息差错率。集装箱管理系统实现了集装箱信息管理（箱型、箱号、位置、箱况）、合作堆场信息管理、国内外用箱及还箱安排、集装箱维修信息记录、用箱费用报表等功能涵盖。公路物流信息系统致力于场站物流信息化和公路物流的统一管理，实现了提送货、包装、仓储、运输管理一体化。郑欧班列实时监控系统实现了设备定位、轨迹查询、历史设备查询以及设备预警等功能，以及郑欧国际铁路货运班列集装箱运输全程可视化。

综合交通枢纽功能持续提升。郑州作为国际现代立体综合交通枢纽，处于全国铁路网、高速公路网和航空网的中心，陆空衔接、多式联运优势突出。郑州新郑国际机场二期工程建成投用，具备客运 4000 万人次、货运 70 万吨的年吞吐能力。直达德国汉堡的郑欧国际铁路货运班列，已实现高频次常态化运营。以郑州为中心的"米"字形高速铁路网建设格局加快形成。民航、铁路、公路"三网融合"和航空港、铁路港、公路港、出海港（国际陆港）"四港联动"的集疏运体系基本形成，为建设郑州—卢森堡"空中丝绸之路"提供了重要保障。

第一节 打造全物流链畅通的贸易通道

河南自贸试验区依托以郑州为中心的"米字形＋井字形"国内骨干物流通道，以郑欧国际铁路货运班列、郑州—卢森堡"空中丝绸之路"为抓手，加快建设贯通南北、连接东西的现代立体交通体系和现代物流体系，将河南自贸试验区建设成为服务于"一带一路"建设的现代综合交通枢纽。全面提升郑州、洛阳等综合交通物流枢纽与节点的功能地位，打造全物流链畅通的贸易通道，重点提升货物经河南省至中亚、西亚和欧洲流通的能力。

一、构建现代综合立体交通物流集疏网络

促进与周边区域中心城市的快速联通。全力推进以郑州为中心的"米字形＋井字形"骨干交通物流通道建设，普及河南省内县域高速公路直达、加快内联外通高速公路建设，推进拥挤路段扩容改造。制定河南省主要物流园区集疏运体系建设方案，加强配套快件物流基地建设，重点完善航空港、铁路港、公路港等货运枢纽进出站场配套基础设施。依托河南自贸试验区推动郑州建设全国快递中转集散中心，提高转运分拨效率，着力解决多式联运初、末端微循环不畅问题。保障郑州至国内主要中心城市联运集疏基本实现 1000 千米范围内一日运达，基本建成覆盖全国主要经济区域的 4 小时快件集疏网络。积极发展高铁快递货运，鼓励快递企业利用铁路运输，构建以需求为导向的城市配送运力供给机制。组织郑州、开封、洛阳等城市开展配送运输需求调查，2018 年郑州市率先开展城市配送试点示范。加快发展多种形式的统一配送、共同配送和夜间配送，优化城市配送车辆管理，统一车型和标志标识，鼓励支持新能源车辆应用，进一步简化证件审批流程，科学核定城市配送车辆通行证数量。

拓展郑欧国际铁路货运班列运输网络。依托陆桥通道，拓展郑欧国际铁路货

运班列腹地，向东重点充实"五定"班列至沿海港口，促进沿线口岸同郑州国际陆港开展进出口集装箱加挂业务合作。向南加强与广西、福建口岸监管合作，支持开行"桂郑欧"班列、"桂郑"冷链物流班列和"闽郑欧"国际班列。开拓东盟国家市场，保障物流链通畅，建立东盟贸易网络。向西依托郑欧国际铁路货运班列丰富与亚欧大陆桥沿线国家的贸易内涵，扩大郑欧国际铁路货运班列的贸易规模、增加往返频次，探索开辟至日本、韩国的东亚中转班列，探索开行省际合作班列。巩固郑州至汉堡和慕尼黑线路，深耕郑州经土耳其至卢森堡、郑州至波兰新路线，开发至北欧第三目的地与南欧新线路，实现班列线路持续延伸拓展。积极开展班列运邮和运贸一体化业务，重点发展国际冷链和定制班列，支持物流运输企业探索开辟《国际公路车辆运输协定》（TIR）国际公路运输通道，强化与公路口岸合作对接。持续深化、发展与"一带一路"郑欧国际铁路货运班列沿线国家的交流、合作，扩大班列腹地，推进与波兰、卢森堡铁路合资合作，建成卢森堡二级操作场站，形成卢森堡、汉堡等郑欧班列海外物流集疏中心，推动双向运输平衡。力争到2025年郑欧国际铁路货运班列实现全年开行3000班以上。①

拓展航空运输网络。构建连接国内主要航空节点、全球主要航空枢纽和主要经济体的空中通道。构建国内航空集疏网，完善以郑州为中心的国内"空中快线"网络。以"空中丝绸之路"建设为契机，深耕郑州—卢森堡双枢纽模式，加密现有航班、开辟新航线，完善通航布局。强化与全球主要货运枢纽的航线高效通达，与海外货运枢纽加强中转与联运协作，打造24小时全球可达的航空货运服务体系。加密卢森堡、亚太地区货运航线，开辟美洲、中东、大洋洲和非洲等地新航线，打造空空转运中心，推动郑州机场货运航线数量达到75条以上。深化拓展郑州与卢森堡、新加坡、曼谷、金边、赫尔辛基、圣保罗和埃德蒙顿等国外枢纽机场口岸合作，探索与国际枢纽机场建立航空货运联盟，建立对标国际的航空货运标准体系。扩大"空中丝绸之路南南合作伙伴联盟"覆盖范围，支持柬埔寨吴哥航空郑州—柬埔寨双枢纽项目建设。建设航空物流集疏中心，打造国际航空物流枢纽和分拨中心、国际供应链管理中心。支持电子产品、服装、水果等包机航班常态化运营，增加快件、邮件和冷链专线数量。推进郑州机场国际

---

① 河南省商务厅．重磅！河南自贸试验区"十四五"发展规划出炉［EB/OL］．［2022-01-30］．https：//henan. sina. com. cn/news/2022-01-30/detail-ikyakumy3437550. shtml.

货运枢纽建设，促进郑州航空港经济综合实验区与河南自贸试验区的联动发展。探索成立合资航空公司，拓展全货机航线，鼓励发展全货机航班、腹舱货运。开展以郑州为起点的国际联程航班混装混载业务试点，进一步提升郑州作为国际航空货运枢纽的全球地位与世界影响力，增加洛阳机场国际国内航线数量。

大力发展网上丝绸之路、海上丝绸之路。加大与全球主要航空货运枢纽开设跨境电商航线，拓展"跨境电商+空港+陆港+邮政"运营模式，推动布局一批双向跨境电商贸易平台和海外仓。鼓励跨境电商货运包机常态化运营。推进跨境电商交易全流程创新，持续探索跨境电商国际规则与标准体系。优化跨境电商零售进口监管。推进跨境电商零售出口监管改革，不断健全 B2B 出口监管方案，优化出口退货管理措施，提升跨境电商监管智慧化水平。落实跨境电商 B2B 出口货物税收政策，争取税务总局政策支持，提升跨境电商 B2B 出口货物税收业务的服务和管理水平。扩大铁路口岸与青岛、天津、连云港、宁波、防城港等沿海港口合作，推动郑州至沿海港口铁海联运线路常态化运行，提升洛阳至沿海港口的线路运营能力。促进沿线口岸同郑州国际陆港开展进出口集装箱加挂业务合作。探索开行小编组铁海联运班列，提升连接东亚、东南亚、中亚、欧洲的货物集疏运能力。

提升"四路协同"水平。立足内联外拓，着力推动"四路"联动互促、融合并进，全面推进空陆网海"四位一体"对外开放大通道建设。完善国际航线布局，深化国际航空合作，加快建立联结全球主要经济体的"空中经济廊道"。加快中欧班列（郑州）集结中心示范工程建设，加密国际运营线路，布局中欧班列新节点，推进国际陆路口岸合作，建设德国、比利时、芬兰、越南等海外分拨集疏中心，拓展连通欧亚的陆上经济走廊。促进"网上丝绸之路"高质量发展，持续扩容优化郑汴洛互联网国际通信专用通道，建设出口商品"海外仓"、海外运营中心、海外电子商务园，加快跨境电商运营模式、规则和标准创新突破，持续探索全球跨境电商贸易新规则。高效衔接海上丝绸之路，加强铁海联运枢纽网络建设，开拓铁海联运新线路，建设东向、南向为主的铁海联运国际通道，深化与沿海港口合作，完善陆港衔接体系。

二、优化升级口岸建设

加强贸易口岸相关基础建设。推动河南自贸试验区建设成为服务"一带一路"品类齐全的陆路口岸，促进各类口岸与物流、贸易联动发展，形成辐射全球主要经济体、带动区域产业结构不断优化升级的口岸开放新格局。大力支持进口肉类、水果、冰鲜水产品、食用水生动物及汽车整车等口岸业务做大做强，加快推进河南自贸试验区内的粮食进口、植物种苗（花卉）等指定口岸建设，加速药品进口口岸的申建，实现与卢森堡药品口岸运营体系标准和运作模式对接。推动开封、洛阳建设具有多式联运功能的物流枢纽中心，实现自贸试验区内有条件的铁路、航空口岸升级为一类开放口岸。支持在国际铁路货运主要站点设立货物出入境手续查验场所，尽快形成高效运营的"1+N"功能口岸体系和辐射全球主要经济体的口岸开放格局。支持开封建设保税物流中心、港区联动空运货物开封服务中心、航空冷链物流分拨转运及出口集拼中心，承载郑州综合保税区、航空港区功能延伸。依托郑州一、二级铁路物流基地与航空港综合实验区，加快推进国际陆港口岸的计划与配套建设。完善与航空物流紧密相关的分装、集散、加工业务功能区域的建设。加快推进河南国际快递物流港工程后续建设，科学计划、高标准建设郑州南站及高铁快运物流中心，建设圃田（占杨）、薛店等物流基地。同步建设郑州南站至郑州新郑国际机场的铁路联络线，实现高铁与航空无缝对接，全面提升国际、国内快件处理能力。加快国际航空港建设，启动新郑国际机场三期工程建设，加快机场北货运区一期工程建设，大幅提升国际物流服务能力。依托郑州国际物流园区，打造集电商物流、冷链物流、汽车物流、医药物流等功能为一体的国家级综合公路港。依托河南保税物流园区，积极推进以E国际贸易集成服务为特色的综合型公路港建设。加快推进冷链物流基地和全国航空快递转运中心建设，引进培育新一代智能终端、精密机械制造、生物医药等轻量型、高价值高端制造业，积极开展飞机经营性租赁收取外币租金业务。

提升口岸配套建设水平。进一步提升郑州作为口岸联通全球的国际物流交通综合枢纽地位。引导、扶持快递物流企业、电商企业依托郑州机场组织开展"空铁"联运试点探索。发展铁海联运，加强陆港与海港功能对接，衔接"21世纪海上丝绸之路"，实现陆海相通。加强与东部沿海地区重点港口的联盟合作，加快完善与青岛、连云港、上海、宁波、深圳等沿海港口的铁海联运服务网络，不断提高快速货运班列运行的实效性、稳定性和便捷性。鼓励、支持港口企业在河南自贸试验区设立具有报关、报检、订舱、联运、配送等服务功能的内陆无水港和集装箱提箱、还箱网点，提高内陆地区与沿海港口联运组织和物流服务一体化水平。促进拼箱、集装箱分装大型设备、国际邮运和冷链运输等业务快速发展。鼓励开展集装箱箱管、半挂车车管、联运专用设备托管、托盘循环共用等专业化联运服务。鼓励发展集装箱半挂车、铁路平车及托盘和吊装机具等多式联运相关设备的租赁业务。大力推广应用标准化集装箱和厢式半挂车，支持郑州国际陆港开发建设有限公司、郑州铁路局等相关企业探索应用大尺寸、大容量内陆集装箱。支持郑州国际陆港开发建设有限公司建设国际集装箱交易中心，探索建立多式联运专业化设备的共享服务平台。推动开封、洛阳建设具有多式联运功能的物流枢纽中心，支持"郑汴港"物流枢纽中心和洛阳一拖物流园、洛阳中储物流园等项目建设。加速洛阳机场改造、增设中欧班列在洛阳的甩挂点，支持通过综合保税区落户河南自贸试验区等方式，促使"多式联运"与口岸建设在洛阳等片区发展过程中发挥更为重要的作用。

扩大物流领域开放。大力引进世界大型物流企业在河南自贸试验区内建立区域总部或营运中心。以建设卢森堡货运航空公司亚太地区分拨中心集散基地、温控物流中心和先进制造业供应链基地为抓手，打造大型国际物流集成商货物集散中心。支持在河南自贸试验区内设立国际邮件互换局和交换站，完善郑州国际邮件经转口岸功能。支持进境邮件实现"一点通关、分拨全国"，支持跨境电子商务、商业快件及邮政包裹搭乘郑欧国际铁路货运班列出口等业务。进一步推动国际邮件经转等功能性口岸建设，扩大与德国、卢森堡等欧盟国家的相关业务规模。支持国内外快递企业在河南自贸试验区内的非海关特殊监管区域办理符合条件的国际快件属地报关报检业务。支持建设多式联运物流监管中心，对换装地不改变施封状态的予以直接放行。拓展国际代理采购、国际保险理赔和货物质押等增值服务，发展跨境货物加工与转口贸易。拓展航空、铁路枢纽物流配套服务功能，大力发展国际货运代理、报关报检、金融保险、融资租赁、电子支付等现代物流服务业。

合理计划机场货运。在货运方面开发高附加值的货运细分市场，尤其是特殊货物，从而建立独特的货运服务品牌，做精做细，成为细分市场龙头。在集散通道方面，根据河南自贸试验区机场所在的地理位置以及我国机场分布状况得到合理的联动方式，发展多式联运航线。重点发展地面运输网络和空空联运方式。在服务功能方面，除了设计更多的这种货运服务组合外，更要立足于构建航空货运生态系突破机场的物理空间范畴。将货运的服务功能衍生至航空物流园区乃至整个临空经济区，提供多层次的增值服务体系，顺应航空货运的未来发展趋势。针对机场的一级供应商，提供包括打包货物处理费在内的各种货物实际处理收入。二级供应商应结合机场本身的优势（如信息平台）通过数据挖掘为相应的二级供应商提供数据服务收入，并在未来考虑进一步提供金融服务收入，完善机场的多层次的盈利模式。

构建国际物流通道枢纽。加强交通物流基础设施建设，强化节点布局和枢纽功能，构建现代综合交通运输体系、现代物流体系，形成以国际大通道为核心的国际综合交通物流网络。加快铁路港、航空港、公路港和集装箱物流基地等大型多式联运枢纽规划建设，完善场站设施和统筹布局，加快传统货运场站向集成式多式联运场站转型升级。加快智能交通系统建设，推进物联网、云计算和大数据等信息技术在交通运输领域的集成应用。优化物流设施和配套服务设施布局，合理规划综合物流园区、物流配送中心等流通网点，加强物流基础设施无缝化衔接，建设国际化物流基地和国内集疏分拨中心。建设郑州国际航空枢纽，支持郑州申请第一批国家综合货运枢纽试点城市，推动郑州陆港型、生产服务型、商贸服务型国家物流枢纽纳入国家建设名单。推进中欧班列（郑州）集结中心建设，建设郑欧班列分拨中心和仓配中心，加快国际陆港多式联运集疏中心项目建设。加快建设洛阳全国性综合交通枢纽，推动洛阳生产服务型和商贸服务型国家物流枢纽建设，打造"一带一路"大宗生产资料物流集散交易中心、全国领先的先进制造业供应链组织中心和服务中原城市群的现代商贸物流集散分拨中心。畅通集疏微循环系统，完善货运枢纽（物流园区）进出站场配套道路设施，加快铁路专用线进企入园，推进开封国际陆港铁路专用线建设。

三、推动枢纽优势向枢纽经济转变

推动枢纽优势向枢纽经济转变。加快实施优势再造战略，依托交通物流枢纽大力发展现代产业体系，推动交通区位优势向枢纽经济优势转变。积极争取国家在国际物流枢纽建设、产业市场准入、国际化人才引进和特殊税制安排等方面给予更多先行先试权限。加快构建枢纽经济空间格局，以机场、高速铁路、城际铁路和高等级公路为主体的快速交通网络为依托，构建区域经济发展轴带，形成极点带动、轴带支撑的网络化经济空间格局。推动航空经济高质量发展，加大航空航运对外开放，用好第五航权，争取第七航权，构建以航空物流为基础、高端制造业、现代服务业为支撑的航空经济产业体系。大力发展高质量的口岸经济，拓展海关特殊监管区域和功能性口岸产业链，支持口岸业务做大做强，促进各类口岸与物流、贸易联动发展，提升产业引领支撑作用。加快中国邮政郑州航空邮件处理中心、邮政国际陆路枢纽口岸项目建设，固化现有临时进境邮路，积极开辟新的进境邮路，争取开展邮件空空中转业务，打造郑州全球性国际邮政快递邮件枢纽口岸。

加快构建枢纽经济空间格局。充分发挥航空港、铁路港和公路港等枢纽优势，打造多式联运产业生态圈。建立郑州、洛阳都市圈物流产业发展联动对接机制，探索共建共享城市物流中心、配送网点等设施，促进都市圈物流网络化、组织化运行。发挥现代物流业的集聚效应，以郑州多式联运国际物流中心建设带动物流运输、高端制造、现代服务等关联产业发展，推动产业跨界融合。与卢森堡货运航空公司等外贸航空企业合资组建货运航空公司，争取大型货运航空公司总部落户郑州，培育壮大中州航空、中原龙浩等本土主基地货运航空公司，建设东航物流和中国邮政运营基地、德邦供应链基地，支持国内外大型航空货代企业在郑集疏货物，鼓励 DHL、UPS、FedEx 等知名物流集成商在郑州扩大航空快递业务规模。

推动航空经济高质量发展。依托空港型枢纽发展临空产业集群，加快发展航空设备制造及维修、电子信息、生物医药等航空高端制造业。促进飞机租赁、商业保理等航空金融业实现突破，探索在卢森堡、爱尔兰等地设立航空租赁平台，支持阿维亚（中国）融资租赁、中原航空租赁公司等飞机租赁企业发展壮大。着力构建航空货运生态系统，集聚航空人才培训、航空商务咨询和认证评估等关联产业，提供多层次的增值服务。支持建设国际化航空运输保税补给服务体系，提升飞机和航空用品供应、维修、备件、燃料油等综合服务能力。探索开展"两头在外"航空器材包修转包区域流转业务，支持设立飞机维修企业并承揽境外航空器材包修转包修理业务。

发展高质量的口岸经济。促进各类口岸与物流、贸易联动发展。支持各类口岸发挥专业优势，完善配套设施和增值服务。加快建设冷链物流基地，打造一批辐射全国的冷链产品交易中心和冷链物流集疏分拨中心。支持中欧班列（郑州）运贸一体化发展，拓展面向区域《全面经济伙伴关系协定》（RCEP）成员国的货运通道，争取海关总署赋予郑州铁路口岸直接出入境功能，探索在国际陆港、海关监管区等设立内外贸混合存储仓库，支持在中欧班列（郑州）沿线国家建设特色商品展销中心。拓展航空、铁路枢纽物流配套服务功能，培育国际代理采购、国际保险理赔、货物质押等增值服务，发展跨境货物加工与转口贸易。

第二节 构建便捷高效的多式联运综合体系

河南自贸试验区推动四港联动发展，加速建立四港运营管理的机构协同机制。加速完善空港、陆港功能以及配套计划功能区建设，实现交通物流设施互联、互通、互融。不断推动各交通物流业态融合发展，推广先进运输组织方式、组织实施"多式联运+"工程。加快信息交互共享、培育多式联运市场主体，不断提升多式联运结构性要素，构建便捷高效的多式联运综合体系。

一、推动各交通物流业态融合发展

强化铁路的核心交通业态地位。推进具备条件的大型综合物流园区引入铁路专线，加速推动铁路运输服务管理体制向扁平化转型、优化铁路运输服务流程。促进"空铁"联运创新发展。推动郑州机场引入高铁专线，建立航空和高铁物流直通作业体系，充分发挥高铁网络的快速高效优势。

建设全国性"空空+空地"集散中心。推动卢森堡货运航空公司参与河南省多式联运体系构建，推进郑州机场多式联运中心规模化运营。创新郑州机场"空空+空地"货物集疏运营发展模式，结合国际航空运输标准，研究解决航空集装器与公路货运工具不匹配问题，实现公路货车直接装载、整板转运航空货物。积极推广1200毫米×1000毫米标准托盘，推行一贯化带盘运输。加快推进车型标准化专项行动，在河南探索应用中置轴汽车列车、双挂汽车列车。

打造以郑州为中心500千米范围的公路集疏圈。发挥公路运输灵活机动优势，加快普及公路甩挂运输，构建以郑州为中心的"卡车航班"集散分拨组织体系。拓展与航空货运密切对接的卡车航班覆盖范围，创新卡车航班的服务模式、扩大运营规模。支持重点物流企业加快多级网络布局，鼓励铁路运营单位与公路运输企业联盟发展，促进甩挂运输联盟快速健康发展。加强城市主要出入口和对外高速公路、大型综合物流园区的连接通道建设，鼓励和支持城市货运走廊建设。提高枢纽城市干支衔接水平，支持周边省市在河南自贸试验区建设专属物流园区，创新发展现代物流服务业。

加强相关功能区建设与产业发展的科学计划。做好不同物流业态间的统筹布局与协同发展，实现现代物流业发展的集聚效应。充分利用河南自贸试验区建设的溢出效应，做好河南自贸试验区与非自贸试验区间的发展计划衔接、实现协同联动发展。统筹郑州航空港经济综合实验区与河南自贸试验区的有机融合与联动发展，争取在河南自贸试验区扩区时纳入实施范围，形成战略叠加优势。结合全省产业结构调整，鼓励引导各地政府依托多式联运枢纽和大型物流基地，布局一批运输需求量大、上下游协同性强的关联产业，提升多式联运对产业集群式发展的支撑能力。优先在郑州、开封、洛阳三大片区和周边地区进行产业布局，结合多式联运枢纽建设，推动多式联运与跨境电商、冷链物流、商品车物流和装备制造等产业的联动示范工程加速发展，进一步降低实体企业物流成本。

二、促进多式联运创新发展

引导扶持多式联运经营主体创新发展。促进多式联运各相关市场主体创新发展，支持河南省机场集团有限公司、郑州国际陆港开发建设有限公司、河南保税集团以及铁路运输企业、邮政快递企业、无车承运人企业等延伸服务链条，向多式联运经营主体和综合物流服务商转型。积极引进国内外知名多式联运企业在河南建立总部基地、营运中心和区域分拨中心，支持联邦快递、UPS、普洛斯、招商局物流、中外运、德邦、顺丰等大型物流企业来豫发展。鼓励不同运输方式企业通过资产重组、参股入股等方式，形成资源共用、利益共享、风险共担的多式联运经营主体。进一步引导支持铁路物流企业与公路物流企业深化公铁联运合作，并结合河南省产业结构特点与区位优势，扶持培育一批具有河南特色的多式联运龙头骨干企业。鼓励各类型交通物流企业联盟发展，实现优势互补、合作共赢。鼓励传统运输企业与供应链管理企业、第三方物流企业、国际货代企业、互联网平台企业、金融保险服务机构等建立广泛的联盟合作关系，实现更大范围、更广领域的资源共享和管理协同。加快推进道路货运无车承运人试点，研究制定无车承运人管理办法和经营服务规范，完善许可准入、风险赔付、动态监测和诚信考核等环节的管理制度。在进一步扩大试点范围的基础上，鼓励试点企业创新发展，扩大业务范围，组织开展多式联运经营活动。强化对不同运输方式、不同物流环节的共享资源整合，充分发挥不同企业的管理和技术优势。推广使用自动识别、电子数据交换、货物跟踪、智能交通、物联网等先进技术装备，探索区块链技术在商贸物流领域的应用，大力发展智慧物流。

加速多式联运综合信息服务平台构建。按照"政府推动、企业主导、多方参与、市场化运作"的思路，组织推动相关龙头骨干企业共同组建多点支撑、相关平台信息链接通畅的多式联运大数据运营服务平台以及综合信息平台服务体系。按照"谁受益、谁付费"的原则，鼓励其他货主、物流、金融、保险等企业开放数据端口，积极参与联运信息平台建设。支持郑州国际陆港公司建设中欧国际多式联运综合信息服务平台，提供全程物流服务，促进中欧班列全程物流信息交换共享，强化运输、仓储、配送、检验检疫、通关和结算等环节高效衔接。鼓励支持搭建"互联网+"车货交易平台、无车承运人综合服务平台等物流供需对接平台，实现物流供需和运输资源的精准对接、有效集成。引导制造、商贸企业采取自建第三方物流企业或以整体外包形式剥离物流业务，进一步提高第三方物流普及率。引导第三方物流企业紧盯制造、商贸企业供应链，提供一体化物流服务。引导建设仓储资源信息平台，促进国内外仓储资源共享。

创建全球物流多式联运的河南范式。以服务"一带一路"建设为抓手，优化现代综合交通枢纽的硬件配套设施，完善国际通道网络、国内集疏网络，探索全球物流的河南规范。海外引进与自身培育并举，加速域内物流集成商和货代企业创新发展，在河南全省范围内先行组织多式联运试点探索工程，推进标准化研究。高标实现交通物流基础设施的互联互通、多种运输方式的有效衔接与要素规范统一。海外引进与自身培育并举，促进物流集成商和货代企业创新发展。鼓励企业间联盟合作，率先在陆空联运、公铁联运领域有所突破，试点推进快件空铁联运，将河南省建设成为多式联运国际性物流中心。在枢纽站场、运输装备、运营组织、信息交换、保险理赔和结算支付等方面，探索创立高标准的多式联运技术标准，引领并有效对接国际联运规则。支持郑州国际陆港开发建设有限公司开展公铁联运、海铁联运服务规则和标准研究，积极参与国际多式联运规则的修订。加强与郑欧国际铁路货运班列沿线国家在技术标准、单证规则、数据交换、检验检疫、认证认可、通关报关、资质审核、安全与应急处置方面的合作。支持河南省机场集团有限公司探索制定空陆联运的单据、装载单元、服务质量等标准，并对接推广应用国际物流数据标准。依托郑州国际陆港开发建设有限公司、河南中原铁道物流有限公司、郑州铁路集装箱中心站等，研究建立标准化、规范化的多式联运的电子运单系统。鼓励企业发展"卡车航班"空陆联运、快件空铁联运、集装箱多式联运、驼背运输、公铁甩挂运输等多式联运业态。大力发展集拼集运，支持郑州新郑国际机场探索航空中转集拼业务，推广国际班列集装箱保税与出口混拼业务模式。争取国家部委对外协调与合作，加快推进中欧班列换装工作前置到境内进行。探索建立具有河南特色的多式联运技术标准和服务规范，引领并有效对接国际联运规则。推动卢森堡货运航空公司参与河南省多式联运体系构建，推进郑州机场多式联运中心规模化运营，创新郑州新郑国际机场"空空+空地"货物集疏运营发展模式，形成全国性"空空+空地"集散中心。

加快建设以"一单制"为核心的多式联运服务体系。在全国率先推行国内多式联运的统一运单，适时推进试点示范，为客户提供全程"一次委托、一口报价、一单到底、一次收费"的"一单制"联运服务。实施国际空港、国际陆港等物流骨干企业平台信息互联互通工程，在货源信息共享、货物分拨转运、快速集疏等方面探索空铁联运设施标准和转运流程，推进空铁联运"一单制"，促进"一单到底、物流全球"。加强与"一带一路"沿线国家在技术标准、单证规则、数据交换、检验检疫等方面合作。推进装备研发应用，完成航空集装器整板运输专用车（侧帘式）的改进，完善相关技术标准和操作规范。加强智能集装箱电子锁和定位器的推广应用，进一步拓展集装箱共享新业态。加快推进多式联运提单信息系统建设，提升国际联运提单融资业务量。支持企业探索建设能够承载"一单制"电子标签赋码及信息汇集、共享、监测等功能的多式联运综合信息平台，推动联运企业作业状态、运力资源分布等信息的互联共享，便利行业管理部门进行动态监测与趋势分析。推进多式联运示范工程建设，探索建立多式联运规则和标准体系，积极参与国际多式联运规则制定，推动在联运装备、运营服务等方面制定一批具有引领性的标准规则。

第三节　搭建融洽共赢的丝路合作新平台

河南自贸试验区加强与"一带一路"沿线主要经贸与人文节点开展全方位合作，以交通物流相关产业为抓手，利用全球资源和国际、国内两个市场，创新合作机制，形成融洽共赢的丝路合作新平台。

一、打造经贸合作平台

积极参与国际经济合作。全面融入共建"一带一路"，深化与沿线国家交流合作，在贸易投资便利化、跨境电商、知识产权等领域，参与相关国际标准、规则和制度的研究制定，构筑"一带一路"贸易投资合作新规则。完善"一带一路"国际合作平台载体，与世界知名自由贸易区（港）建立双向开放合作平台。

拓展规则对接领域，加强国际陆运、工程总承包、融资、数字信息、农业等领域规则对接合作。探索共建"一带一路"国家（地区）通关监管合作和信息互换，推广应用"一带一路"海关信息交换共享平台，实现重要口岸间的数据互联、互通、互用，推进实施共建"一带一路"科技创新行动计划，建设"数字丝绸之路""创新丝绸之路"。有效运用 RCEP 中关税减让、原产地累积规则、开放市场准入、简化通关程序等互惠措施，逐步扩大与协定国贸易投资合作，建设RCEP 经贸合作示范区。抢抓中欧投资协定签署机遇，积极推进中欧区域政策合作，深化与中东欧国家国际合作机制。争取友好国家经贸促进机构在郑州设立商贸代表处、国际组织在郑州设立驻地业务机构，争取在郑州设立外国领事机构及开展签证业务。

深化航空经贸领域的相关国际合作。引进世界知名航空货运企业在郑州建立总部基地或区域中心，复制、推广郑州与海外重要枢纽城市协同联动的"双枢纽"发展模式。探索与其他国际枢纽机场建立航空货运联盟，在航线网络、货品、数据共享等方面开展合作。推进卢森堡飞行签证中心业务常态化开展。加快郑州新郑国际机场三期工程建设，建成郑州机场三期北货运区及卢森堡货运航空公司（及其成员企业）专属作业区，打造卢森堡货运航空公司亚太地区分拨转运中心，推动"新鲜卢森堡"等双向跨境贸易平台健康快速发展。加快重大合作项目推进速度，实现合资货运航空公司投入运营以及专属作业区和飞机维修基地等项目快速推进。允许设立符合条件的全货运基地航空公司，突出重点区域、优化货品结构，培育航空物流新的增长点。允许具备条件的海外航空公司和基地航空公司开展国际航班代码共享。积极发展航空人才培训、航空商务咨询和认证评估以及国际航空租赁等相关服务业，吸引航空偏好型高端制造业集聚发展。创新贸易投资模式，积极引进欧洲航空服务、信息服务、跨境电商、金融服务等现代服务业，使河南自贸试验区建设成为中欧联动发展、双向开放合作的典范。

完善国际贸易与物流便利化合作机制。依托中国（郑州）跨境电子商务综合试验区，积极引进欧洲知名品牌商、电商平台企业和物流集成商，拓展"跨境电商+空港+陆港+邮政"运营模式，双向设立国际商品展示交易中心、海外仓，建设双向跨境贸易平台和电商综合运营中心。增设海外物流枢纽和集疏中心，打造服务多物流渠道、多运营模式、多贸易形态的一体化多式联运智能信息平台。建设国际航空物流和冷链物流中心，创新快速检验和科学有效的监管模式，促进高端特色食品、农产品进出口，吸引世界大型生鲜冷链集成商在郑州集聚，进一步提升河南自贸试验区在全球冷链物流领域的市场地位和资源配置能力。促进国际中转集拼航线和试点企业创新发展，促进物流信息共享，促进货运航空公司及相关货代企业与郑州机场国际物流多式联运数据交易服务平台实现数据联通。开展郑州铁路口岸与"一带一路"沿线口岸之间的进出口集装箱加挂业务试点，探索郑欧国际铁路货运班列起运地退税和国际中转运输模式。强化郑州作为中欧班列内陆核心枢纽地位，加入中欧安全智能贸易航线试点计划，搭建对欧贸易的快速通关"绿色"通道。依托航空和铁路口岸，加强与各海关特殊监管区域的协调联动，创新多式联运（内陆型）海关和检验检疫监管模式。在执行现行税收政策前提下，增强超大超限货物的通关、运输、口岸服务等综合能力。推进跨方式技术装备标准化，推广应用托盘、集装箱等标准运载单元。

推动跨国信息与监管合作机制建设。建设好河南自贸试验区至我国国际通信业务出入口局的直达国际数据专用通道，打造互联互通的"信息丝绸之路"。依托双边、多边国际组织及议事机制，逐步推动口岸对口岸的跨境电子商务监管信息共享机制形成。充分利用公共服务平台实现集成数据，建立跨境电子商务企业信用数据库，健全统计监测体系，完善风险防范机制。建立科学合理的商贸物流信用评价体系，研究制定规范统一的信用评价办法，建立信用评价长效机制。引入北斗卫星定位技术实施全程定位，增加集装箱安全智能防盗设施。构建新丝路货运指数，深化"新丝路"贸易额指数、"新丝路"货运量指数、"新丝路"运价指数的内涵，拓展应用范围，提升影响力和话语权。

二、打造人文交流平台

建设"一带一路"人文交流与合作新高地。推动河南省教育厅在河南自贸试验区合作共建教育国际化综合改革试验区，积极引进境外优质教育资源，开展高水平、示范性合作办学。加大对"一带一路"沿线国家的中国政府奖学金支持力度，积极为经贸类团组和企业人员出入境提供便利。研究制定河南自贸试验区外籍高层次人才认定办法，落实人才签证实施细则，明确外国人才申请和取得人才签证的标准条件和办理程序。对外籍高层次人才引进、出入境、就业、居留开辟绿色通道提供便利。允许获得硕士及以上学位的优秀外国留学生毕业后直接在河南自贸试验区工作。提供有针对性的指导服务和语言学习机会，多形式、多渠道帮助外国人才更好融入中国社会。推动国际列车和洲际直达客运航线开通运营，加快中原文化"走出去"和"一带一路"沿线各国优秀文化"请进来"的步伐。提升河南文化在世界舞台的影响力，实现与"一带一路"沿线国家和地区的民心相通。

促进国际医疗旅游产业融合发展。发挥国际航空网络和文化旅游优势，积极吸引国际高端医疗企业和研发机构在开封片区实现集聚发展，以健康检查、慢病治疗康复、中医养生保健、整形美容、先进医疗技术研发和孵化为重点，培育康复、健身、养生与休闲旅游融合发展的新业态。

三、强化省内联动和辐射带动

推动河南自贸试验区与综合保税区统筹发展。创新"自贸试验区+综合保税区"融合发展机制，在优化口岸监管、通关一体化改革和资源要素集聚等方面发挥叠加效应。依托一体化信息管理服务平台、国际贸易"单一窗口"等系统，推进河南自贸试验区、综合保税区综合信息管理服务系统建设，通过省数据共享交换平台实现跨部门数据共享。探索以"区区联动"模式开展保税、非保税货物同仓存储和集拼分拨，试行扩大保税功能范围。支持河南自贸试验区内企业按照综合保税区维修产品目录开展"两头在外"的保税维修业务。以试点方式支持综合保税区外企业开展高技术含量、高附加值和符合环保要求的自产出口产品保税维修。

加快完善多层次开放平台体系。加快开封、洛阳综合保税区和郑州经开综合保税区二期建设，支持新郑综合保税区扩区，推进综合保税区加快实现一线监管的负面清单化管理工作，优化升级二线监管，促进与口岸联动发展。完善郑州航空、铁路国际枢纽口岸功能，加大货站、堆场、仓储和口岸联检等基础设施投入力度，提升信息化、智能化管理和作业水平，推动公路、铁路、海运、空运等各运输环节有效衔接。高标准建设汽车、粮食、药品等功能性口岸，推进智慧口岸建设，着力打造一体化口岸综合服务平台，构建高效便捷的通关系统。加快建设郑州国际陆港保税物流中心（B型），打造成为以平行汽车进口、国际采购与配送、保税仓储、流通加工、转口贸易和国际中转功能为主的国际现代化综合物流园区。完善口岸布局，支持申建各类商品、货物进口指定监管场地，争取首次进口药品和生物制品口岸。

建设开放创新联动区。支持各片区有条件的经开区、高新区等建设河南自贸试验区开放创新联动区，推动制度创新共试、改革赋权共享、政策措施共用。鼓励开放创新联动区在更多领域实行特色化改革探索，开展互补和对比试验。加强对开放创新联动区改革经验的评估认定和快速复制推广，加快构建"自贸试验区+联动区+辐射区"大开放格局。鼓励河南省同步实施具备推广条件的改革举措。

积极推动扩区发展。依托郑州航空港经济综合实验区，积极争取设立河南自贸试验区扩展区域，将重要开放设施及功能区域纳入河南自贸试验区，完善河南自贸试验区、郑州航空港经济实验区功能布局，扩展发展空间和改革试点承载能力，实施更高水平的投资贸易自由化政策和制度。积极研究和探索申建"空中丝绸之路"自由贸易港。

推动郑开同城化进程。支持郑州、开封片区在郑开同城化方面先行先试，构建财税分成、成本共担、收益共享的区域利益协调机制，推进国土空间、产业、交通、生态、金融和公共服务同城化，为郑开同城实践提供路径和示范。积极推进开港产业带建设，支持开封承载郑州新郑综合保税区、航空港区功能延伸，建设港区联动空运货物开封服务中心、航空冷链物流分拨转运及出口集拼中心。加快建设郑开科创走廊，整合郑州、开封两市古城名镇文化资源，打造具有全国影响力的"百里创新长廊""百里运河文化旅游产业带"。

四、推动区域协同开放发展

促进黄河流域联动发展。贯彻实施黄河流域生态保护和高质量发展战略，促进沿黄上中下游开放合作。推动共建黄河流域自贸试验区发展联盟，以制度创新、国际园区建设、生态保护、绿色发展、多式联运和文化旅游为重点，共同探索沿黄地区合作机制，推进信息共享、创新推动、模式共建，合力打造黄河流域要素流动和产业合作平台，推动建设郑（州）洛（阳）西（安）高质量发展合作带，促进东西互济合作发展。着眼传统产业转型升级和战略性新兴产业发展需要，加强协同创新，推动关键共性技术研究。保护传承弘扬黄河文化，协同打造具有国际影响力的黄河文化旅游带。

加强中部地区协同联动。推进与企业发展、群众生活密切相关的高频事项"跨省通办"，实现更多事项异地办理。以产业协同为抓手，加强产业、要素流动、创新和资源一体化等方面协同联动，推动中部地区与全球供应链体系、产业体系和市场体系深度对接，成为全球供应链和商业活动中的重要节点。共同做大做强中国中部投资贸易博览会等区域性合作平台，加快推进省际毗邻地区开放合作示范区建设。拓展关键核心技术、前沿技术领域合作空间，共建中部地区科技创新发展联盟、中部地区技术交易市场联盟，实现区域科技政策对接、资质互认及技术市场的统一，协同构建开放型区域创新体。

提升中东部合作水平。加强与长三角城市群、长江经济带、京津冀、粤港澳等区域重大战略互促共进。强化与重点城市群合作互动，打造城市群物流通道网络和供应链协同分工体系。积极对接东部地区优质资源，鼓励采取飞地经济、要素合作等模式，与东部省份共建产业转移合作园区。主动对接京津冀协同发展，健全产业、技术、资本合作机制，积极承接以高等教育、科研院所和金融后台等为重点的非首都功能疏解。出台相关支持政策，加强与粤港澳在项目对接、投资拓展、信息交流和人才培训等方面交流合作，共同开拓国际市场。

第九章　进一步推动自贸试验区
建设的政策建议

第一节　加强改革系统集成和联动发展

与国际上以单一功能为核心的自由贸易区相比，我国自贸试验区是综合性的改革试验区，有着广阔的制度创新的内涵，各种改革举措彼此关联、相互支撑。因此，需要统筹各环节改革，增强各部门协同，实现制度创新的系统性、整体性、协同性。在推进重大改革举措过程中，尤其要加强顶层设计，全流程梳理改革逻辑链条、规划改革内容、集成改革举措，形成协同联动改革的措施链、责任链，全面提升改革整体效益。要正确处理中央事权与地方事权的关系，对于涉及中央事权又由地方主推的改革事项，实现上下联动、同频共振、整体推进。要打破部门条块分割，建立系统、有效的跨部门协调机制，促进部门之间、各级政府之间的政策协调与配套。

在技术层面，基于我国自贸试验区建设的进程，亟须加大五大领域改革的系统集成，并以局部带动整体，逐步实现改革系统集成的全领域覆盖。第一，推进投资自由化便利化系统集成。进一步完善企业从市场准入到退出全链条改革，尤其要从机构设置、计划安排、职能定位、招商方式、投后服务等环节构建高水平投资促进服务体系。第二，推进贸易便利化系统集成。依托国际贸易"单一窗口"，促进商务、海关、检验检疫、外汇、税务等部门协同创新，实现国际贸易业务全流程覆盖，提升贸易便利化水平。第三，促进现代交通物流体系系统集成。加快推动交通物流融合发展，协同推进多式联运的标准制定、平台建设、体制理顺、监管创新，促进物流链与产业链和供应链的协同发展。第四，促进金融服务系统集成。坚持鼓励开放创新与防范风险并重，统筹考虑金融开放创新与风险防控，建立金融风险防控机制，特别是金融风险评估预警机制。第五，促进司法服务保障体系系统集成，强化自贸试验区立法建设，做好与相关法律立改废释的衔接。最终形成机制健全、仲调结合、一律平等的法律服务体系。

一、加强改革系统集成

1. 统筹各环节改革

我国自贸试验区建设应加强顶层设计，全流程梳理改革逻辑链条、设计改革事项、集成改革举措、统筹推进各环节改革。健全各类市场主体平等准入和有序竞争的投资管理体系，促进投资便利化系统集成，完善企业从市场准入到退出全链条改革、投资项目"一表申请、一口受理、并联审查、一章审批"的全流程格式化综合审批等系统集成。创新投资促进体系建设，从机构设置、计划安排、职能定位、招商方式、投后服务等环节构建高水平投资促进体系。建立促进贸易转型升级和通关便利的贸易监管服务体系。推进贸易便利化系统集成，依托国际贸易"单一窗口"，促进商务、海关、检验检疫、外汇和税务等部门协同创新，实现国际贸易业务全流程覆盖，推动对外贸易由量的扩张到质的提升。

推进现代交通物流体系系统集成，加快推动交通物流融合发展，促进多式联运的标准制定、平台建设、体制理顺、监管创新等方面取得实质性突破，促进物流链与产业链、供应链的协同发展，推进电子商务与快递物流协同发展。充分利用自贸试验区政策优势，不断完善跨境电子商务海关监管、检验检疫、退税和物流等支撑系统，大力发展跨境电子商务。

推进重点业态创新系统集成，围绕促进整车进口、物联网、大数据、跨境电商等重点行业、重点业态发展，加强全产业链、多部门协同的制度创新集成。打通知识产权创造、运用、保护、管理和服务全链条，提升知识产权质量和效益。

深入探索监管服务新规则、新模式、新标准，完善事中事后监管，构建高效便捷通关管理服务机制，推动多式联运物流监管体系建设，推进信用管理体系建设，建立跨境电商国际标准规则体系和综合监管模式，最终形成"通关便捷、安全高效、一单关检"的通关监管服务体系。坚持鼓励开放创新与防范风险并重，把深化金融改革与金融风险防控有机结合。大力丰富金融业态，建立与自贸试验区相适应的本外币账户管理体系，促进跨境贸易、投融资结算便利化，探索金融服务跨境电商、多式联运、智能制造、文创旅游等产业新途径，建立风险防控机制和金融风险评估预警机制，构建多元融资、服务高效、一体联控的金融服务体系。

构建与国际接轨的仲裁体制机制，建立公平高效的司法服务保障体系，构建多元化纠纷解决机制，形成机制健全、仲调结合、一律平等的法律服务体系。强化自贸试验区立法建设，对涉及法律法规调整的改革事项，及时强化法制保障，做好与相关法律立改废释的衔接，共同推进相关体制机制创新。着力推进多式联运标准规则体系基本形成，与国际联运规则实现有机衔接，完善省部协同机制，力争在多式联运的标准制定、平台建设、体制理顺、监管创新等方面取得实质性突破，加快建设互联互通、物流全球、一单到底的多式联运服务体系。

2. 增强各部门协同

打造纵向协调、横向协同的政府组织体系。正确处理中央事权与地方事权的关系，通过地方与中央的良性互动，在制度上实现事权的合理安排。对于一些涉及中央部委又由地方主推的改革事项，实现上下联动、同频共振、整体推进。高度重视部门之间、各级政府之间的政策协调与配套，提高推进改革任务落实的整体性和系统性。依法公开政府各部门的权力清单及管理运作流程，打破部门条块分割，建立系统、有效的跨部门协调机制，使跨部门协调职能专业化、常态化，提高部门协同管理水平。完善省级—片区二级管理体制，明确二级管理机构的职责分工和决策权限，突出片区管理委员会在制度创新中的主体地位和自贸试验区工作领导小组办公室的统筹协调作用。强化自贸试验区工作领导小组各专题工作组与各片区管理委员会的协同联动，及时解决关键领域改革中遇到的重大问题。

充分运用大数据、云计算、移动互联网等新兴技术，尽快形成跨部门、跨层级、跨区域信息共享，建立央地协同、条块衔接的信息共享机制，明确部门间信息互联互通的边界规则。全面推行"互联网+政务"服务模式，推进自贸试验区公共管理平台建设，推进区内行政管理资源整合，建立以信用风险分类为依托的政府联合监管制度，促进海关、质量技术监督、食品药品监管、工商、税务和知识产权等行政监管服务平台互联互通、数据共享和协同监管。探索将关联度高、职责互有交叉的相关部门采取"大部门制"改革，努力建立权责清晰、统筹协调、综合监管的行政监管体制。进一步推进政府体系和流程再造，构建综合服务体系，逐步建立政府综合信息和管理中枢，推进行政审批网络平台、公共信息综合服务平台、综合政务管理平台建设。

二、促进国家重大战略协同叠加发展

我国应健全国家战略协同机制、充分发挥战略联动优势、促进产业分工和协同发展，强化多维度融合、多要素联动、多主体协同，形成改革引领、开放带动、创新驱动、同频共振的合力，打造产业转移、要素集疏、人文交流平台，推动自贸试验区形成连接东中西部、沟通境内外、支撑经济走廊的核心发展区域。

1. 健全战略协同机制

健全战略协同发展组织机制。由各省政府负责组织成立战略协同领导小组，负责统筹推进战略协同发展事务，研究部署重点工作，制定战略协同的重大方针和原则，重大信息互通互报；统筹资源配置方案，统筹重大项目布局、重要资源整合、重点政策支撑；统筹复制推广方案，定期梳理形成可复制、可推广的制度创新清单，向战略协同示范区复制；协调解决事关战略联动全局的创新试点任务、政策复制推广、各方利益协调、重大项目布局等重大问题，强化督促落实和考核评价，形成省级统一领导、行业部门指导监督、地方政府务实推进的协同发展组织机制。

共同打造重点企业培育机制。战略协同领导小组根据协同战略实施方案，发现、遴选或引进一批具有商业模式或技术创新上的独特优势、处于产业金字塔的顶端或产业链、技术链与价值链的高端环节、拥有大量高端专业人才、现代信息技术、有较强市场辐射能力的重点企业。在外资引进、技术交流、外汇管制、出口通关等方面对重点企业所需的资金、技术、信息等要素给予支持，推动重点企业参与国际市场竞争。

健全高端人才集聚机制。在会聚人才、使用人才、评价人才的管理体制、运行机制、政策创新等方面先行先试，集聚一批站在行业前沿、具有国际视野和创新能力的高层次人才。按照"不求为我所有，只求为我所用"原则，实施全方位柔性引才引智策略，研究制定外籍高层次人才认定办法及配套政策，为外籍高层次人才开辟绿色通道、简化手续，为其出入境、工作、在华停居留提供便利。对高层次人才全面落实"两个不低于70%"政策，探索建设"创新人才特区"，比照国内最优政策标准，打造人才高地。

2. 充分发挥战略协同优势

充分发挥各战略协同示范区的产业集群配套、物理空间和环境容量大、生产经营和商务成本低的优势，围绕优势主导产业和新兴产业培育，全面推广自贸试验区可复制的制度创新成果，推进新兴资本、创新人才、先进技术成果等要素融合，培育增长新动力。

发挥重叠区直接联动优势。率先全面推广复制改革、创新和对外开放成果，打通企业跨境研发和贸易便利化通道，积极与"一带一路"沿线国家合作，推进外资企业和本土企业开展协同创新、共建发展平台和重点实验室，展开产业链核心技术攻关和研发外包服务，推动资源积聚共享。发挥非重叠区互补联动优势。克服空间距离制约，发挥政策协同作用，以市场主体为纽带，实现协同联动区空间融合、资源共享、互补发展。

大力引导企业集团采用分布不同区域策略，支持物流、交通、智能制造等重点行业的企业采用母子公司、分布仓储、飞地经济等模式开展生产经营活动，享受不同战略平台的优惠待遇。加强不同战略区域内企业的交流互动，推进战略区域内企业和民间组织的合作交流。

3. 促进战略协同区产业分工和协同发展

明确产业分工。根据协同计划和实施方案，结合各战略区域在产业资源积聚、体制机制创新、改革开放创新等方面的优势，确定各战略区域的产业发展重点。仍以河南自贸试验区为例，河南自贸试验区可与郑州航空港经济综合实验区、郑洛新国家自主创新示范区协同发展，具体分工如下：

河南自贸试验区：重点发展智能终端、高端装备、汽车制造、生物医药、机器人和新材料等先进制造业以及现代物流、医疗旅游、文化传媒、艺术品交易、国际商贸、跨境电商、现代金融服务、服务外包、创意设计、商务会展和动漫游戏等现代服务业，在促进交通物流融合发展和投资贸易便利化方面推进体制机制创新，打造多式联运国际性物流中心，发挥服务"一带一路"建设的现代综合交通枢纽作用；提升装备制造、农副产品加工国际合作及贸易能力，构建国际文化贸易和人文旅游合作平台。

郑州航空港经济综合试验区：重点发展具有临空指向性和关联性的高端产业，培育临空高端服务功能和知识创新功能。重点发展以国际中转物流、航空快递物流、特色产业物流为重点航空物流业，完善分拨转运、仓储配送、交易展示、加工、信息服务等配套服务功能；重点发展电子信息、生物医药、精密数控机床及机器人、航空制造为主的高端设备；大力发展专业会展、电子商务、航空金融、科技研发和高端商贸等现代服务业。

创新示范区：重点发展智能终端、盾构装备、超硬材料、新能源汽车、非开挖技术、智能仪表与控制系统、可见光通信、信息安全、物联网和北斗导航与遥感等，打造国内具有重要影响力的高端装备制造产业集群和新一代信息技术产业集群；重点发展工业机器人、智能成套装备、高端金属材料、新型绿色耐火材料等，打造国内具有重要影响力的智能装备研发生产基地和新材料创新基地；重点发展新能源动力电池及材料、生物制药和生化制品等，打造新能源动力电池及材料创新中心和生物医药产业集群。

4. 全面加强产业协同发展载体建设

大力打造产业联动平台，构建高端产业与服务贸易的对接平台，创建新产品交易平台、新产品跨境电子商务服务平台、研发设备保税展示平台以及高端研发产业总部平台等，促进高端制造业和研发服务业对接；建立保税知识产权交易所、保税技术产品展示平台、专利产品出口退税或免税交易平台，促进高端产品展示和产业化平台建设。

加快建立协同发展网上信息共享平台，实现信息共享。将各类计划划定的重点、方案等数据进行拼合，构建形成统一的空间计划管理信息平台。推进信息交易市场建设，举办信息交易展览会，建设产权信息交易市场。推进文献、专家库和动植物资源等基础性资源信息共享平台，加强产学研深度融合。

建立投融资共享平台。打造适应战略需求的风险投融资平台，完善信用担保体系，整合国际国内的金融资本，建立完善多层次资本市场，解决资金瓶颈问题。设立发展资金或专项贷款，对具有国际国内领先水平的自主知识产权高新技术企业列为重点支持对象，扶持企业的科技创新活动。建立健全风险投融资网络，组织投融资机构及时与相关企业面对面交流；支持风险创业投资协作，鼓励跨地区技术与资本的融合。

三、推进区域联动发展

1. 促进省域联动发展

发挥自贸试验区制度创新示范效应。自贸试验区要以制度创新为核心任务，先行先试，加快形成制度创新高地。加强对自贸试验区理念创新、体制机制创新、政策创新及加强风险防控等制度创新经验的总结和系统集成，采用省域推广和部分区域推广相结合的方式，"总结一批，推广一批"。发挥自贸试验区在"放、管、服"改革中的引领作用，推动各省形成精简高效的政府管理模式。及时发布自贸试验区制度创新案例，为省域全面深化改革、加快构建开放型经济新体系提供指导和示范。定期发布企业创新案例，介绍企业如何运用自贸试验区的政策创新和功能拓展来解决遇到的实际业务问题，为省域企业开展创新活动提供借鉴和参考。

推动区域交通物流融合发展。加强城市群交通基础设施互联互通，强化高速铁路网骨干支撑作用，提速发展城际铁路网。加快推进多式联运体系、现代物流体系发展，构建串联国内的集疏运网络，提升物流枢纽功能作用。支持各地市在自贸试验区建设专属物流园区，开展现代物流业务，增强服务区域主导产业和消费市场能力。按照"零距离换乘""无缝衔接"的要求，强化自贸试验区与周边城市铁路、公路和轨道交通等运输方式有机衔接，提升自贸试验区与周边城市交通运输服务水平。鼓励在自贸试验区发展货运班线、城际速递、共同配送等多样化、专业化服务方式。

加快口岸开放平台向省域辐射延伸。强化自贸试验区口岸服务功能，提升便利化程度，聚集人流、物流、资金流、信息流，带动腹地经济融入国内、国际两个市场，形成扩大开放的叠加效应。推动口岸开放平台向省域覆盖延伸，支持具备条件的城市申建综合保税区、指定口岸、铁路水运口岸，扩大国际转口贸易、国际物流、中转服务等业务规模，增强口岸经济辐射带动能力。探索在主要铁路沿线（场站）和内河重要港口计划建设直接办理货物进出境手续的口岸查验区（查验场所），探索构建与功能性口岸、保税仓储、多式联运等融合发展的新型内陆监管查验平台。挖掘进口水果、食用水生动物、冰鲜水产品口岸业务发展潜力，积极推进进口药品、进口铜精矿、进口木材等申建指定口岸落地实施。

促进省域开发开放载体联动发展。构建自贸试验区与省域开发开放载体的协同合作机制，支持国家级经开区、高新技术产业开发区、海关特殊监管区率先复制自贸试验区制度创新经验，打造国际化、市场化、法治化营商环境。依托自贸试验区的开放优势和国际化平台，加快各类开发开放载体"引进来""走出去"步伐。发挥自贸试验区服务"一带一路"功能，支持各开发开放园区内的企业开展境外投资，积极参与国际产能合作，重点与"一带一路"沿线国家合作建设专题合作园区。支持符合条件的国家级开发区申报设立海关特殊监管区域，促进海关特殊监管区域向加工制造中心、贸易销售中心、交易结算中心、物流配送中心、维修服务中心和研发设计中心等方向转型发展。

推进省域信息集成、开放、共享。以政务数据共享开放为突破口，统筹数据中心建设，打造区域性数据中心，构建覆盖省域的统一政务公共服务体系。充分利用云计算、大数据技术建设政务公有云、政务专有云、政务大数据平台（政务数据交换共享平台）、网上政务服务平台和省政务服务大厅。探索各级政府部门间数据交换机制和交换技术，研究制定政务信息资源共享管理办法，梳理并建立政务信息资源目录库。鼓励企业、高等院校、科研机构和社会组织主动采集并向社会开放数据资源，形成各类优质数据库。加快大数据交易中心等大数据交易平台建设，支持政府和企业等社会力量深入挖掘大数据价值，开展大数据创新应用。

推动区域产业分工和联动。促进城市之间产业分工和联动，实现合理布局、协同发展。支持自贸试验区内企业通过跨区域兼并重组，推动产业整合。支持毗邻地市有效承接自贸试验区溢出的仓储、加工、配送、商务等服务需求，实现自贸试验区配套产业集聚。鼓励沿主要交通干线建设产业发展带，重点发展生物医药、新能源汽车、智能制造、新材料、现代物流、服务外包等先进制造业和现代服务业。推动建设特色产业发展走廊，促进城市联动互动发展，打造立足区域、辐射全国的产业聚集区。

2. 打造区域经济转型升级新引擎

促进金融创新与产业发展深度融合。放大自贸试验区金融创新效应，鼓励商业银行等金融机构逐步将自由贸易账户的开立主体从自贸试验区内扩展到省域，为企业提供境外本外币融资、人民币资金池、外汇资金集中运营管理等金融创新服务，降低企业资金成本。支持条件成熟的银行业金融机构，探索开展境内外并购融资，探索放宽商业银行并购贷款的比例、年限、用途等限制，推动有需求的企业开展上下游企业、关联企业的并购重组活动。降低融资租赁行业经营成本，推动金融租赁企业和商业性融资租赁企业规模化发展，精准对接制造业技术设备更新需求。吸引基金类、股权投资类、资产管理类投资机构落户自贸试验区，建立一系列特色产业发展基金。推进发展科技金融，积极争取将智能装备和高端制造行业纳入国家投贷联动试点范围。针对创新型科技型中小企业，建立专门金融综合服务平台，拓宽融资渠道。鼓励银行业金融机构为跨境电商开设专门交易接口，积极引导有资质的非银行支付机构为跨境电商对外贸易提供外汇支付服务。推动商业银行、第三方支付等金融机构为中欧班列及国际货运航班提供个性化金融服务，推动形成跨境电商和仓储配送的中心枢纽地位。

打造辐射省域的开放式科技创新中心。充分发挥自贸试验区高端要素集聚优势，吸纳国内外创新资源，全方位推进开放式创新。积极鼓励省域区外企业在自贸试验区建立研发中心。鼓励外资和民资设立科技服务企业，大力发展研发设计、技术咨询、科技推广、技术贸易、检验检测和科技金融等科技服务业。鼓励各地区高校、科研院所在自贸试验区发展新型创业孵化机构；鼓励现有孵化器参与国际合作，建设国际化创新创业孵化平台。积极推动与发达国家的科技合作，通过并购重组、技术特许、委托研究、技术合伙和战略联盟等模式，重点围绕信息安全、人工智能、新能源汽车、特种功能材料、农作物遗传育种、肿瘤免疫基因治疗、重大传染性疾病等面向经济转型升级的基础前沿和高技术研究领域，建设高水平的国际科技合作研究基地。鼓励外资研发中心与国有企事业单位共建研发公共服务平台、重点实验室和人才培养基地，联合开展产业链核心技术攻关，加强优势产业领域共性关键技术问题研究。

发挥交通物流枢纽作用。打造完整的跨境电子商务产业链和生态圈，支持建设集全球物流、通关服务、保税仓储、综合监管及展示展销为一体的跨境电子商务综合园区。"以进带出"，推动进口"海外仓"内移，以"政府牵线，市场运作"的方式在中欧班列沿线国家建立自主品牌商品境外展示中心，构建多样化的海外营销渠道，推动装备制造、汽车及零部件等特色优势产品应用跨境电商扩大海外市场份额。鼓励开展苹果、大蒜、大枣、茶叶、铁棍山药、食用菌、鲜切花卉和中药材等特色农产品跨境贸易，拓展东南亚、欧美和澳大利亚出口市场，实现国内外冷链物流网络高效衔接，培育农产品跨境贸易龙头企业。

大力发展总部经济。探索前端研发设计和后端销售服务"两头在区"、中间加工环节在外的企业集聚模式，优化先进制造业、现代服务业布局，打造高质高端高附加值产业集群，建设中部制造业总部基地。探索"区内注册、区外运营"制度，鼓励"区内总部，区外分支机构"的布局策略，在产业布局、招商引资、基础设施建设、资源要素保障等方面协调融合、优势互补，在信息、技术、管理、人才、项目等方面进行全面合作，提升产业链附加值。

搭建区域产业发展公共服务平台。探索构建区域商品交易集散中心、信息中心和价格形成中心。搭建便利化的知识产权公共服务平台，探索建设中部地区知识产权运营中心。依托国家级科技服务机构，加快培育一批市场活力强的技术转移示范机构，构建技术转移平台和创业投资平台，形成区域科技创新服务中心和创新科技成果交易中心。完善自贸试验区创新创业服务体系，大力发展创业辅导、信息咨询、技术支持、融资担保、成果交易、检验检测认证等公共服务。加快建设大型公用实验装置、数据资源、生物资源、知识和专利信息服务等科技基础条件平台，服务区域产业发展。

构建区域人才高地。建设高层次人才综合服务体系，大力发展人力资源服务业，打造优质人才载体，提升高层次人才发展及创业创新平台建设水平。率先在自贸试验区建立健全高层次人才评价机制、简化高层次人才评价认定程序，推动境内外专业人才双向流动。强化对海外人才在项目申请、工作资质、生活保障等方面的支持力度，完善符合条件的外国籍高层次人才签证及居留政策等，简化手续，为外籍高层次人才来豫工作开辟绿色通道，积累经验并向省域推广。

第二节　加快我国自贸试验区建设的方向

一、打造对外开放的新高度

持续推进制度创新，必须顺应经济全球化和世界自由贸易区建设的发展趋势，积极探索符合未来发展方向的制度创新举措，探索国际竞争新方式。当今世界正经历新一轮大发展、大变革、大调整，经济全球化发生深刻变化。全球贸易投资自由化、便利化已成发展潮流，不少国家新建或升级本国的经济特区，经济激励力度提升，营商环境的竞争日趋激烈。世界自由贸易区的发展呈现目标多元化、开放自由化、功能服务化和贸易便利化的趋势。贸易自由、投资自由、金融自由和法律法规保障成为自由贸易区的核心制度安排。特别是我国内陆自贸试验区，开放程度低，对外贸易和利用外资长期低于沿海发达省份，开放型经济体制尚不能满足深度对接国际高标准经贸规则体系的要求，需要按照全面构建开放型经济新体制的要求，进一步推进高水平对外开放，拓展开放的范围和层次，发展更高层次的开放型经济，彰显我国的开放品格、开放优势和开放作为。

二、建立制度创新的新标准

我国自贸试验区初步探索建立了一批基础性的制度创新体系，为持续推进制度创新奠定了良好基础。面向未来，自贸试验区要建设成为改革开放的新高地，就要敢于迈入改革的"深水区"，进一步理顺政府和市场关系，着力破解各种制度痼疾和瓶颈障碍，强化制度创新的统筹谋划及改革举措的系统集成，立足差别化探索，对标国际最高标准，补短板强优势提水准，推出一批制度创新的著名品牌，打造国内乃至国际的新标准，加快形成与国际通行规则相衔接的高质量制度体系。

三、强化服务"一带一路"等国家重大发展战略

自贸试验区要以服务国家重大战略为根本，适应国家战略和区域发展需要，并将其转化为全面深化改革开放的试验任务。中央赋予各省自贸试验区相应的战略定位，自贸试验区要立足自身战略定位，有目的、有重点、有步骤地提出改革举措，着力推进开放经济建设，在多式联运、通道建设、航空服务和口岸经济等方面先行先试；立足内联外拓，全面推进与"一带一路"等国家重大战略对接，加快构建互联互通综合枢纽体系，提升现代综合交通枢纽和现代物流中心功能，着力建成以国际大通道为核心的国际综合交通物流网络，全面打造服务"一带一路"的"自贸样本"。作为制度创新的高地，自贸试验区要充分发挥引领和辐射作用，通过构建区域联动发展平台、健全联动发展机制，实现省域资源、信息、政策共享，形成改革引领、开放带动、同频共振的合力，促进区域经济联动发展迈上新台阶。

四、拓展制度创新的战略空间

申建自由贸易港，有利于进一步拓展自贸试验区制度创新的战略空间。建设自由贸易港既是新时代我国推进全面开放新格局的重大举措，也是打造开放新高地的必然要求。从国际经验来看，自由贸易港并不是自贸试验区的简单升级，两者在试验目的、试验标准及试验任务上存在区别。自由贸易港是目前全球开放水平最高的特殊经济功能区，具有区别于自贸试验区的全方位开放、全要素流动的改革理念。货物、资金、服务、人员自由流动和高效配置是自由贸易港的本质特征。贸易自由、金融自由、投资自由是自由贸易港建设的三大主线。贸易自由体现为取消关税壁垒、减少进出口管制、提升贸易便利和贸易结算自由；金融自由体现为汇兑及资金进出自由、资本市场开放；投资自由则体现为投资领域开放、监管环境友善及法律制度健全。我国多地具备建设自由贸易港的优势和条件，但与国际知名自由贸易港相比，在政策环境、税收制度、管理体制机制和国际化服务等方面还存在不小差距，需要正视差距，大胆借鉴国际经验，立足区位优势，加快从自贸试验区向自由贸易港的升级和转换，建设具有中国特色的自由贸易港。

第三节　加快打造自贸试验区"升级版"的政策建议

加快自贸试验区建设，必须遵循市场逻辑和问题导向原则，注重企业现实需求，通过着力推进关键环节、关键领域率先突破，补齐"短板"，解决瓶颈制约；要充分借鉴国内外自贸试验区建设经验，结合我国实际进行深化和升级，打造我国自贸试验区建设的特色和亮点。

一、提升行政管理效能，完善法律保障体系

全面深化"放管服"改革，着力推进政务、金融、法律、监管、多式联运五大专项服务体系建设，不断创新政府管理体系，加强政府诚信建设，提升政府公信力，促进治理能力现代化。通过建立法治政府和服务型政府，实现政府治理的效率和质量同步提升、相互促进。

着力理顺体制机制。一是推进部门协同创新。打破部门藩篱，推进部门协同创新，促使政府部门从各自为政转变为协同作战，变"部门化政府"为"整体性政府"。二是明确界定职责权限。明确自贸试验区管委会和各政府部门的职责划分，纠正部分政府部门对自贸试验区的错误认识。三是建立科学的考核机制。把任务落实涉及相关部门纳入考核范围，启动追责机制，扭转部门协同的被动性。四是强化自贸试验区推进工作机制。强化各省自贸试验区建设领导小组、联席会议、自贸办等部门的权威，充分发挥其统筹领导作用。

着力推进行政管理制度创新。一是激活创新动力，坚持需求导向、问题导向、效果导向，出台制度创新促进办法，试行"容错机制"，激活创新动力。省市部门要进一步下放权力，做到同步放权、协同放权，加强省市部门对下放权限的业务指导和培训。二是争取创新权力，全面梳理权力事项下放的进展情况，对创新所需但未下放的权力事项，自贸试验区要主动争取和对接，制定承接方案。三是推进实质性创新，探索实施企业经营范围承诺制，推进"证照分离"改革全覆盖，实施推广"照后减证"。结合片区产业发展需要，推动探索新业态审批改革，降低各种制度性成本，着力营造更便利的营商环境。

着力完善事中事后监管机制。第一，进一步提升协同监管效率。坚持"权责法定、依法行政，谁审批、谁监管，谁主管、谁监管"的原则，明确细化监管责

任,形成有约束力的跨部门协调机制。统一各个监管部门数据采集标准、统一数据保存格式,实现数据收集的标准化与程序化,加强"双随机、一公开"监管结果的运用。制定监管清单,明确各行业、领域、市场的监管重点内容,研究制定新业态、新技术、新模式包容审慎监管模式和标准规范。第二,进一步完善信用监管体系。完善公共信用信息平台建设,深入推进涉企信息归集共享,推动企业信用体系与法人信用体系的对接。在自贸试验区设立征信机构,支持征信机构对企业、个人信用数据的汇集。强化信用信息的挖掘应用,制定分级分类监管管理办法,推动建立信用信息归集、信用评级、预警分析、信用监管、管理决策"五位一体"的信用监管体系。推进联合奖惩系统"全流程"嵌入网上政务服务平台和业务审批系统。建立健全"守信激励、失信惩戒"的落实机制和成果反馈制度,建立健全信用修复机制和信用主体权益保护机制。第三,进一步推进知识产权管理、保护和服务改革。建立专利、商标、版权"三合一"的行政管理和执法机构,出台自贸试验区知识产权跨部门执法协作办法,建立和完善联席会议、专项联合执法、案件移交协办、行政执法与司法衔接、举报奖励等制度。建设自贸试验区知识产权快速维权援助机构,加强与国内外知识产权纠纷调解、仲裁机构的合作,建立多层次、多领域、多形式的非诉纠纷解决机制。建立自贸试验区网上知识产权综合服务平台和实体知识产权工作站,着力推动知识产权服务业发展。探索开展知识产权保险、质押融资和资产证券化等知识产权金融创新。第四,积极培育和鼓励市场力量参与监管。发挥行业商会协会、社会公益组织、媒体、社会舆论的监督作用。引入第三方专业组织进行企业财务审计等专业监管。鼓励第三方社会机构对相关市场主体定期进行信用状况评估,监测失信行为信息。

加快数字政府转型。大力推进"互联网+政务服务",打造政务网大数据信息平台,运用数据实现政府决策科学化、社会治理精准化、公共服务高效化。以"一网通办"为载体,以"最多跑一次"撬动各领域改革的不断深化,统筹推进系统对接,全面归集政务信息,实现信息共享,推进政府数字化转型。

健全法制保障体系。一是国家层面要加快制定普适性自贸试验区制度,出台支持自贸试验区建设的文件和政策,授权自贸试验区改革权限和范围。二是加快出台省级自贸试验区条例,积极推动片区管理条例的制定。三是建立自贸试验区法律法规长效、动态的清理机制,对现行法律法规存在制约、需要突破的条款进行摸底调研和梳理,及时上报,增强法律法规调整的时效性。

完善组织保障机制。一是省直部门应成立由市直各有关部门参与的整体推进体系，加强省级部门对市级部门的业务指导，解决业务开展上下协同不足的问题。二是省（市）直部门出台各类改革举措，应强化业务培训工作，并将相关精神及时通报自贸试验区，以解决自贸（片）区业务能力不足的问题。三是健全自贸试验区与省（市）直相关部门之间的绿色通道和联动机制，正面激励和负面惩戒相结合，强化相关部门对自贸区工作的参与和管理，调动各部门的积极性，共同推进自贸试验区创新发展。四是建议适当增加自贸试验区管委会人员编制，允许其自主地市场化招聘相关人才，完善人才的激励和考核机制，保证人员的充分性、稳定性和专业性；适当赋予自贸试验区管委会相应的权力，增强其统筹资源的能力，减少其协调工作的阻力。

二、创新境外投资促进制度，完善外资管理服务体系

创新外资准入与服务体系。积极争取中央授权，在优势和特色产业领域进一步放宽或取消市场准入限制。借鉴四川自贸试验区投资管理和便利化等方面政策创新的"容错机制"，鼓励改革创新、允许试错，免于追究相关责任，并做好相关压力测试与抗风险测试。充分发挥自贸试验区"宽准入"原则，在负面清单允许的范围内，打造新业态、新产业。这一创新模式值得借鉴和推广。

推进与港澳台地区项目合作。采取务实灵活多样的形式，进一步完善港澳台地区招商引资工作协调机制。一方面，发挥各地铁路经济、枢纽区位优势，大力发展铁路航空物流，建立起与港澳台之间的物流合作平台，避免自贸试验区之间的无效竞争；另一方面，借鉴四川自贸试验区参与投资贸易洽谈会、中博会等平台做法，中国国际贸易促进委员会与各省商务厅可以试点建立"香港合作机制"，率先对香港人才引进提供优惠政策，积极引进资金和人才，促进港澳招商项目进一步推进落实。充分发挥港澳台在金融服务、信息资讯、国际贸易网络和风险管理等方面的优势，将自贸试验区建设成为内地企业"走出去"的窗口和综合服务平台。

完善境外投资促进服务及保障体系。加速构筑境外投资服务促进体系，做好境外投资备案制改革的配套服务工作，借鉴上海自贸试验区经验建立境外投资服务平台，完善境外投资全生命周期服务体系，推进境外投资项目库、资金库、信息库的建设，实现政府、中介机构与企业的有效链接与信息共享。同时，建立外事办公室、商务厅、发展和改革委员会等部门共同参与的境外风险防控和利益保

护机制，并充分发挥中国国际贸易促进委员会在经贸摩擦预警和应对、商事海事仲裁和调解等领域的专业优势，为企业提供国际化的多元纠纷解决方案和国外的贸易政策、海外投资和融资上市等方面的咨询服务，助力企业国际化发展。

结合片区优势发展总部经济。借鉴扩展上海自贸试验区培养和发展总部经济相关政策，依托自贸区相关政策叠加优势，促进各自贸试验区片区应结合自身优势引进和培育总部经济。同时，各省商务厅应着重引进香港贸易发展局等国际组织和机构入驻自贸试验区；银行业监督管理委员会、发展和改革委员会等省直有关部门应支持银行与非银行金融机构及组织科创企业总部入区发展，通过"软环境"提升使总部企业有实实在在的获得感。

三、深化贸易便利化改革，推动新型贸易方式创新

加大贸易便利化改革举措的宣传和完善。针对已无制度障碍，但因部分企业仍持观望态度、对参与其中心存疑虑而未能实际落实的重点试验任务或创新举措，可以借鉴福建自贸试验区的经验，通过线上线下相结合、定期或不定期相结合、重点行业企业与一般行业企业相结合的形式，对园区内外企业针对性地进行政策解读宣讲和专项培训；加大对地方党政干部和行政管理部门进行的自贸试验区改革经验和意义的宣讲培训，提升党政人员对自贸试验区建设改革经验的吸收和推广，进一步提高重点试验任务或创新措施的社会认知程度。同时，尽快完善相应的海关信息系统集成化程度的提升，进一步提升海关和边检效率，全面提升企业贸易效率，充分释放贸易便利化新举措的红利。

培育壮大国际贸易新业态、新平台。结合外贸发展实际情况，可以借鉴上海、福建等自贸试验区经验，取消外商投资建设工程设计企业外籍技术人员的比例要求，放宽外商投资性公司准入条件，放宽外商设立人才中介机构的限制，加速推动服务贸易新业态创新发展。支持在自贸试验区依法合规建设能源、工业原材料、大宗农产品等国际贸易平台和现货交易市场；积极引进企业营销中心、分拨中心、结算中心等功能性平台和服务业总部，大力发展第四方物流，努力培育打造国际贸易新平台。

提升先进制造业政策支持，加速融资租赁业创新。结合各地产业发展实际情况，应继续完善出台促进电子信息、装备制造、智能终端、汽车及零部件等产业发展政策体系，鼓励相关先进制造业龙头企业在片区内设立加工基地；同时，加强工业设计发展的配套政策支持力度，加大人才引进，加速创建省级工业设计研

究院，为相应产业发展创造良好环境。积极学习借鉴天津自贸试验区在融资租赁业方面的先进经验，推动创新经营模式，加快发展配套产业，培育融资租赁市场主体，支持境内外融资租赁企业在省域设立分支机构、专业子公司和特殊项目公司，重点鼓励装备制造、工程机械、电力设备、汽车及新能源汽车等我国具有优势产业的大型企业设立融资租赁公司，着力发展厂商融资租赁。

提升服务外包层次，推动新型贸易方式创新。结合各省市优势产业，积极引进行业龙头企业或企业总部，优化产业链条构建、打造优势服务外包集群，促进服务外包层次提升。新型贸易方式方面，充分发挥自贸试验区贸易投资便利化的制度优势和陆港、空港在进出口货运方面基础设施优势，提升银行、外汇监管和海关等部门的政策制度协调，将国际大宗商品交易和转口贸易有效结合，提升自贸试验区转口贸易规模和业务创新能力，服务企业国际贸易和国际金融需求；同时，积极借鉴上海自贸试验区经验，有效整合海关、外汇管理局和金融机构等部门的业务创新，增强离岸贸易的服务能力和风险监控，推动离岸贸易的突破和创新。

四、加大金融开放创新力度，提升金融服务能力

加大金融开放创新力度。继续压缩金融业负面清单，放宽准入门槛。提高金融开放力度，放松对金融业投资范围限制，打破行业垄断。简化经常项目外汇收支手续，扩大开展此业务的银行数量。积极吸引民营资本参与金融服务业，引进符合条件的跨国公司入驻片区，持续丰富区内金融业态。

提升金融服务能力。推进金融支持跨境电商，支持科技金融、出口信用保险、商业保理等金融产品的创新发展。持续推进跨境电子商务金融服务便利化，鼓励引导非银行支付机构为跨境电商提供支付服务，设立跨境电商资金池，建设跨境电商线上金融服务平台，持续推动跨境电子商务线上融资及担保方式创新。开展经常项目收结汇、购付汇手续，加大外汇收支风险审核，优化资金池管理。简化内资融资租赁企业试点手续，鼓励保险机构发展出口信用保险，鼓励商业保理企业适当拓宽业务范围，积极引导融资租赁公司兼营与主营业务有关的商业保理业务。

支持企业境内外投融资，着力解决人民币资金池业务存在的问题。积极向国家申请设立自由贸易账户，加快建立本外币一体化账户体系。推进通过贷款、发债等形式从境外自主融入本外币资金，拓宽境外资金回流渠道。支持大型企业赴

境外市场化融资，支持企业境外项目人民币贷款。积极解决企业在办理跨境双向人民币资金池业务中遇到的问题。出台相关奖补支持政策，积极引进基金管理公司入驻。

推进金融监管全覆盖、机制化、常态化。建立准（类）金融活动的全覆盖监管，做好交叉性金融风险防范处置工作。完善资本项目宏观审慎管理政策，推动行业自律。配合人行实施跨境人民币非业务现场预警监测机制以及可疑业务现场检查机制。构建跨境资本流动宏观审慎管理体系，维护金融体系安全和国际收支平衡。完善外汇市场微观监管框架，依照法律法规打击外汇违法违规行为，维护外汇市场秩序。建立健全金融消费者权益保护工作的事前协调、事中管控和事后监督机制，加快出台金融消费者权益保护规章制度。

五、加快形成国际物流枢纽和口岸高地

充分发挥自贸试验区服务"一带一路"倡议的特有功能和作用。在通道建设、跨境电商、现代物流、多式联运、口岸经济、航空服务、总部经济、科技金融、供应链金融创新、融资租赁、国际通关合作及大宗商品国际贸易平台建设等方面，打造更多特色和亮点。

强化设施衔接，提升货运枢纽功能。一是抓好重点联运设施建设。积极推进机场、物流基地、保税物流园、物流中心等枢纽建设，提高转运分拨效率，尽快提升枢纽转运集疏功能。二是推动铁路港、航空港、公路港、集装箱物流基地建设。加快传统货运场站向集成式多式联运场站转型改造，提升联运效率，促进各种运输方式之间的"无缝化衔接"，畅通转运微循环系统，破解基础设施"最后一公里"，提升货运枢纽功能。

全面提升中欧班列运营服务能力。通过实施"以运带贸、以贸促运、运贸互济"策略，增强班列自身造血功能，实现良性可持续发展。拓展班列线路，加密往返班次，加强班列货源组织，推动设立海外分拨集疏中心和分拨基地，实现从追求线路运量增长到注重提升运输服务水平的转变，提升运贸一体化发展水平，重视班列服务品质提升和品牌打造，通过差异化竞争提升中欧班列竞争力：一是促进各地优势产业与中欧班列联动发展，推进各地特色产品聚集并通过中欧班列走向丝路沿线国家；二是实现从追求线路运量增长到注重提升运输服务水平的转变。加快邮政信息系统与班列运输信息的对接互通，为客户提供全程无缝隙跟踪服务，不断提高客户满意度。

强化联运服务规则衔接，大力推动多式联运规则体系标准化：一是统一全链条规则标准，不断探索新的适用规则；二是积极参加多式联运国家行业标准和国际标准的制定，大力支持有实力的多式联运企业制定企业标准；三是加强统一规范的多式联运装备研发与应用。推广应用标准化运载单元和专用载运工具。积极实施货运车型标准化。加强国际集装箱、半挂车、可拆卸货箱等运载单元的研发和应用。大力发展由我国率先提出的航空集装器整板运输专用车，加强跨运输方式技术装备统一化和专业化，形成不同运输系统之间的匹配兼容和运转流畅。

加快搭建多式联运综合信息服务平台。一是继续完善机场、陆港、海港等专业信息平台的功能和运营水平；二是整合民航、铁路、公路信息平台和电子口岸等信息管理系统，推进多种运输方式智能协同调度；三是强化各省信息平台的互联互通，建设数字丝绸之路，加强与全球知名物流企业的密切合作。

促进口岸经济创新发展。一是争取国家海关总署等部门的政策支持，积极在各片区申报综合保税区，积极向国家市场监督管理总局申请各类指定口岸，提升口岸基础设施建设水平；二是提高口岸服务水平与核心竞争力，全力拓展功能性口岸（如药品）产业链条，发展高质量的口岸经济。依托现有口岸隔离场，积极开展进口业务，进一步压缩通关时间，推动口岸经济业务规模稳步增长。

参考文献

［1］商务部外资司．中国外资统计公报（2019）［R］．2019.

［2］商务部外资司．中国外资统计公报（2020）［R］．2020.

［3］联合国贸易和发展会议．世界投资报告2017［M］．冼国明，葛顺奇译．天津：南开大学出版社，2018.

［4］联合国贸易和发展会议．世界投资报告2018［M］．冼国明，葛顺奇译．天津：南开大学出版社，2019.

［5］联合国贸易和发展会议．世界投资报告2019［M］．冼国明，葛顺奇译．天津：南开大学出版社，2020.

［6］联合国贸易和发展会议．世界投资报告2020［M］．冼国明，葛顺奇译．天津：南开大学出版社，2021.

［7］中国信息通讯研究院．全球数字经济白皮书——疫情冲击下的复苏新曙光［R］．2021.

［8］史海宁．河南出台促进外资增长实施意见［J］．中国外资，2018（5）：61-63.

［9］宋林霖，赵宏伟．论"放管服"改革背景下地方政务服务中心的发展新趋势［J］．中国行政管理，2017（5）：150-153.

［10］胡婉雪．浅析自贸区对中国对外贸易的影响——以上海自贸区为例［J］．商场现代化，2017（10）：43-45.

［11］张倪．推进外资管理体制改革仍"在路上"［J］．中国发展观察，2017（13）：19-22.

［12］赵雅玲．我国外商投资管理体制的演化发展与展望［J］．经济体制改革，2020（4）：144-151.

［13］郭宏，王松德．在跨越发展中着力打造自贸区建设"升级版"［J］．

协商论坛，2018（12）：48-49.

　　［14］裴长洪，刘斌，李越. 中国特色自由贸易港发展模式探索［J］. 对外经济贸易大学学报，2019（1）：7-16.

　　［15］李猛. 新时代中国特色自由贸易港建设中的政策创新［J］. 经济学家，2018（6）：40-49.

　　［16］余川江等. 内陆自由贸易港的属性及建设内容和路径——兼析重庆自贸试验区建设经验［J］. 西部论坛，2019，29（2）：97-104.

　　［17］黄庆平，李猛. 国际竞争性税制经验对中国探索建设自由贸易港的启示［J］. 国际贸易，2019（9）：26-33，90.

　　［18］马国强，赵晓彤. 建设中国特色海南自由贸易港的金融环境分析［J］. 海南大学学报，2018，36（4）：31-37.

　　［19］张可云，裴相烨. 适应自贸区建设的海南行政区划管理研究［J］. 区域经济评论，2019（3）：55-62.

　　［20］梅新育. 抢滩自由贸易港热潮的冷思考［J］. 决策，2018（1）：39-41.

　　［21］薛飞，程健. 我国内陆自由贸易港建设探索［J］. 重庆社会科学，2019（9）：95-101.

　　［22］崔凡，李森，吴嵩博. 论中国自由贸易港的战略意义与功能定位［J］. 国际贸易，2018（4）：15-17.

　　［23］任春杨，张佳睿，毛艳华. 推动自贸试验区升级为自由贸易港的对策研究［J］. 经济纵横，2019（3）：120-127.

　　［24］艾德洲. 中国特色自由贸易港下行政边界冲突和机构改革问题研究［J］. 经济学家，2018（5）：14-18.

　　［25］符正平. 论中国特色自由贸易港的建设模式［J］. 区域经济评论，2018（2）：7-10.

　　［26］赵晋平，文丰安. 自由贸易港建设的价值与趋势［J］. 改革，2018（5）：7-19.

　　［27］匡增杰等. 上海自贸试验区国际贸易"单一窗口"建设研究［J］. 经济体制改革，2018（5）：75-79.

　　［28］强力. 内陆型自贸试验区与"一带一路"倡议的深度融合——以陕西自贸试验区为例［J］. 国际商务研究，2018，39（5）：19-30.

　　［29］赵晋平. 关于探索建设自由贸易港的几点思考［J］. 中国发展观察，

2018 (6)：24-25.

　　[30] 何枭吟，吕荣艳．空港型自贸区发展趋势与我国内陆空港自贸区战略选择 [J]．国际经济合作，2018 (8)：54-61.

　　[31] 黄庆平，袁始烨．自贸港的未来：基于负面清单管理的国际经验 [J]．经济体制改革，2018 (3)：175-180.

　　[32] 龚柏华．"一带一路"背景下上海自由贸易港构建的法治思维 [J]．上海对外经贸大学学报，2018，25 (2)：6-16.

　　[33] 张荣楠．全球数字治理：分歧、挑战及中国对策 [J]．开放导报，2021 (6)：33-39.

　　[34] 熊鸿儒等．数字贸易规则：关键议题、现实挑战与构建策略 [J]．改革，2021 (1)：69-77.

　　[35] 余震．全球数字贸易政策：国别特征、立场分野与发展趋势 [J]．国外社会科学，2020 (4)：34-45.

　　[36] 常思纯．日本主导 CPTPP 的战略、动因、影响及前景 [J]．东北亚学刊，2019 (3)：58-70，149-150.

　　[37] 郭宏，张嘉斐，郭新榆．西方国家经济政策内倾化及其影响 [J]．现代国际关系，2021 (2)：27-34，70.

　　[38] 周念利，陈寰琦．基于《美墨加协定》分析数字贸易规则"美式模板"的深化及扩展 [J]．国际贸易问题，2019 (9)：5-15.

　　[39] 石静霞．数字经济背景下的 WTO 电子商务诸边谈判：最新发展及焦点问题 [J]．东方法学，2020 (2)：172-186.

　　[40] 张琦，陈红娜，罗雨泽．数字贸易国际规则：走向趋势与构建路径 [J]．全球化，2022 (1)：71-79，136.

　　[41] 王拓．数字服务贸易及相关政策比较研究 [J]．国际贸易，2019 (9)：81-90.

　　[42] 张定安．关于深化"放管服"改革工作的几点思考 [J]．行政管理研究，2016 (7)：34-39.

　　[43] 翁国民，宋丽．《美墨加协定》对国际经贸规则的影响及中国之因应——以 NAFTA 与 CPTPP 为比较视角 [J]．浙江社会科学，2020 (8)：21-30，45，156-157.

　　[44] 张慧智，汪君瑶．"双循环"新发展格局下中国加入 CPTPP 的政治经

济思考［J］．东北亚论坛，2021（3）：48-61，129.

　　［45］余淼杰，蒋海威．从 RCEP 到 CPTPP：差异、挑战及对策［J］．国际经济评论，2021（2）：9，131-146.

　　［46］邱静．欧美数字治理合作的影响因素及前景分析［J］．国际论坛，2022，24（1）：46-63，158-159.

　　［47］周念利，吴希贤．中美数字技术权力竞争：理论逻辑与典型事实［J］．当代亚太，2021（6）：80-103，169-170.

　　［48］刘军，彭乔依．区域贸易协定的数字贸易规则结构对中国数字贸易发展影响［J］．价格月刊，2021（11）：54-60.

　　［49］陈维涛，朱柿颖．数字贸易理论与规则研究进展［J］．经济学动态，2019（9）：116-128.

　　［50］江小平．WTO《贸易便利化协定》在中国的实施及展望［J］．国际经济合作，2021（2）：20-23.

　　［51］赵旸顿，彭德雷．全球数字经贸规则的最新发展与比较——基于对"数字经济伙伴关系协定"的考察［J］．亚太经济，2020（4）：60-71，151.

　　［52］杨燕青，吴光豪．参与全球数字经贸规则制定　推动数字经济国际合作［N］．光明日报，2021-11-26（12）.

　　［53］"十四五"数字经济发展规划［EB/OL］．［2022-01-12］．http：//www.gov.cn/zhengce/zhengceku/2022-01/12/content_5667817.htm.

　　［54］Dunning J. H. Trade, Location of Economic Activity and the MNE：A Search for an Eclectic Approach［M］．London：Palgrave Macmillan, The International Allocation of Economic Activity, 1977：395-418.

　　［55］UNCTAD. Digital Economy Report 2021［M］．New York：United Nations Publications, 2021.

　　［56］Vernon R. International Investment and International Trade in the Product Cycle［J］．Quarterly Journal of Economics, 1966, 80（2）：190-207.

　　［57］Kojima K. Transfer of Technology to Developing Countries—Japanese Type versus American Type［J］．Hitotsubashi Journal of Economics, 1977, 17（2）：1-14.

　　［58］Cieślik A., Ryan M. Explaining Japanese Direct Investment Flows into an Enlarged Europe：A Comparison of Gravity and Economic Potential Approaches

[J] . Journal of the Japanese and International Economies, 2004, 18 (1): 12-37.

[59] Lau H. F. Industry Evolution and Internationalization Processes of Firms from a Newly Industrialized Economy [J] . Journal of Business Research, 2003, 56 (10): 847-852.

[60] Mayer T. , Mucchielli J. L. Strategic Location Behaviour: The Case of Japanese Investments in Europe [J] . Journal of Transnational Management Development, 1998, 3 (3-4): 131-167.

[61] Cheng L. K. , Kwan Y. K. What are the Determinants of the Location of Foreign Direct Investment? The Chinese Experience [J] . Journal of International Economics, 2000, 51 (2): 379-400.

[62] Gastanaga V. M. , Nugent J. B. , Pashamova B. Host Country Reforms and FDI Inflows: How Much Difference do They Make? [J] . World Development, 1998, 26 (7): 1299-1314.

[63] List J. A. , Co C. Y. The Effects of Environmental Regulations on Foreign Direct Investment [J] . Journal of Environmental Economics and Management, 2000, 40 (1): 1-20.

[64] Tung S. , Cho S. The Impact of Tax Incentives on Foreign Direct Investment in China [J] . Journal of International Accounting, 2000, 9 (2): 105-135.

[65] Grindal K. Trade Regimes as a Tool for Cyber Policy [J] . Digital Policy, Regulation and Governance, 2019, 21 (1): 19-31.

[66] Oona A. Hathaway. Keeping the Wrong Secrets—How Washington Misses the Real Security Threat [J] . Foreign Affairs, 2022, 85 (1): 85.

[67] Wolfe R. Learning about Digital Trade: Privacy and E-Commerce in CETA and TPP [J] . World Trade Review, 2019, 18 (4): 63-84.

[68] Arafa A. , et al. Digital Economy Barriers to Trade Regulation Status, Challenges, and China's Response [J] . International Journal of Social Sciences Perspectives, 2021, 8 (2): 41-49.

[69] Neeraj R. S. Trade Rules for the Digital Economy: Charting New Waters at the WTO [J] . World Trade Review, 2019, 18 (1): 121-141.

[70] Soprana M. The Digital Economy Partnership Agreement (DEPA): Assessing the Significance of the New Trade Agreement on the Block [J] . Trade, Law and

Development, 2021, 13 (1): 143-169.

[71] Ko B. M. Major Digital Trade Agreements and the Implications for the Ko-rea-Singapore Digital Partnership Agreement (DPA) [J] . Journal of International Trade & Commerce, 2020, 16 (6): 215-233.

[72] Trade Policy Review-An Open, Sustainable and Assertive Trade Policy [EB/OL] . European Economic and Social Commitee, 2021 - 12 - 26. https: // trade. ec. europa. eu/doclib/html/159438. htm.

[73] Gao H. Data Sovereignty and Trade Agreements: Three Digital Kingdoms [EB/OL] . Hinrich Foundation, 2022-01-18. https: //ssrn. com/abstract=3940508.

[74] Key Barriers to Digital Trade [EB/OL] . USTR, 2021-12-26. https: //us-tr. gov/about-us/policy-offices/press-office/fact-sheets/2017/march/key-barriers-dig-ital-trade.

[75] Trade data for 2020 Confirm Growing Importance of Digital Technologies Dur-ing COVID-19 [EB/OL] . UNCTAD, 2021-12-27. https: //unctad. org/news/trade-data-2020-confirm-growing-importance-digital-technologies-during-covid-19.

[76] Singapore's Digital Economy Partnership Agreement [EB/OL] . Asian Business News, 2022 - 01 - 05. https: //www. aseanbriefing. com/news/singapores -digital-economy-partnership-agreement/.

[77] Digital Economy Partnership Agreement (DEPA) [EB/OL] . IMDA, 2020-06-08. https: //www. imda. gov. sg/-/media/Imda/Files/News - and - Events/ Media-Room/Media-Releases/06/DEPA-Signing-Infographic. pdf? la=en.

[78] Singapore and the Republic of Korea conclude negotiations on a Digital Economy Agreement [EB/OL] . Singapore Government Press Centre, 2021 - 12 - 15. https: //www. sgpc. gov. sg/sgpcmedia/media _ releases/mti/press _ release/P - 20211215 - 1/attachment/Press% 20Release% 20on% 20Korea - Singapore% 20Digital% 20Partnership%20Agreement_ 15%20December. pdf.

[79] Background: Canada's possible accession to the Digital Economy Partner-ship Agreement [EB/OL] . Government of Canada, 2021-03-18. https: //www. in-ternational. gc. ca/trade-commerce/consultations/depa-apen/background-information. aspx? lang=eng.

[80] Gao H. The Regulation of Digital Trade in the TPP: Trade Rules for the

Digital Age ［EB/OL］．Paradigm Shift in International Economic Law Rule-Making，2017-11-15. https：//doi. org/10. 1007/978-981-10-6731-0_20.

［81］Meltzer Joshua P. Maximizing the Opportunities of the Internet for International Trade ［EB/OL］．ICTSD and World Economic Forum，2016-01-21. https：//ssrn. com/abstract=2841913.

［82］Robert F. ，Dan C. The Digital Economic Partnership Agreement：Should Canada Join? ［EB/OL］．Centre for International Governance Innovation，2022-01-20. https：//ssrn. com/abstract=3875736.